21世纪法学系列教材

财税法系列

财税法成案研究

刘剑文 熊伟 翟继光 汤洁茵 著

图书在版编目(CIP)数据

财税法成案研究/刘剑文等著. —北京:北京大学出版社,2012.4
(21世纪法学系列教材·财税法系列)
ISBN 978-7-301-20513-6

Ⅰ. ①财… Ⅱ. ①刘… Ⅲ. ①财政法-中国-高等学校-教材 ②税法-中国-高等学校-教材 Ⅳ. ①D922.2

中国版本图书馆 CIP 数据核字(2012)第 066983 号

书　　名:	财税法成案研究
著作责任者:	刘剑文　熊　伟　翟继光　汤洁茵　著
责任编辑:	王　晶
标准书号:	ISBN 978-7-301-20513-6/D·3093
出版发行:	北京大学出版社
地　　址:	北京市海淀区成府路 205 号　100871
网　　址:	http://www.pup.cn　电子邮箱:law@pup.pku.edu.cn
电　　话:	邮购部 62752015　发行部 62750672　编辑部 62752027
	出版部 62754962
印刷者:	三河市博文印刷厂
经销者:	新华书店
	730 毫米×980 毫米　16 开本　19.75 印张　359 千字
	2012 年 4 月第 1 版　2012 年 4 月第 1 次印刷
定　　价:	36.00 元

未经许可,不得以任何方式复制或抄袭本书之部分或全部内容。
版权所有,侵权必究
举报电话: 010-62752024　电子邮箱: fd@pup.pku.edu.cn

作者简介

刘剑文 法学博士,北京大学法学院教授、博士生导师,北京大学财经法研究中心主任,中国财税法学研究会会长,世界税法协会(ITLA)主席,中国国际经济贸易仲裁委员会仲裁员。

熊伟 法学博士,武汉大学法学院教授、博士生导师,武汉大学税法研究中心主任,湖北省法学会财税法学研究会会长,中国财税法学研究会副会长。

翟继光 法学博士,中国政法大学副教授、硕士生导师,中国财税法学研究会理事、副秘书长。

汤洁茵 法学博士,中国青年政治学院法律系讲师。

前　　言

　　经过四位作者两年多时间的艰辛努力,《财税法成案研究》终于脱稿并交付出版,这是一件令人欣慰的事情。本书遴选了 22 个在国内外具有代表性的财税法真实案例。虽然这些案例在内容上极富争议性,但是具有可读性,其中有些甚至构成各国财税法史上的经典案例。不论案例发生的时间如何久远,不论其发生在境内还是域外,其展现的问题与思路对中国财税法学研究和法治实践都极具参考价值。

　　借《财税法成案研究》一书问世之际,我想就财税法教材建设多说几句话。财税法是中国一个新兴的交叉性应用法律学科,它不像民法、刑法和行政法等传统学科那样资源富足,而是学科资源先天不足,需要财税法学人一点一滴地积累、沉淀和提炼。因此,财税法学科成长中的烦恼和痛苦是不言而喻的,尽管这样,难以轻易得到但最终得到的东西,或许正是让财税法学人备感成就和乐趣的过程。

　　我以为,教材建设是一个学科发展的奠基性工程,对专业人才的培养十分重要。一本或者一套好的具有特色的专业教材可以影响数代人,其所发挥的社会辐射力或者学术影响力甚至会远远超过学术论著。因此,近十多年来,我以国际视野,肩负着责任和历史使命感,脚踏实地进行中国财税法学科的战略规划,进而提出优先建设财税法教材体系的思路。与此同时,北京大学出版社以超人眼光和对支持学科发展的胸怀,主动承担出版这套"财税法学系列教材"的工作。目前,已经出版了《财税法专题研究》、《财政法学》、《税法学》、《国际税法学》等四本,本书出版后将成为第五本。这套教材有的获得过部级奖励,有的被列入北京市精品教材项目,收效甚好。

　　2003 年,我还曾与高等教育出版社合作,组织全国力量推出了"财税法学立体化系列教材",其中纸质教材以普通高等教育"十五"国家级规划教材《财税法学》为基础,同时出版了《财税法学研究评述》、《财税法学案例与法理分析》、《财税法学习题集》等辅助性教材。结合近年来的新情况、新问题,2011 年,我们还对《财税法学》一书作了修订,预计近期也可面世。

　　此外,我和熊伟教授合作在法律出版社出版的《财政税收法》也一直在更新中。该书第五版被列为普通高等教育"十一五"国家级规划教材,在内容和形式上都有了很大改进，发行量也持续攀升，说明得到了读者和同仁较为广泛的认同。

上述教材虽然参与编写的人员不一，形式各异，内容也各有侧重，但是，都反映了财税法最新的立法动态和研究成果，对财税法的研习可以起到相互印证的作用，读者可以根据自己的偏好选用。

通过长期的财税法教学实践，我们越来越认识到，专业教材的作用在于引导而不是灌输。在内容上，教材章节不宜过于专题化，还要展现学科体系发展的全貌。在形式上，教材中可以穿插一些新闻或案例，文字表述尽可能深入浅出，想方设法调动学生的兴趣点。只有营造一种互动的氛围，尊重学生的主体性和创造力，才有可能产生学以致用的积极效果。

基于上述认识，我们大胆探索，积极尝试，力求教材建设的不断拓新，并突破了一些传统思维的禁锢，逐步形成我们所撰写教材自身的风格和特色。新近出版的教材能够给人一种新的感觉，希望《财税法成案研究》也能给读者留下这样的印象。我们更期待广大读者的检验、反馈和建设性意见，以成为鞭策我们继续前行和进步的力量。

在《财税法成案研究》的编辑和出版过程中，应当感谢北大教务部的立项支持，感谢熊伟教授在协助统稿中所付出的辛劳，也要感谢北大出版社王晶编辑的敦促和她多年来对中国财税法学科发展所作的默默无闻的奉献！

刘剑文

2012 年初春于北大法学院科研楼

体例说明

1. 本书所选取的都是真实发生的案例，其所涉及的内容相对综合，争点也比较分散，有些议题还略有交叉，无法按照传统教材的章节一一对应，因此，本书对案例没有作精确的分类，而是大致按照税法总论、税收实体法、国际税法与比较税法、财政法的顺序进行排列。读者在浏览书稿时，可以根据各个案例的"争议焦点"，自行归类和检索。

2. 每个案例分为"案情简介"、"争议焦点"和"法理评析"三个部分。为了体现服务教学的目的，在对争议焦点进行归纳时，除了案情中所出现的问题外，本书还有意识地稍微扩展了一下触角，将可能对案件处理产生重大影响的因素，列为法理评析和讨论的对象，以深化读者对具体案例的认识。

3. 本书所选取的案例有一定的时间跨度，由于立法修订或完善的原因，有些名词术语未必完全统一。例如，在《刑法修正案（七）》生效之前，《刑法》第201条规范的偷税罪，现在已经改为逃避缴纳税款罪。本书有些案例发生在《刑法修正案（七）》生效之前，所以案例编写时仍然沿用了"偷税"或"偷税罪"的提法。

4. 关于法条引用问题，未特别说明的，皆为我国法律规定，且不再另加"中华人民共和国"。我国台湾地区的相关规范文件以及外国的法律法规，文中均有特别说明。案例所适用的当时都是生效的法律法规，其现在是否仍然有效需要特别检索，案例写作时没有一一交代。

5. 为尊重版权起见，也是为了体现文责自负，本书尽管是一个集体作品，但仍然在每一个案例之后专署了撰稿作者的名字。

目 录

1. 厦门水族博物馆享受营业税免税争议案	1
2. 平山县劳动就业局不服税务行政处理决定案	11
3. 常州国税局第一稽查局行使税收代位权案	23
4. 王守成被宣告无罪后逾期申请退税案	37
5. 上海契税政策调整与委托纳税合同效力案	43
6. 国税部门拒绝履行行政奖励纠纷案	53
7. 安徽沙河酒业公司涉嫌偷税案	65
8. 扎兰屯电力设备公司逃避缴纳税款案	77
9. 南阳大众公司增值税行政复议与诉讼案	91
10. 大连陈德惠律师事务所涉嫌偷税案	111
11. 北京光辉纪元公司涉嫌偷税案	137
12. 北京天富房地产公司涉嫌偷税案	151
13. 场地租金还是销售收入:台湾合作店模式营业税争议案	167
14. 非居民滥用税收协定避税典型案例	179
15. 非居民间接转让居民企业股权典型案例	195
16. 德国 BL 国际转让南昌 A 公司股权案	209
17. 泛美卫星公司卫星租赁费在华纳税案	221
18. 英国 IRC v. Ramsay 公司规避资本利得税案	233
19. 美国 Frank Lyon Co. 公司出售—回租争议案	245
20. 美国 Fin Hay 房地产公司利息扣除争议案	265
21. 美国非法所得征税违反禁止自证其罪案	281
22. 深圳宝安政府采购程序瑕疵导致废标案	293

1. 厦门水族博物馆享受营业税免税争议案

税法概念与日常用语上的同一概念的内涵与外延，是完全一致，还是应当有所区别，在税法领域中一直存在争议。在对厦门市鼓浪屿水族博物馆是否应当征收营业税的争议中，即涉及对税法上的"博物馆"的内涵与外延的界定问题。本案争议因国家税务总局对"博物馆"这一概念的解释而得以解决，从中不难看出国家税务总局所作的行政解释在我国税收征管活动中的重要作用。但国家税务总局是否享有税法解释权，在什么程度和范围内享有多大的税法解释权，仍应依照我国法律的相关规定予以确定。

案情简介

厦门市鼓浪屿水族博物馆是主营水族生物展览、兼营零售工艺美术品等的企业,1996年2月经厦门市工商行政管理局核准登记后成立。同年6月10日,博物馆以其可以依照1993年《营业税暂行条例》第6条第1款第(6)项关于博物馆免税的规定享受免征营业税待遇为由,向厦门市鼓浪屿区地方税务局申请减免营业税。8月16日,厦门市鼓浪屿区地方税务局以《关于厦门市鼓浪屿水族博物馆有关税收政策问题的函》通知该博物馆:企业名称不能作为界定征免税的标准;对该博物馆应按文化体育业征收营业税。博物馆不服,向福建省厦门市地方税务局申请复议。该局于1996年11月25日作出厦地税复[1996]002号复议决定书:厦门市鼓浪屿水族博物馆不符合有关"博物馆"项目的免税规定,维持鼓浪屿区地方税务局作出的征税通知;门票收入应按规定如实申报纳税。厦门市鼓浪屿水族博物馆不服该复议决定,1996年12月5日向厦门市鼓浪屿区人民法院提起行政诉讼。

厦门市鼓浪屿水族博物馆诉称:厦门市地税局的复议决定书是依据《营业税暂行条例》第6条第1款第(6)项及其《实施细则》第26条第(5)项作出的,并没有明确阐明原告不符合免征营业税的有关法规条款,该复议决定书没有法规依据。故请求法院判令撤销厦门市地税局厦地税复[1996]002号复议决定书关于维持被告作出的征税通知;确认原告的门票收入属于《营业税暂行条例》规定的免征营业税的项目;被告应退还原告按通知已缴纳的门票税款10,647.65元。

厦门市鼓浪屿地方税务局则辩称:原告提出的第一、二项诉讼请求,均属同一税收政策问题,被告对原告门票收入征税是有法律依据的。在原告提起诉讼前,被告已将博物馆免税范围界定问题向市地税局报告。市地税局于1996年10月8日向国家税务总局请示。国家税务总局于同年11月21日作出国税函[1996]678号批复,对"免征营业税的博物馆"范围进行界定。原告不具备国税函[1996]679号批复规定的条件,应依法缴纳营业税。鉴此,原告的第三项诉讼请求亦不成立。

1996年12月18日,厦门市鼓浪屿地方税务局向厦门市鼓浪屿区人民法院提交的国家税务总局国税函[1996]678号《关于对"博物馆"免税范围界定问题的批复》规定:"免征营业税的博物馆,是指经各级文物、文化主管部门批准并实行财政预算管理的博物馆","对其他虽冠以博物馆的名称,但不符合上述条件的单位,不得给予免征营业税的照顾"。

1996年12月20日,鼓浪屿区人民法院向原告送达答辩状副本并出示国家税务总局《关于对"博物馆"免税范围界定问题的批复》。水族博物馆阅后,认为该批复符合《营业税暂行条例实施细则》第35条的规定,同意按该批复缴纳门票营业税,并向法院申请撤回起诉。

厦门市鼓浪屿区人民法院经审查认为,博物馆认识到其不具备国家税务总局国税函[1996]678号批复规定的"免征营业税的博物馆"的条件,表示愿意按该批复缴纳门票营业税,服从鼓浪屿地方税务局征税通知及厦门市地税局复议决定。经审查,原告提出申请撤诉的事实和理由符合法律规定,应予准许。厦门市鼓浪屿区人民法院依照《行政诉讼法》第51条之规定:裁定如下:准许原告厦门市鼓浪屿水族博物馆撤回起诉。案件受理费300元,由原告负担。

争议焦点

1. 如何界定《营业税暂行条例》准予免税的博物馆的范围?
2. 税务行政解释在我国税法体系中的地位如何?
3. 税务行政解释在税务行政诉讼中有何种法律效力?
4. 税务机关法律解释权的起点与边界如何确定?

法理评析

本案中双方当事人的争议起源于对营业税法上的"博物馆"的不同理解,这一争议借由国家税务总局对"博物馆"的行政解释最终得以解决。因此,本案的关键在于国家税务总局的行政解释在我国税法体系中的地位及其在税务行政诉讼中的效力问题。

一、国家税务总局的税法解释在本案中的效力

从本案争议的内容来看,"博物馆"的具体含义的界定,对水族博物馆是否可以享受营业税法上的免税待遇有着决定性的影响。原告认为,其经营的"水族博物馆"展出其饲养的热带、亚热带观赏鱼类及海螺、海贝、珊瑚、龟类等标本,与《汉语大词典》对"博物馆"的释义相符,故应按"博物馆"的免税规定予以免征营业税。厦门两级地税则从立法精神、企业性质以及营业税特征来理解"免征营业税的博物馆":(1)《营业税暂行条例》第6条第1款第(6)项所规定的部分免税项目,都是从扶持发展文化事业的角度出发而制定的优惠政策。

（2）企业名称不能作为界定征免税的标准。原告虽陈列一些海生物标本，但它实际起双重作用，一是作为经营场所场景的布置物；二是增加观赏物，并作为商品出售。因此，原告不是《营业税暂行条例》意义上的"博物馆"，不予免税。《营业税暂行条例》第6条第1款第（6）项规定："纪念馆、博物馆、文化馆、美术馆、展览馆、书画院、图书馆、文物保护单位举办文化活动的门票收入，宗教场所举办文化、宗教活动的门票收入"，免征营业税。《营业税暂行条例实施细则》第26条第5项对此作了进一步的限定，规定纪念馆、博物馆、文化馆、美术馆、展览馆、书（画）馆院、图书馆、文物保护单位举办文化活动，是指这些单位在自己的场所举办的属于文化体育业税目征税范围的文化活动，其售票收入，是指销售第一道门票的收入。但对"博物馆"的具体内涵和外延都未进行限定。

税法对征税范围的规定，是以一般的经济生活的规定为基础的，因此，作为征税对象的主体、行为或事物，在一般经济生活中、甚至在其他法律如民法中已有其特定的概念和含义。为保持法律体系的完整性，税法往往借由这些已有的概念来划定其征税的范围。但税法出于自身价值判断和立法选择的考虑，并不将符合通常意义的所有事项纳入其征税的范围，而对某些经济概念加以限缩或扩展，使征税范围的确定符合征税的目的和要求。正因为如此，税法概念和一般意义上的经济概念往往存在诸多的差别，对税法上的概念进行明确的规定，以使其与一般意义上的经济概念能够明确区分是相当必要的。在税法并未对此进行区分的情况下，由税务机关根据税收立法的目的、宗旨进行有权解释，对税法的具体实施和适用有着重要的意义。税务机关对税法的解释弥补了税法的不足，有利于保证税法的明确性和人们对税法适用的可预测性。

国家税务总局的立场是，从《营业税暂行条例》第6条第1款第（6）项规定的本意来看，该条所规定的免税项目，是基于扶持发展文化事业的目的而制定的税收优惠措施。从水族博物馆的营业范围来说，其以"水族生物展览"为其主营范围，但其实际行为是饲养观赏鱼类以供游客参观。尽管水族博物馆也陈列某些海生物标本，但其目的主要在于观赏和作为商品出售，而不在于进行某种文化宣传。因此，其从事的经营事项应认定为"经营游览场所的业务"，应按"文化体育业"税目征税，不能享受营业税的免税待遇。国家税务总局对"博物馆"的解释合理的划定了一般意义上的"博物馆"的概念与税法上具有特定意义的"博物馆"的区别，认为企业的名称并不能作为判断企业经营范围的标准，对企业的经营事项应根据其经济行为的实质进行认定。从这个意义上说，尽管国家税务总局对"博物馆"的具体含义进行了限缩性解释，但这种解释使得税法上的"博物馆"的界定更符合立法的本意，通过这一解释，也具体划定了关于"博物馆"免税政策的适用范围，增加了税法的可操作性和明确性，避免税务机关与纳税人因税法上的概念模糊而发生法律适用的争议。因此,在本案中,国家税务总局的行政解释是合理的。

尽管国家税务总局对此的解释是合理的,但这一行政解释能否作为税务机关作出课税处分的依据,则取决于国家税务总局对此是否有法律解释权。因此,有必要对国家税务总局在现行法下的解释权进行考察。

二、我国现行法下的税务机关的解释权分析

我国并未对税务机关对税法的解释权限作出统一的明确的规定,但税务机关对税法的行政解释在税收征管过程中发挥着重大的作用,甚至往往被作为课税的依据。如在本案中,国家税务总局对"博物馆"的解释,最终成为法院认定区地税局的征税行为有效的法律依据。从我国对法律解释权的规定来看,全国人民代表大会常务委员会《关于加强法律解释工作的决议》规定,不属于审判和检察工作中的其他法律、法令如何具体应用的问题,由国务院及主管部门进行解释。因此,在我国立法中实际上肯定了行政解释是法律的有权解释之一。国家税务总局作为主管全国税务工作的行政主管部门,应当有权针对税法在税收征管中的具体运用进行有权解释,该解释对税务机关的征管行为具有拘束力。在税收征管实践中,税务机关作出的征管行为往往也以国家税务总局的法律解释为直接依据。由于我国的税收以分散立法为主,对各个单行的税种法及其配套的行政规章的解释权限并不完全归属于国家税务总局。国务院办公厅《关于行政法规解释权限和程序问题的通知》则规定,凡属于行政法规条文本身需要进一步明确界限或者作补充规定的问题,由国务院作出解释。凡属于行政工作中具体应用行政法规的问题,有关行政主管部门在职权范围内能够解释的,由其负责解释。《营业税暂行条例》第16条规定,本条例由财政部负责解释,实施细则由财政部制定。《营业税暂行条例实施细则》第35条则规定,本细则由财政部解释,或者由国家税务总局解释。因此,现行的税法的有权机关至少包括了国务院、财政部和国家税务总局,其各自的具体解释范围应视法律的规定或视解释的内容而定。

就本案国家税务总局对"博物馆"作出的解释来看,其是否属于有权解释的范畴,是值得质疑的。本案所涉及的法律规定主要是《营业税暂行条例》,属于行政法规范畴。对其中"博物馆"的具体内涵的界定是本案争议的焦点,对其进行解释,应当属于"行政法规条文本身需要进一步明确界限或者作补充规定的问题",根据《关于行政法规解释权限和程序问题的通知》的规定,应当由国务院作出解释,国家税务总局对此没有解释权。另一方面,《营业税暂行条例》则明确规定了财政部为有权作出行政解释的国家机关,国家税务总局同样无权对《营业税暂行条例》进行解释。尽管《营业税暂行条例实施细则》肯定了国家税

务总局的解释权,但其解释的范围只限于《实施细则》的内容。因此,在本案中,国家税务总局对"博物馆"作出的解释为无权解释,不能作为区地税局进行征税的法律依据,对纳税人并没有拘束力。

三、国家税务总局的行政解释在行政诉讼中的效力

在本案中,国家税务总局《关于对"博物馆"免税范围界定问题的批复》被鼓浪屿区税务局作为其课税的规范性文件提交法院。但该批复能否作为证明其征税行为合法的法律规范,即法院对其征税行为进行审查时,是否应受国家税务总局的解释的约束,或者说,国家税务总局的解释在行政诉讼中是否能够作为法院判案的依据,则同样是存在疑问的。

对各种法律解释在行政诉讼中的效力,行政诉讼法并没有加以规定,最高人民法院《关于执行〈中华人民共和国行政诉讼法〉若干问题的解释》(本案例以下简称《若干问题的解释》)第62条对司法解释在行政诉讼中的地位作出了规定,规定人民法院审理行政案件,适用最高人民法院司法解释的,应当在裁判文书中援用,但对行政解释的作用并未直接加以规定。一般说来,有权的法律解释同样是一种创造性的活动,是立法活动的继续,是对法律所做的具有普遍约束力的解释,与被解释的法律一样,都具有法律效力。行政机关对行政法规或规章作出的行政解释,是对行政法规或规章的有力补充,针对法律规定不明确或不清楚之处所做的说明,也应被普遍遵守。从这个意义上说,行政解释同样具有一般规范性文件的性质。我国对法律解释的法律属性并未加以规定。学界对税务机关作出的税法解释的法律性质同样存在诸多的争议。台湾地区学者大都认为,税法解释属于行政规则,似认为税法解释仅对行政机关具有法律拘束力。从我国对行政解释的法律规定看,税务机关对税法的解释主要针对税法在税收征管中的具体应用问题。因此,税法解释必然存在两种形式:其一为税法解释涉及影响人民的纳税权利和义务的事项,其二则是税法解释仅与税务机关的内部规则相关,而与纳税人的权利义务无关。由于这两种税法解释所涉及的权利义务主体不同,产生的法律效果也存在相当大的区别,因此,两者在其法律性质上同样也存在差别。如税法解释与人民权利义务无关,则该税法解释为行政规则,并不直接对外发生法律效力,对纳税人没有直接的强制适用效力。如税法解释是规范人民权利义务有关的秩序的,则其法律性质应属于法律规范,具有适用普遍性、重复适用性和强制性,这种法律解释是税收法律规范性文件的重要组成部分,对各级税务机关具有拘束力,往往作为税法的补充而成为课税的重要依据之一。

我国《行政诉讼法》第52、53条对行政诉讼中法律的适用规则进行了规定,规定人民法院审理行政案件,以法律、行政法规、地方性法规为依据,参照规章。

因此,在行政诉讼中,法律、法规具有绝对适用的效力,法院对行政规章则有一定的选择适用权。《若干问题的解释》第62条第2款规定,人民法院审理行政案件,可以在裁判文书中引用合法有效的规章及其他规范性文件。从该规定来看,一般规范性文件对人民法院审查具体行政行为的合法性仅具有参考意义。当一般规范性文件不违反法律、法规和规章时,人民法院可以其作为审查具体行政行为的依据;当一般规范性文件违反法律、法规和规章时,人民法院在审理中将对其不予考虑。因此,在行政诉讼中,国家税务总局的行政解释并不具有绝对适用的效力,而是取决于法院对其合法性和有效性的判断。

从本案来看,国家税务总局对"博物馆"的解释,其结果排除了形式意义的"博物馆"的免税规则的适用,对纳税人的权利义务产生了实质性的影响,应当属于法律规范性文件的范围。但法院对国家税务总局对"博物馆"的具体含义的界定并未进行合法性和有效性的审查,而直接将其作为判断区税务局的征管行为合法的法律依据,违反了行政诉讼法所规定的法律适用规则。法院不能以此为依据,认定区税务局的征税行为有效,而应要求区税务局进一步提交其他的规范性文件,作为证明其征税行为合法的证据。

四、关于税务机关法律解释权的学理思考

税收是对纳税人权利的合法侵夺,因此,税务机关仅在法律明确规定的课税要件成立时才能要求纳税人履行其纳税义务。为防止税务机关随意行使其征税权而对纳税人的财产权和自由权造成过多的干涉,并使人民基于法律规定对其经济生活存有预测可能性,税法必须具备明确性和可操作性。但实际上,税法上仍存在诸多的不确定的含糊概念。为排除税法的这种含糊性对税收征管的影响,税务机关以行政解释对相关的税法概念进行解释成为税收征收实践的重要形式。税务机关的税法解释在一定程度上也成为课税依据,成为确定纳税人权利的重要标准。但税务机关对税法的解释或多或少的将影响税法的适用范围,进而对纳税人的纳税义务产生一定的影响,影响其财产权利和经营自由权。因此,税务机关对税法的解释不应当流于随意,同样应受到法律的约束。税务机关无法律解释权所作的税法解释,同样不得作为确定纳税义务的法律依据。从法理上说,根据解释主体是否享有解释权,法律解释可分为有权解释和无权解释。有权解释的作出以解释主体享有法律解释权为前提。但这并不意味着有权机关所作的任何解释都为有权解释。享有法律解释权的主体超出解释权的范围进行的解释同样为无权解释。因此,在具体判断税务机关对税法的解释是否为有权解释,并不能单纯地考虑其是否具有一般意义上的行政解释权,更应具体考察其在税法意义上的解释权。

从某种意义上说,法律解释的功能在于适用法律的过程中,为将法律条文适用于所认定的事实关系,对于法律条文的规范意义内容发生疑问时,借由法律解释,使法律的规范意义进一步明晰。因此,税务机关对税法的解释除应受到法律的拘束外,同样应受到其他法律解释规则的制约。税务机关应当根据税法的立法意图、税法原则等进行税法解释,税法解释不应当完全与税法条文相脱节,法律文意应成为各种有代替可能性的解释的最外部界限。但税法解释也不必拘泥于法律条文的个别表现的字面上意义,而应探求法规的实质的内涵。总之,税法解释应取向于税法目的,必须从目的的观点加以解释。

税法解释的目的仅仅在于探求和阐明税法的适用范围和目的,判定各个具体规定的具体适用范围而不应随意改变税法的适用范围和适用规则,创设新的税法义务。因此,税法的解释应以宪法、税收法律及其目的、相关的税收行政规章的规定为其法律界限。无论税务机关是基于税法执行或主管机关之职权对税法所作的解释还是作为认定税收事实的准则,不论是积极性解释还是消极解释,也不论税法解释针对税收法律关系的何种事项,税法的解释都应当符合税法的规范目的、立法意旨或授权范围,而不得增加人民的税收负担、增加法律所没有规定的限制、逾越法律规定的意旨或对人民权利的行使造成妨害。因此,税法的解释应限于税法所明定的范围,并避免税法的扩张或限缩适用增加纳税人的税收负担。否则,一旦税法解释对纳税义务造成实质性的影响,税法解释即成为具有创设义务性质的法律规范。税务机关的税法解释权也就被赋予了税收立法权的实质,违反了税收法律主义所要求的税法的"法律保留"或"议会保留"原则。

本案以"博物馆"的税法含义的争议为起点,国家税务总局对此的法律解释被作为法律依据用以解决双方的争议。但实际上,尽管国家税务总局对此的解释具有合理性,也符合税法规定的本意,但由于国家税务总局欠缺相应的税法解释权,因此,法院以此作为判案的依据仍违反了法律的规定。税务机关作出的税法解释只有在其享有相应的解释权限的前提下才是合法有效的,才能对纳税人形成必要的拘束力。

(汤洁茵)

2. 平山县劳动就业局不服税务行政处理决定案

作为事业单位的平山县劳动就业管理局因承担的政府行政职能而收取的费用是否应当课税所反映的问题，一直是重要的税法争议之一。单行税种法并不否认事业单位可能成为纳税人，包括企业所得税、增值税、营业税等。因此，平山县劳动就业管理局是否应当纳税，关键的问题不在于其作为事业单位的资格，而是其从事的行为是否属于营利性的市场行为。本案中，由于税务机关作出的行政处罚决定程序违法而导致其被撤销，法院并未对上述争议进行具体的分析。实际上，这也是当前税收司法实践常见的弊病之一。在税收行政决定行为的程序明显违法的情况下，法院是否仍有必要对实体争议予以明确，同样值得关注。

案情简介

原告河北省平山县劳动就业管理局(原平山县劳动服务公司,以下简称就业局)不服河北省平山县地方税务局(以下简称地税局)的税务处理决定,向河北省平山县人民法院提起行政诉讼。

原告诉称:本局是承担政府行政职能的就业管理机构,收费属于行政经费预算外的资金,因此本局不是纳税义务人。被告令本局纳税,在遭到拒绝后又以行政处理决定对本局罚款。该处理决定适用法律错误,程序违法,请求人民法院予以撤销。

被告辩称:原告虽然是承担着部分政府行政职能的就业管理机构,但是属于自收自支的事业单位,应当依法纳税。原告未及时纳税,应当受到处罚。人民法院应当维持本局的行政处理决定。

平山县人民法院经审理查明:原告就业局是承担着部分政府行政职能的就业管理机构。从1994年1月至1996年10月,该局收取劳务管理费、劳务服务费、县内临时工管理服务费、临时工培训费和劳务市场收入等共计578,698.40元。1996年11月29日,被告地税局向就业局发出限期申报纳税通知书,12月2日和7日又两次发出限期缴纳税款31,394.71元的通知,就业局均未按期履行。12月13日,地税局依据《税收征收管理法》第46条关于"从事生产、经营的纳税人、扣缴义务人在规定期限内不缴或者少缴应纳或者应解缴的税款,经税务机关责令限期缴纳,逾期仍未缴纳的,税务机关除依照本法第27条的规定采取强制措施追缴其不缴或者少缴的税款外,可以处以不缴或者少缴的税款5倍以下的罚款"的规定,以平地税罚字第1号税务处理决定,对就业局作出处以应缴未缴的营业税、城建税、教育费附加31,394.71元的3倍罚款计94,184.13元,限于12月18日前入库。就业局不服,提起行政诉讼。

平山县人民法院认为,第八届全国人民代表大会第四次会议通过的《行政处罚法》已于1996年10月1日起施行。被告地税局作为县级以上人民政府的税务行政管理机关,有权对自己在管辖范围内发现的税务违法行为进行处罚,但是这种处罚必须依照《行政处罚法》的规定进行。行政机关在作出行政处罚决定前,应当依照《行政处罚法》第31条规定,将作出行政处罚决定的事实、理由及法律依据告知当事人,并告知当事人依法享有陈述和申辩、申请行政复议和提起行政诉讼的权利;依照第36条的规定,收集有关证据;依照第37条的规定,制作调查笔录。这些工作,地税局都没有做。《行政处罚法》第42条规定,作出数额较大的罚款处罚决定之前,应当告知当事人有要求听证的权利。关于多少为数额较大,国家税务总局在《税务行政处罚听证程序实施办法(试行)》中作出对法人或者组织罚款1万元以上为数额较大的界定。这个实施办法已经于1996年10月1日起施行,地税局在对就业局作出处理决定30日以后才收到文件。

在该办法下达前,法律虽然没有明确数额较大的界限,但是也没有明确9万余元的罚款不属于数额较大,地税局认为实施办法下达得晚,该处理决定不适用《行政处罚法》第42条有关听证程序规定的辩解,不予支持。依照《行政处罚法》第41条的规定,地税局违背该法规定的程序作出的行政处罚,不能成立。依照《行政诉讼法》第54条第2项的规定,该决定应予撤销。就业局诉称自己不是纳税义务人,向其征税是错误的;地税局辩称原告就是属于纳税义务人,应当依法纳税,属于行政执法实体方面的争议。已经查明,该行政处理决定从程序上违法,依法应予撤销,法院无需再就行政执法实体方面的争议继续进行审理。

据此,平山县人民法院于1997年3月12日判决:撤销河北省平山县地方税务局1996年12月13日所作的平地税罚字第1号税务处理决定。诉讼费6,421元,由被告河北省平山县地方税务局负担。第一审宣判后,双方当事人均未上诉,判决发生法律效力。

 争议焦点

1. 平山县地税局作出的行政处罚决定程序是否合法?
2. 平山县就业管理局是否具有纳税主体资格?
3. 平山县就业管理局所收取的劳动管理费等收入是否属于应税收入?

 法理评析

一、平山县就业管理局的纳税主体资格考察

平山县就业管理局作为事业单位是否能够成为营业税的纳税人,是本案争议的焦点,是决定双方当事人的实体权利义务的问题。尽管法院在审理过程中回避了对这一问题的探讨,但实际上这一问题才是本案的核心之所在。那么,平山县劳动就业管理局作为承担政府行政职能的就业管理机构是否具有纳税主体资格?

（一）纳税主体资格的取得要件

1. 纳税主体资格取得的实质要件

尽管税法与私法有着不同的价值追求，对主体的权利能力的设定也与私法上的权利能力有所不同，税法所关注的是市场经济条件下主体承担税收负担的可能性，其权利能力的设定固然更多地是从主体取得收益的可能性以及税收负担能力予以考量，即以具有经济上的负担能力（例如所得税）或在技术上可把握的经济上的负担能力的对象（例如营业税）作为税收权利能力的享有者。① 但经济负担能力的衡量，必须以某项经济事实的发生为前提，静态的财产存续是难以表彰纳税能力的。只有在动态的财产变动中实现经济的流转，始有可能基于由此发生的增值重新评价纳税人的纳税能力，也只有基于此种经济增值才有必要重新配置所增值的部分（收益）在各主体间的分布，达到国家重新分配的目的。因此，某一主体首先必须有权参与市场交易，并对市场交易的所有经济后果和法律后果负责，有权支配市场交易所取得的财产价值增加，才能负担相应的纳税义务。因此，一般说来，在私法上享有完全权利能力的主体，在税法上也享有完全权利能力，如自然人和法人。他们的权利能力自其民事主体资格确立时而当然享有，如自然人自出生时取得民事权利能力，也相应取得税收权利能力，法人自登记成立之日起取得民事权利能力，也相应取得税收权利能力。②

2. 纳税主体资格取得的形式要件

根据税收法定原则，某单位和个人要成为纳税主体，在形式上必须有法律的明确规定。只有在税法上明确规定某一主体为该税种的纳税人，该主体才具有相应的纳税主体资格。纳税主体应当是税收法律或税收行政法规所明确规定的主体，税法未明确规定的主体不能成为纳税主体。如尽管个人独资企业和合伙企业同样为从事生产经营活动的企业，但根据2000年9月19日财政部和国家税务总局联合发布的《关于个人独资企业和合伙企业投资者征收个人所得税的通知》，对个人独资企业和合伙企业停征企业所得税，只对其投资者的经营所得征收个人所得税，则个人独资企业和合伙企业不具备企业所得税的纳税主体资格。相反，在增值税或营业税中，不具法人资格的独资企业和合伙企业具备相应的纳税主体资格。

（二）平山县劳动就业管理局的纳税主体资格判定

平山县劳动就业管理局是承担行政管理职能的就业管理机构，是属于自收自支的事业单位。根据《事业单位暂行管理条例》第2条的规定，事业单位，是

---

① 参见陈清秀：《税法总论》（第2版），台湾翰芦图书出版有限公司2001年版，第293页。
② 这并不表明法人登记或法人取得民事权利能力是法人取得税收权利能力的必备要件，非法成立或依法尚未成立的"法人"，只要其进行了经营活动或有所得，同样可以成为税法主体，即具备税收权利能力。

指国家为了社会公益目的,由国家机关举办或者其他组织利用国有资产举办的,从事教育、科技、文化、卫生等活动的社会服务组织。事业单位并非政府机构,而是具有社会公益性的法人。就资金来源而言,事业单位主要包括"参公"(即参照公务员)、"全额拨款"、"财政补贴"、"自收自支"四类。本案当事人之一的平山县就业管理局即属于自收自支类的事业单位,是国家不拨款的事业单位。因此,平山县就业管理局经审批机关批准设立,有与其业务活动相适应的从业人员、有与其业务活动相适应的经费来源,能够独立承担民事责任,具有独立的法人资格,能够从事市场经济活动,"按照国家有关规定取得合法收入"①,是享有完全民事行为能力的私法主体,在税法上也享有完全的税法行为能力。

在我国的单行税种法中,也同样肯定了事业单位具有纳税主体资格。根据2008年1月开始实施的《企业所得税法》第1条的规定,任何具备独立性和经济性的组织,都应当成为企业所得税的纳税人。某一市场主体具有经济性,才能实际的评价其税收负担能力。而独立性则强调,企业拥有自己的财产、独立承担财产责任。由于税收是根据税收负担能力在国民之间平等地分摊,因此,只有企业与其投资者或其他利益相关者的财产相互独立,才能现实地确定其所拥有的财产及其所带来的增益,并据此确定其税收负担能力。同时,税收是国民向国家无偿转移的财产,国民只有享有该财产的所有权,才能实现该财产的部分收益的所有权的让渡。因此,只要具备经济性和独立性的企业和其他组织,无论其资金来源、组织形式、法律属性如何,都可以成为企业所得税的纳税人。即使依法注册、登记的事业单位、社会团体等组织并不连续性的从事商品生产经营活动,但只要其从事经济活动,并由此取得生产经营收入,具备经济性和独立性,即成为企业所得税的纳税人。《企业所得税法暂行条例》第3条也明确规定,企业所得税的纳税人包括在中国境内成立的企业、事业单位、社会团体以及其他取得收入的组织。

营业税是以应税商品或应税劳务的营业额作为计税依据的一种商品税,因此,只要该主体所取得的"货币、货物或以其他经济利益"足以表彰其经济能力和税收负担能力,即能够成为营业税的纳税主体,进行独立纳税,而不论该主体是否具备法人资格、是否在银行单独开设结算账户、是否建立账簿、编制财务会计报表、是否独立计算盈亏。根据《营业税暂行条例实施细则》第9、10条的规定,负有营业税纳税义务的单位为发生应税行为并向对方收取货币、货物或其他经济利益的单位,其中"单位"是指行政单位、事业单位、军事单位、社会团体及其他单位。

《税收征收管理法》关于事业单位税务登记的规定,实际上也肯定了事业单

---

① 《事业单位登记管理暂行条例》第15条。

位的纳税主体资格。根据《税收征收管理法》第15条的规定,从事生产、经营的事业单位自领取营业执照之日起30日内,持有关证件,向税务机关申报办理税务登记。

由此可见,无论根据税收实体法还是《税收征收管理法》的规定,事业单位作为具有独立法人资格的主体,具备纳税主体资格。因此,平山县劳动就业管理局并不能因其"自收自支的事业单位"的身份而主张其无需承担任何纳税义务。

二、平山县劳动就业管理局的纳税义务考察

如前所述,作为事业单位,平山县劳动就业管理局并不当然免于承担纳税义务,其提供劳动管理、劳动服务等所收取的费用是否发生相应的纳税义务,还有必要考察其行为或收入的可税性,并依照相关税法的具体规定予以判定。

(一)平山县劳动就业管理局行为与收益的可税性的理论考察

一项经济活动及其产生的收入,从理论上说,只有具备可税性,即该经济活动及其收益经由税法评价属于应纳税的范围,才能予以课税。如何认定经济活动及其收益的可税性,尽管在理论上仍存在诸多的争议[①],但一项具有公益性的收益不具有可税性则是普遍接受的观点。如果某一主体的行为具有明显的公益性,是在为社会公众提供公共产品或公共服务,即使其取得收益,该收益也是为所提供的公共产品或服务的回报或成本补偿,具有"准税收"的性质。由于该主体的功能在于弥补国家功能的有限性,向公众提供公共产品,如国家对其收益征税,则必然削弱该主体进一步提供公共物品的能力,相关公共物品的提供功能反而必须转由国家以税收承担,这不仅造成公共物品提供的低效率,也将导致国家行政职能的过度膨胀,无论从行政效率还是税收效率考虑,都是不必要的制度设计。因此,一项具有公益性的行为与收益并不应当具有可税性。

平山县劳动就业管理局是承担部分政府行政职能的就业管理机构,其主要活动在于提供就业信息、进行职业介绍、提供就业培训和就业推荐、管理本地劳务市场、发展和管理劳动力市场职业介绍机构以及就业援助等。其职能的履行显然与其辖区内的劳动者实现劳动权有着密切的关系。劳动力的使用不仅关系劳动者的生存与发展,更关系到社会的维持和存续,国家必须确保劳动力与物质资料的及时结合,并确保在此过程中劳动力拥有者的人格、人身及财产利

---

① 详见葛克昌:《税法基本问题》,北京大学出版社2004年版;刘富君:《论财产的可税性》,载刘剑文主编:《财税法论丛》(第六卷),法律出版社2005年版;刘景明:《也论税法上的"可税性"》,转引自刘剑文:《财税法论丛》(第二卷),法律出版社2003年版。

益的得失,由此必然形成国家对劳动权的保障义务。国家既应当保障有劳动能力的人不断通过劳动权的行使创造出适于自己的生存环境,另一方面也必须保障所有具有劳动能力者能够获得必要的劳动机会。因此,创造就业、沟通就业渠道固然是国家保障劳动权实现的重要内涵,但"放手让个人在不损害别人的前提下去追求自己的权利",同样是劳动权实现的应有之义。因此,平山县劳动就业管理局所提供的劳动就业管理服务与劳动者劳动权的实现密切相关,是国家劳动权保障职能的实际承担主体,具有明显的公益性。

因此,基于可税性的考察,平山县劳动就业管理局所提供的劳动管理与就业服务具有社会公益性,不应当属于应纳税的范围。

(二) 平山县劳动就业管理局收取的费用的属性及其纳税义务

平山县劳动就业管理局所承担的行政职能在于为本地区内的劳动者提供必要的就业服务和劳动管理,属于公共服务的范畴。但作为个体的劳动者所需的政府提供的劳动与就业服务各有不同,并非典型的"具有消费上的非排他性和非竞争性"的公共物品。劳动者劳动能力、就业机会、就业意愿等各有不同,这也决定了劳动与就业服务具有"混合公共物品"的属性。由于"混合公共物品"的外溢性、层次性和个体差异性,"混合公共物品"不能以"全民平等负担"的税收作为其资金来源,而应当由其直接受益人付费,对所享有的"混合公共物品"支付相应的对价,此即行政事业性收费。所谓行政事业性收费是指是以国家的特别公共服务(给付)为前提,所负担的金钱对待给付义务,用以满足国家财政需求,以公权力为征收基础。[①] 其中,为政府提供的特别行政及司法服务而收取的费用,为行政规费、司法规费。根据财政部、国家发展改革委员会发布的《行政事业性收费项目审批管理暂行办法》(财综[2004]100号)第3条的规定,行政事业性收费(以下简称"收费")是指国家机关、事业单位、代行政府职能的社会团体及其他组织根据法律、行政法规、地方性法规等有关规定,依照国务院规定程序批准,在向公民、法人提供特定服务的过程中,按照成本补偿和非营利原则向特定服务对象收取的费用。事业性收费是事业单位应提供公共设施或公共服务,按受益原则向使用者依据一定的标准收取的使用费。[②] 因此,平山县劳动就业管理局提供了劳动就业管理服务,为此而收取的、用于弥补其因提供服务而发生的支出的费用,属于事业性收费。

由于行政事业性收费是行政事业单位依法对某种社会公益事业提供公共服务而向直接受益者收取的费用。与税收的征收不同,行政规费的征收必

---

① 葛克昌:《行政程序与纳税人基本权》,北京大学出版社2005年版,第43页。
② 上海财经大学公共政策研究中心:《1999中国财政发展报告》,上海财经大学出版社1999年版,第219页。

须以具备一定的条件为前提,即国家提供公共服务,且该服务所派生的利益能直接为相对人所享有。由于相对人可直接享有公共服务的利益,该相对人即必须为国家提供该服务所支付的成本付费。行政规费的征收以补偿行政机关为提供该服务所支出的成本、费用为原则。行政机关所收取的行政规费实际上仅在于弥补为提供公共服务的支出的费用,行政机关并未因此而取得任何收益。税收与行政事业性收费同是国家财政收入的重要来源,是不同层次、不同类型的公共物品的对价补偿,因此,并不应当将行政事业性收费纳入课税的范围。

因此,平山县劳动就业管理局所收取的费用为行政事业性收费,是享受其提供的劳动就业管理服务的劳动者所支付的成本,并不属于课税的范围。

(三) 平山县劳动就业劳动管理局的现行税法考察

就企业所得税纳税义务而言,根据《关于事业单位社会团体征收企业所得税有关问题的通知》(财税字[1997]75号)的规定,经国务院、省级人民政府(不包括计划单列市)批准或省级财政、计划部门共同批准,并纳入财政预算管理或财政预算外资金专户管理的行政事业性收费,免征企业所得税。2008年《企业所得税法》第7条则明确规定依法收取并纳入财政管理的行政事业性收费属于不征税收入,也进一步肯定了事业单位所收取的行政事业性收费不附带任何的纳税义务。因此,平山县劳动就业管理局收取的费用无需缴纳企业所得税。

就营业税纳税义务而言,税务机关认为平山县劳动就业管理局提供的劳动就业服务,属于营业税的应税税目,应当课征营业税。根据《营业税暂行条例》的规定,营业税纳税义务的发生,必须具有两个要件,即提供应税劳务、转让无形资产或销售不动产,且该交易行为必须是有偿的。其中应税劳务是指属于交通运输业、建筑业、金融保险业、邮电通信业、文化体育业、娱乐业、服务业税目征收范围的劳务。因此,问题在于平山县劳动就业管理局所提供的劳动就业服务是否属于"服务业"这一税目。根据《营业税税目注释》的规定,服务业是指利用设备、工具、场所、信息或技能为社会提供服务的业务,所征收的范围包括代理业、旅店业、饮食业、旅游业、仓储业、租赁业、广告业、其他服务业。平山县劳动就业管理局所提供的劳动就业服务显然不属于旅店业、饮食业、旅游业、仓储业、租赁业、广告业。由于平山县劳动就业管理局并未与接受其劳动服务的劳动者或用人单位签订任何代理协议,并未接受任何人的委托,而是基于其行政职能提供此项服务,因此,并不应当认为属于代理业。根据《营业税税目注释》的规定,"其他服务业"是指沐浴、理发、洗染、照相、美术、裱画、誊写、打字、镌刻、计算、测试、试验、化验、录音、录像、复印、晒图、设计、制图、测绘、勘探、打包、咨询等。显然也很难将此项劳动就业管理服务纳入其征税的范围。而根据

《营业税暂行条例实施细则》第 13 条的规定,由国务院或者财政部批准设立的政府性基金,由国务院或者省级人民政府及其财政、价格主管部门批准设立的行政事业性收费,收取时开具省级以上财政部门印制的财政票据且所收款项全额上缴财政的,不计入营业税的营业额的范围。这一规定也肯定了符合条件的行政事业性收费无需缴纳营业税。然而,尽管平山县劳动就业管理局主张,收费属于行政经费预算外的资金,但并未提供其将所收款项全额上缴财政的证据,能否适用这一规定,仍存在一定的争议。

三、税务机关的行政处罚的程序性瑕疵

平山县地税局在 1996 年 11 月 29 日、12 月 2 日、12 月 7 日三次发出限期缴纳税款通知书后,便直接于 12 月 13 日作出税务处理决定,对劳动就业管理局处以罚款。根据《行政处罚法》第 31 条的规定,行政机关在作出行政处罚决定之前,应当告知当事人作出行政处罚决定的事实、理由及依据,并告知当事人依法享有的权利。当事人有权进行陈述和申辩。行政机关必须充分听取当事人的意见,对当事人提出的事实、理由和证据,应当进行复核;当事人提出的事实、理由或者证据成立的,行政机关应当采纳。根据《税务案件调查取证与处罚决定分开制度实施办法(试行)》第 4 条的规定,税务机关的调查机构对税务案件进行调查取证后,对依法应当给予行政处罚的,应及时提出处罚建议,制作《税务行政处罚事项告知书》并送达当事人,告知当事人作出处罚建议的事实、理由和依据,以及当事人依法享有的陈述、申辩或要求听证权利。《行政处罚法》第 42 条同时规定,行政机关作出较大数额罚款等行政处罚决定之前,应当告知当事人有要求举行听证的权利,根据国家税务总局《税务行政处罚听证程序实施办法(试行)》第 3 条的规定,在税务案件中,"较大数额罚款"是指"对公民作出 2,000 元以上(含本数)罚款或者对法人或者其他组织作出 1 万元以上(含本数)罚款"。根据上述规定,平山县地税局在作出对平山县劳动就业管理局的 9 万多元的罚款前,应当首先向当事人送达《税务行政处罚事项告知书》,告知当事人已经查明的违法事实、证据、行政处罚的法律依据和拟将给予的行政处罚,并告知有要求举行听证的权利。但平山县地税局并未履行该项告知义务,已经构成程序性违法。根据《行政诉讼法》第 42 条第 2 款第 3 项的规定,平山县地税局所作出的行政处罚决定违反法定程序,平山县人民法院以此为由作出撤销该行政处罚决定的判决应当是合理的。

但在判决中,法院以程序违法为由撤销判决,同时认为并无必要就"行政实体方面的争议继续进行审理"。这一做法是否合法,仍存在争议。《行政诉讼法》第 54 条规定,人民法院对违反法定程序的具体行政行为判决撤销或部分撤销,并可以判决被告重新作出具体行政行为。这条规定意味着在我国行政行为

的程序违法可以单独构成撤销判决的适用条件。尽管法院撤销违反法定程序的具体行政行为显然合法,但在本案中双方当事人在实体方面同样存在争议。根据最高人民法院《关于执行〈中华人民共和国行政诉讼法〉若干问题的解释》第54条规定,人民法院以违反法定程序为由,判决撤销被诉具体行政行为的,行政机关重新作出具体行政行为不受《行政诉讼法》第55条规定的限制。而《行政诉讼法》第55条规定,人民法院判决被告重新作出具体行政行为的,被告不得以同一的事实和理由作出与原具体行政行为基本相同的具体行政行为。这意味着人民法院以程序违法为由判决撤销具体行政行为并判决被告重新作出具体行政行为的,被告在重新作出行政行为时可以作出与原行为相同的行为。① 如平山县地税局修正程序瑕疵,即履行告知义务,甚至举行了听证,作出与原处理决定相同的处罚决定,那么相应的实体争议依然存在,平山县劳动就业管理局仍可能再次提起行政诉讼。由此必然导致司法资源的浪费和行政效率的牺牲,使得平山县劳动就业管理局的纳税义务迟迟处于不确定的状态。

在行政诉讼中是应当尽快纠正行政行为的程序性瑕疵还是尽可能避免同一内容的行政行为的重复起诉,在行政法学界仍存在诸多的争议。德国学者Otto Groschupf认为,"行政法院对行政机关而言,既不是监督机关又不是教育机关。它作为一个真正意义上的裁判机关,首先必须裁断法律纠纷,而且其裁断必须使关于同一诉讼物不会再次提起诉讼,这是行政法院的任务"。② 但如不将程序瑕疵作为撤销判决的适用条件,那么,税务机关便可能漠视行政程序,税收法治便可能无法实现。加上当前大多数法官对税法的掌握的不足,由其直接进行实体审查,实际上很难得出恰当的结论。因此,在当前的行政诉讼机制下,为避免重复诉讼所产生的税收征管的延宕和税收法律关系的不确定,在税务处罚决定存在程序性瑕疵的情况下,法院可以径以违反法定程序而撤销该决定,但在双方仍存在实体争议的情况下,应当在判决中提示税务机关,"如重新作出新的行政行为,应当重新对案件所涉事实与环境重新予以考量"。由此,既可以避免司法对税务机关重新作出行政行为造成过多的干预,同时也可以尽量避免因诉讼前后相同行政行为对纳税人所造成的消极影响。

尽管平山县就业管理局为事业单位,承担一定的行政管理职能,但根据《营业税暂行条例》、《企业所得税暂行条例》和《税收征收管理法》的规定,作为其

---

① 王天华:《程序违法与实体审查——行政诉讼中行政程序违法的法律效果问题》,载罗豪才主编:《行政法论丛》(第9卷),法律出版社2006年版。

② Otto Groschupf, Wie entscheidet das Verwaltungsgericht, wenn das Verwaltungsverfahren fehlerhaft war?, DVBl. 1962, S. 627ff.

有独立法人资格的事业单位,同样具备纳税主体资格。但就业管理局所提供的劳动管理与就业服务具有社会公益性,所收取的费用为行政事业性收费,仅用于弥补因提供劳动与就业服务所发生的成本,因此,该费用无需缴纳企业所得税和营业税。在本案中,平山县地税局在对就业管理局作出处罚决定时并未履行相应的告知和听证程序,这一程序性的瑕疵成为法院判决行政处罚决定违法的理由。但法院因此而未进行实体性的审查,仍可能造成同一行政行为重复审查的后果。

(汤洁茵)

3. 常州国税局第一稽查局行使税收代位权案

2001年《税收征收管理法》修改后,增加了税收代位权作为税收保障措施的规定。常州国税局第一稽查局通过民事诉讼程序代位行使常州市恒源织造有限公司对常州市顺康织造有限公司享有的债权,是这一制度在税收征管实践中极少数的实施案例。但稽查局是否具备行使税收代位权的主体资格,仍是有待考证的。不仅如此,作为行政执法主体的稽查局能否作为民事诉讼程序的原告,同样值得商榷。尽管《税收征收管理法》第50条规定,税务机关可以依照《合同法》第73条、第74条的规定行使代位权,但税收代位权与民事代位权显然有着不同的价值追求,不应完全适用《合同法》的规定,该案可以说全面地凸显了税收代位权制度适用中亟待解决的诸多问题。

案情简介

常州市国家税务局第一稽查局于2005年3月22日,对第三人常州恒源织造有限公司的涉税违法行为作出税务处理决定,该企业应补缴增值税761,125.54元,加收滞纳金113,596.90元;已缴税款330,000元,尚欠税款431,125.54元、滞纳金113,596.90元,欠缴合计544,722.44元。

税务机关经调查发现,常州恒源织造有限公司原属常州市郊区五星乡集体所有制企业,于2001年改制。厂房及生产设备已分别于2002年向农业银行、五星信用社作了贷款抵押,土地使用权为集体所有。同时,由于改制不彻底,对400名在职职工未作安置,而根据其生产经营能力,所需在岗人员不到40%,剩余人员以内退、待岗形式进行安置,由企业承担内退工资、待岗最低保障生活费,并缴纳全部社会保险费用。所以,企业历史包袱较重,劳资关系紧张,矛盾突出。在资产调查过程中,执行人员曾三次因职工聚众纠纷而未能进厂。

为了维护社会安定的大局,经区、乡两级政府协调,并根据常州城市改造规划已将该单位列入搬迁计划,并在有搬迁补偿费作保证的前提下,企业承诺在保证正常生产的同时,将以积极的态度缴纳欠税,截至2007年4月30日已缴纳税款330,000元。

在执行过程中,执行人员通过征管信息系统查询发现,常州恒源织造有限公司的经营情况直线下降,从2006年10月份起纳税为零申报,这与执行人员实地调查了解到的车间生产情况大相径庭。通过进一步调查发现,在该单位的生产经营地还存在另一家企业常州市顺康织造有限公司,是常州恒源织造有限公司的投资者以恒源织造有限公司的所有资产设立的,经营场所、组织机构和员工均与恒源织造有限公司相同。同时,常州恒源织造有限公司在既不履行缴纳查补税款义务又不向税务机关报告的情况下,将其主要生产设备出售给常州市顺康织造有限公司,且未支付价款,而是通过相互之间的往来科目"其他应收款"、"其他应付款"进行结算,造成常州恒源织造有限公司目前处于停业状态。截至2007年4月30日常州恒源织造有限公司的"其他应收款——常州市顺康织造有限公司"明细科目下借方余额269.23万元。由于受执法主体的限制,在多次催缴无果的情况下,经所属分局研究决定,常州市国家税务局第一稽查局对常州市顺康织造有限公司行使税收代位权。

2007年5月,常州市国家税务局第一稽查局以常州市顺康织造有限公司为被告、以常州市恒源织造有限公司为第三人,向常州市钟楼区人民法院提起民事诉讼,诉称常州市恒源织造有限公司欠缴国家税款,但怠于行使对常州市顺康织造有限公司的到期债权。要求常州市顺康织造有限公司清偿债务并由恒源织造有限公司缴纳所欠税款。经过审理,法院判决由被告常州市顺康织造有限公司向原告常州市国家税务局第一稽查局支付所诉税款 431,125.54 元及滞纳金 113,596.90 元,合计 544,722.44 元。同时,案件受理费 10,339 元由被告负担。

争议焦点

1. 本案是否适用税收代位权的规定?
2. 本案能否适用民事诉讼程序?
3. 本案当事人是否适格?
4. 由本案被告直接缴纳税款是否恰当?

法理评析

一、第一稽查局税收代位权诉讼的原告资格

在本案中,第一稽查局作为本案的原告向次债务人提起民事诉讼。根据《民事诉讼法》的第 108 条的规定,起诉必须符合下列条件:(1)原告是与本案有直接利害关系的公民、法人和其他组织;(2)有明确的被告;(3)有具体的诉讼请求和事实、理由;(4)属于人民法院受理民事诉讼的范围和受诉人民法院管辖。那么,问题在于,其一,第一稽查局是否为"公民、法人和其他组织",其二,第一稽查局是否与本案存在直接利害关系。

第一稽查局显然并非公民。根据《民事诉讼法》第 49 条和最高人民法院《关于适用〈民事诉讼法〉若干问题的意见》,其他组织是指合法成立、有一定的组织机构和财产,但又不具备法人资格的组织。包括:依法登记领取营业执照的私营独资企业、合伙组织、合伙型联营企业、中外合作经营企业、外资企业、社会团体、分支机构、乡镇、街道、村办企业以及符合本条规定条件的其他组织。因此,第一稽查局显然并不属于其他组织。第一稽查局能否作为法人,提起民事诉讼,也不无疑义。《税收征管法实施细则》第 9 条规定,省以下税务局的稽查局是按照国务院规定设立的并向社会公告的税务机构,是《税收征收管理法》第 14 条所指的"税务机关"。这在一定程度上肯定了稽查局的独立主体资格。《民事诉讼法》对"法人"的范围并未规定,《民法通则》第 50 条的规定则肯定了

具有独立经费的机关从成立之日起具有法人资格,这也肯定了机关主体可以作为民事主体。不过,根据国家税务总局《关于进一步加强税务稽查工作意见的通知》的规定,"各级税务机关要在保证所属稽查局的正常经费有稳定来源的基础上,多渠道增加税务稽查办案经费",似乎并不认为稽查局具有独立的经费。《税务稽查办案专项经费管理暂行办法》进一步规定,税务稽查办案专项经费由各级国家税务局财务部门和稽查部门按照职责分工实施管理。财务部门负责编制税务稽查办案专项经费预算、决算,实施日常会计核算。稽查部门负责提出税务稽查办案专项经费预算申请,并严格按照有关规定使用。根据这一规定,也不应当认为稽查局具有独立的经费来源。因此,第一稽查局以具有独立主体资格的机关法人作为民事诉讼的主体,显然是值得怀疑的。

第一稽查局能否作为本案的原告,还必须具体考察其与本案所涉税收债权的实现是否存在直接利害关系,即必须是其合法权益受到侵害的主体才具有原告的起诉资格。那么,第一稽查局在本案中是否为因税收债权无法实现而受损的当事人,有必要予以考察。从广义上说,税收债权的一方当事人恒定为国家,征收的税收收入都归入国库中,因此,国家因本案所涉的税收债权无法实现而受有利益的损害。但在具体的税款征收中,各级税务机关作为国家的代表基于不同的税收管辖权而具体行使征管权。如税款未能征收入库,则对该税款享有管辖权的税务机关的征收权将无法实现,其税收征收利益也因此受到损害。因此,第一稽查局是否与本案存在直接利害关系,关键在于其对恒源织造公司是否享有税收征管权并因其纳税义务的不履行而受有损害。根据《税收征收管理法实施细则》第9条的规定,稽查局专司偷税、逃避追缴欠税、骗税、抗税案件的查处。国家税务总局《关于稽查局职责问题的通知》(国税函[2003]140号)指出,在国家税务总局统一明确之前,稽查局的职责主要是:稽查业务管理、税务检查和税收违法案件查处;凡需要对纳税人、扣缴义务人进行账证检查或者调查取证,并对其税收违法行为进行税务行政处理(处罚)的执法活动,仍由各级稽查局负责。尽管国家税务总局颁发的《税务稽查工作规程》第62条明确规定,被执行人未按照《税务处理决定书》确定的期限缴纳或者解缴税款的,可以依法采取强制执行措施,或者依法申请人民法院强制执行。上述规定,似乎已经肯定了稽查局对通过稽查所发现的未缴税款直接享有征收入库的权利。但"相互分离、相互制约"是《税收征收管理法》对二者关系的基本定位,尽管同作为税务机关的职能部门,两者之间具有相对的独立性。稽查局既以税务违法案件的查处为主要职责,即不应当同时享有过多的税款征收入库的权力,否则即违背了征管机关与稽查机关相互分离的初衷。实际上,目前相关法规对稽查局能否提起税收代位权诉讼则并无明确的规定。因此,有权行使税收代位权的征税机关,必须是欠缴税款的纳税人依法应当向之缴纳税款的征税机关,也就是说在特定的税收法律关系中,征税机关也是特定的,从而税收代位权的行使也只能由该特定的征税机关来行使。在本案中,恒源织造公司的生产经营场所位于常州市郊区,根据《增值税暂行条例》的规定,有固定经营场所的增值税纳税人应当向其机构所在地的主管税务机关申报纳税。常州市国税局对该公司的增值税应当享有税收管辖权,该公司未缴纳税款的行为直接损害其税收征管权。因此,常州市国税局应为本案的原告,而非第一稽查局。

二、本案的相关司法程序争议

在本案中,第一稽查局以次债务人,即顺康织造公司为被告,以纳税人恒源织造公司为第三人提起民事诉讼,法院以民事诉讼程序对本案进行审理。根据《民事诉讼法》第3条的规定,民事诉讼程序适用于人民法院受理公民之间、法人之间、其他组织之间以及他们相互之间因财产关系和人身关系提起的民事诉讼。民事诉讼是解决民事争议的方式,而民事争议是指平等主体之间发生的、以民事权利义务为内容的法律争议,以违反民事实体法的规定为形成原因。就本案而言,第一稽查局作为行政主体与本案纳税人、次债务人是否均为平等主体尚有待探讨,而更重要的是,双方所发生的争议是以税收权利义务关系为内容的法律争议,是以税收实体法的规定作为形成原因的。在双方争议并非民事争议的情况下,"官告民"之诉,能否适用《民事诉讼法》进行审理,还是适用行政诉讼程序,不无疑义。

税收代位权的制度设计往往是以税收债权债务关系说为理论基础的。根据税收债权债务关系说,作为税收之债成立基础的"社会契约",其合意是于国家与人民于宪法性法律关系中完成的,人民是"社会契约"的一方当事人。作为具体税收之债法律关系的源生性基础的宪法性法律关系,其平等性和合意性自然衍生于具体税收债权债务关系中,使具体税收债权债务关系中的征税机关和纳税人之间亦具有平等性。征税机关和纳税人在税法面前一律平等,平等地受税法的保护和约束。但即使税务机关与纳税人之间的地位平等,也并不必然意味着税务机关与纳税人之间的诉讼,"官与民"之诉为民事诉讼。否则,税务机关与纳税人之间的诉讼,必然造成相同类型的争议,在"官诉民"的场合为民事诉讼,而"民诉官"却为行政诉讼的二元背离。因此,税收债权债务关系说仍不足以说明税收代位权诉讼可适用民事诉讼程序。

从税收代位权的制度机理来看,其目的在于通过确定纳税人与次债务人之间的民事法律关系,实现纳税人享有的民事权利所内涵的财产利益,再以该财产利益保证税收债权的实现。税收债权的实现固然是税务机关行使征税权的前提,也正是征税权的债权属性使得"代位权"这一民事制度可以移植于税法制度中。但税务机关在对次债务人提起税收代位权诉讼，所主张的实际上是纳税人对次债务人所享有的民事债权，税务机关不过是在纳税人怠于行使此权利的情况下，"代表"纳税人行使这一权利。即使税务机关通过代位权诉讼最终要保证征税权的实现，但代位的"核心"却是民事权利。从这个意义上说，税收代位权之诉存在适用民事诉讼程序的可能。

在税收代位权诉讼中，是否需要对税收债权的合法性进行审查，是认定代位权诉讼能否适用民事诉讼程序的另一障碍。根据最高人民法院颁布的《关于适用〈中华人民共和国合同法〉若干问题的解释（一）》（以下简称《合同法司法解释》）第18条第2款的规定，债务人在代位权诉讼中对债权人的债权提出异议，经审查异议成立的，人民法院应当裁定驳回债权人的起诉。如果可以适用民事诉讼程序，如前所述，税收代位权的行使以合法的税收债权的存在为前提。如税收债权不存在，即无债权保全的必要。那么，如果法院在审理税收代位权争议时，纳税人对税收债权提出异议，法院有必要对税收债权的合法性进行审查，则意味着法院必须对税务机关核定或确定税款的具体行政行为进行合法性的审查，而这显然属于行政诉讼的范畴。即使基于税务机关对纳税义务的确定行为的效力先定性，主张税收代位权争议的民事程序中免于对税收债权的异议审查，纳税人如对税收债权存有争议，仍可以提起行政复议或诉讼而对其合法性进行审查，进而可能改变税收债权的存在状态。已生效的税收代位权诉讼的判决便可能因此将重新面临法律不确定的状态。这不仅将造成司法和税收成本的增加，更将大大影响本与税收法律关系无关的次债务人的正常经营活动。因此，在法院依照民事诉讼程序受理税收代位权诉讼之后、开始审理之前，应当首先告知纳税人如对税收债权存有争议，可以对该税收争议提起行政诉讼。一旦纳税人提起行政诉讼，则法院应当中止税收代位权的审理。待相关税收争议经行政诉讼审理、判决确定、生效后，再进行税收代位权诉讼的审理。但与此同时，应当允许税务提起相应的财产保全申请，避免纳税人和次债务人在税务诉讼期间实施财产转移、逃避纳税义务。

在本案中，法院在审理过程中并未对第一稽查局是否享有合法的税收债权进行审查，这固然符合民事诉讼程序仅解决民事争议的特点，但这实际上已经忽视了纳税人对税收争议提起行政或司法救济的权利，在此情况下，税务机关代位权行使的结果仍可能因纳税人提起税务诉讼最终被推翻。

三、税收代位权行使的行使要件

在本案中，常州市国家税务局第一稽查局（以下简称第一稽查局）对纳税人常州恒源织造有限公司（以下简称恒源织造公司）的债务人常州市顺康织造有限公司（以下简称顺康织造公司）提起税收代位权诉讼。那么首要解决的问题在于,第一稽查局是否有权行使税收代位权。

《税收征收管理法》第 50 条规定,欠缴税款的纳税人因怠于行使到期债权,或者放弃到期债权,或者无偿转让财产,或者以明显不合理的低价转让财产而受让人知道该情形,对国家税收造成损害的,税务机关可以依照《合同法》第 73 条、第 74 条的规定行使代位权、撤销权。根据《合同法司法解释》第 11 条的规定,债权人依照合同法第 73 条的规定提起代位权诉讼的,应当符合下列条件:(1)债权人对债务人的债权合法;(2)债务人怠于行使其到期债权,对债权人造成损害;(3)债务人的债权已到期;(4)债务人的债权不是专属于债务人自身的债权。这一司法解释确立了民事债权的代位权的行使要件,这一规定能否适用于税款征收,在学理和实践中仍存在诸多的争议。有学者认为,这一规定同样是税收代位权的行使要件①,而有学者则认为《税收征收管理法》第 50 条仅仅规定了税收代位权的行使程序"依照合同法",实体行使要件则不应适用此规定。② 一方面,由于《税收征收管理法》只明确规定税收代位权的行使可以依照《合同法》第 73、74 条的规定,但是否适用相关的司法解释则并未有所规定。另一方面,即使依照税收债权债务关系说,税收之债作为公法之债,仍与平等主体之间的民事之债有着根本的区别,这决定了税收代位权的行使要件也应当与民事债权有所不同。

1. 纳税人的纳税义务已经发生且确定

代位权制度存在的初衷就在于保全债权,代位权的行使必须以当事人之间的金钱给付请求权利的存在为前提。纳税义务所形成的正是私人向国家或公共团体为一定的金钱给付,因此,纳税义务的成立实际上成立了国家(以税务机关为代表)与纳税人之间的债权债务关系。税收代位权的行使也应当以纳税义务,即税收之债的成立为前提。基于税收法律主义的要求,税收之债在税法所规定的金钱给付义务的构成要件实现时即告发生。③ 那么,只要某一市场主体发生某项经济事实,产生某项可归属于该主体的经济后果,该后果经由税法评价具有可税性,那么,该主体即根据税法的规定而发生相应的纳税义务。

但由于税收之债的特殊性所决定,除源泉扣缴的税款外,税收之债的成立与其纳税义务的履行时点往往存在一定的时间差,即纳税义务的确定期间和履行期间,保证纳税人能够自主计算和清偿债务。纳税人必须在纳税义务确定后,在法律规定的履行期间内履行相应的纳税义务。纳税义务确定的途径有两

---

① 刘杰:《税收代位权问题初探》,载《宁夏社会科学》2003 年第 9 期。
② 熊可:《我国税收代位权制度的理论基础及其完善》,北京大学硕士学位论文 2005 年,第 45 页。
③ 参见陈清秀:《税法总论》,台湾翰芦图书出版有限公司 2001 年版,第 223 页。

种,一种是纳税人的主动申报,另一种是税务机关依职权加以核定。只有经由纳税申报或税务机关核定,纳税人已经发生的纳税义务才最终转化为"具体的纳税义务",从而可以现实地予以履行。

在纳税人的纳税义务已经发生且经税务机关确定的情况下,税收之债即告确立。履行期间届满之后,税务机关即可以向纳税人请求相应的金钱给付。这一事实的存在是税务机关行使税收代位权的基本前提。

2. 纳税人未在纳税期限内清缴税款

《税收征收管理法》第 31 条第 1 款规定,纳税人、扣缴义务人按照法律、行政法规规定或者税务机关依照法律、行政法规的规定确定的期限,缴纳或者解缴税款。因此,已经发生的纳税义务只要在法律所规定的纳税期限内履行,纳税人即构成合法的税收之债的清偿。纳税义务的清偿期对于纳税人来说也是一种期限利益。纳税人可以在此期限内的任何时点,根据其经济活动安排和货币支配的需要而进行清偿。除非存在《税收征收管理法》第 38 条所规定的逃避纳税的行为,税务机关均不得在纳税期限到来之前对纳税人何时以及如何履行纳税义务予以干涉。当纳税义务还未到期时,如果税务机关可以通过行使代位权而干预纳税人的民事处分权,这无异于对依法而定的纳税人期限利益的剥夺。①

应当强调的是,由于单行税种法所规定的纳税期限均有所不同,纳税人所负纳税义务是否已逾清偿期,应当根据各个单行税种法的具体规定而定。此外,《税收征收管理法》第 31 条第 2 款规定,纳税人因有特殊困难,不能按期缴纳税款的,经省、自治区、直辖市国家税务局、地方税务局批准,可以延期缴纳税款,但是最长不得超过 3 个月。在税务机关批准的纳税期限内,纳税人同样有权决定具体的履行时点,税务机关同样不得干涉。

3. 纳税人怠于行使其对次债务人的到期债权

作为一项法定的金钱请求权,为保证税收之债的实现,各国立法中均要求纳税人的所有财产和财产权利都应当用于担保税收之债的实现。因此,如纳税人享有可行使的到期债权而无正当理由却并未行使,即无法保证以此积极财产权利保证税收债权的实现。在此情况下,才发生税务机关代为行使债权的必要。这一要件包含如下的三层含义:

(1) 纳税人享有对第三人的债权。纳税人对第三人享有的债权,是一项积极的财产权利,是税务机关代位行使的权利,也就是税收代位权的客体。如果纳税人不享有对第三人的债权则税务机关无从代位,即使纳税人的纳税义务已

---

① 熊伟、王华:《税收代位权制度研究》,载《安徽大学法律评论》第 3 卷,安徽大学出版社 2003 年版。

经发生、确定且已逾清偿期。从民法的角度而言,债权作为一项请求权,具有非常广泛的内涵,不仅包括具有财产内容的债权,也包括其他不具有财产性质的权利。作为税收代位权客体的"对第三人的债权"应当仅限于以财产给付为内容的债权。这是因为,税收债权是一项金钱债权,其给付标的仅限于货币,代位债权的行使目的在于使该项金钱给付获得满足。如此项债权无财产价值,即使代位行使,也无益于最终债权的实现。此外,能够作为税务机关代位行使的债权,也不应当包括任何专属于债务人自身的权利,如基于扶养关系、抚养关系、赡养关系、继承关系产生的给付请求权和劳动报酬、退休金、养老金、抚恤金、安置费、人寿保险、人身伤害赔偿请求权等权利。这些债权尽管具有财产价值,但由于与纳税人的生存权、生命权等基本人权的实现直接相关,因此,不应当作为税务机关代位行使的客体。除此以外,此项债权为法定之债还是意定之债,均可以作为税收代位权的客体。

(2) 纳税人对第三人享有的债权已经到期。作为税收代位权的客体,纳税人对第三人享有的债权还必须已经到期。到期之前的债权,纳税人并无法强制次债务人履行该债务。一般而言,代位行使某项权利,代位权人不能享有比被代位的人更优越的权利,如果纳税人对第三人的债权尚未届清偿期,则纳税人本人亦不得行使,代位的税务机关就更没有权利行使。对于未规定合同履行期限的债权,其是否到期尚不确定。但如要求纳税人进行催告才确定债权是否到期,由于纳税人本身怠于行使权利,这一催告的要求只是形同虚设。因此,如税务机关要求纳税人对其债务进行催告,而纳税人未在规定期限内进行催告,则该债务视同到期。

(3) 纳税人怠于行使该债权。正是由于纳税人怠于行使债权,该积极财产才无法现实的作为纳税义务履行的财产来源。因此,当纳税人本应当行使而未及时行使该债权的情况下,税务机关才能代位行使此权利。何谓"怠于行使债权",根据《合同法司法解释》的规定,是指不以诉讼方式或者仲裁方式向其债务人主张其享有的具有金钱给付内容的到期债权。这一标准客观上简化了税务机关判断纳税人是否存在怠于行使债权的情况,但实际上纳税人可以多种方式行使其债权,由于诉讼或仲裁成本的考量,纳税人可能采取直接债权请求或是调解的方式实现其债权,如无视其他债权行使方式,而强调以诉讼或仲裁为必需,则可能将大部分债权纳入税收代位权的范围中,造成对纳税人经营事项的过度干预。因此,如纳税人能够举证证明其积极行使债权的事实,如存在书面形式的债权请求等,均不应当认定债权的怠于行使。

4. 纳税人怠于行使到期债权导致税收债权无法实现

即使纳税人怠于行使到期债权,如仍存在其他财产或财产权利足以保证税收债权的实现,则此时并无税收代位权的行使。此外,税收债权无法实现与纳税人怠于行使到期债权之间还必须存在直接因果关系,即因债权未如期实现,使得应缴税款无法顺利征收入库。因此,只有当纳税人仅存在此项积极财产,该积极财产权利为税收债权实现的唯一经济来源的情况下,才能够主张怠于行使债权与税收债权无法实现之间存在因果关系。

纳税人到期未缴纳应纳税款是否即构成"税收债权无法实现",不无疑义。《税收征收管理法》规定了纳税人不履行纳税义务或存在逃避纳税义务行为时的税收征收保障措施,如责令限期缴纳税款、采取税收保全措施、扣缴抵缴税款等。在纳税人到期未缴纳税款的情况下,税务机关可以通过上述措施实现其征税权。税收代位权的设置实际上在税收强制措施之外为税务机关的征税权实现提供了更多的途径。税收强制措施的执行,仅限于纳税人的自有财产,而税收代位权则将对象扩展到纳税人以外的第三人,必然对第三人的权利形成或多或少的干预或限制。而在当前的机制下,纳税人以外的第三人却无法主张与纳税人相似的权利对抗机制,无法维护自身的合法权利。因此,如在纳税人到期未履行纳税义务的情况下即允许税务机关行使税收代位权,将使得征税权得以进一步的扩张,甚至成为溢出税法之外的权利。因而税收代位权制度相较于传统的税收保障措施对于私法制度的稳定性有着更大的损害,所以要求征税机关行使税收代位权之前必须"穷尽税法其他保障措施"是必要的。因此,作为税收代位权行使要件的"税收债权无法实现"应是指税务机关经责令限期缴纳税款并采取必要的税收强制措施仍无法实现税收债权。

因此,这里所指的"税收债权无法实现"应当是指国家税收有不能实现的危险。即税收债权在相当长的时间内或永远无法得到清偿的一种可能性。这种可能性的判断需要综合考虑纳税人的情况,包括其所掌握的可用于清偿税款的财产状况、企业组织等纳税人的运营状况、在纳税方面的信用状况等。当综合考虑了纳税人的情况,认为其怠于行使权利的行为,将很可能导致其在相当长的时间或永远无法清偿税收之债时,才认为其行为对国家税收造成损害。

根据以上税收代位权的行使要件,就本案而言,第一稽查局在 2005 年 3 月对恒源织造公司作出税务处理决定,对决定所认定的欠缴税款、滞纳金等,恒源织造公司并无异议,并在一定范围内履行了补缴税款的义务,到 2007 年 4 月 30 日,补缴税款 330,000 元。这在一定程度上可以说明,双方当事人对税收债权的合法存在并无争议。根据《税收征收管理法》第 32 条的规定,纳税人未按照规定期限缴纳税款的,从滞纳税款之日起,按日加收滞纳税款万分之五的滞纳金。由于该处理决定中已确认该公司的滞纳金为 113,596.90 元,可以认为该公司并未在规定期限内履行其纳税义务。常州市顺康织造有限公司与常州恒源织造有限公司为形式上的独立法人,在主要设备转让后,恒源织造公司并未积极向顺康织造公司要求支付价款,而仅在"其他应收款"下进行登记,既未向其主张请求偿还,也未提起诉讼或仲裁等救济措施。在本案已有的资料中,并无充分的证据证明税务机关采取了必要的税收保障措施。但由于恒源织造公司的厂房及生产设备于 2002 年设定了贷款抵押,根据《税收征收管理法》第 45 条的规定,纳税人欠缴的税款发生在纳税人以其财产设定抵押、质押或者纳税人的财产被留置之前的,税收应当先于抵押权、质权、留置权执行。如恒源织造公司所欠该笔税款如发生于 2002 年之后,即使税务机关采取税收强制措施,也难以因此而实现税收债权。但本案所存在的问题在于,除恒源织造公司对顺康织造公司享有的债权之外,由于该公司已列入搬迁计划,该公司将取得搬迁补偿费。该笔搬迁补偿费同样可以用于履行纳税义务。此时,税收债权是否因恒源织造公司怠于行使对顺康织造公司的债权而陷于无法实现的危险,则应取决于该笔搬迁补偿费取得的确定性程度及其数额。但本案审理过程中并未对该笔搬迁补偿费给予任何的考量而径行认定税务机关可以行使税收代位权,显然仍有失恰当。

四、税收代位权行使结果

在本案中,法院认定稽查局有权代位行使对顺康织造公司的债权,并要求该公司直接向第一稽查局直接支付税款和滞纳金。这一判决显然是依据《合同法司法解释》第 20 条有关"优先规则"的规定而作出的。根据该规定,债权人向次债务人提起的代位权诉讼经人民法院审理后认定代位权成立的,由次债务人向债权人履行清偿义务,亦即行使代位权者享有优先受偿的效果。税收代位权的行使是否同样遵守该优先规则,同样有考察的必要。

有学者认为,税收代位权不应当受到传统债权"入库规则"的束缚,是基于机会公平而使所有债权人在成本收益衡量的基础上作出自身利益最大化的选择。[①] 而有学者则认为,税收代位权所体现的社会公益性和税收权力所体现的强制性表明其应采用优先规则。[②] 但税收的公益性并不必然意味着税收享有绝对的优先权,根据《税收征收管理法》第 45 条的规定,税收债权并不优先于在其发生前设定担保的债权。如采用"入库规则",税收代位权行使的后果直接归属于纳税人,则纳税人的其他民事债权人,包括担保债权人和无担保债权人均得以获得相应的财产清偿。这对纳税人的其他债权人的影响相对较小。但"入库规则"的采用,将对其他债权人产生"正的外部性",即无需支付任何成本而享受相应的代位权行使的效果,这将导致代位权的行使成本过度转嫁于税务机关,导致征管成本的增加。由于税收优先权的存在,即使行使代位权取得的财产纳

---

① 李刚、程国琴:《税收代位权与撤销权的比较研究》,载《当代财经》2007 年第 11 期。
② 张富强、黎建辉:《论税收代位权行使的条件及其法律效果》,载《现代财经》2007 年第 5 期。

入纳税人总财产中,在清偿财产时,税务机关仍可以优先于无担保债权和发生于税收债权之后的担保债权而受偿,而非与其他债权人平等受偿。这一后果显然与设置"入库规则"的初衷相悖理。

相较而言,"优先规则"与税收优先权的规定更加协调。将代位权行使所获得的利益直接归属于行使代位权的债权人,也可以大大简化诉讼程序,减少中间环节,便于及时结清债权债务关系。

因此,在本案中,法院认定由次债务人顺康织造公司直接向税务机关清偿债务,应当是合理的。

综上所述,常州市国税局第一稽查局对恒源织造公司并不享有税收征管的管辖权,由其作为原告提起税收代位权诉讼不符合法律的规定。法院在审理过程中并未对第一稽查局是否享有合法的税收债权进行审查,这固然符合民事诉讼程序仅解决民事争议的特点,但这实际上已经忽视了纳税人对税收争议提起行政或司法救济的权利。在判定稽查局的税收代位权是否成立时,法院并未考察恒源织造公司其他合法债权的存在,而直接认定恒源织造公司未行使顺康织造公司的债权将危及其纳税义务的履行,从而判定稽查局的税收代位权成立,要求由次债务人顺康织造公司直接向税务机关清偿债务,与法律所规定的税收代位权行使条件有所背离。但本案作为全国第一个税务机关行使代位权的生效判决,对税收代位权制度在税法实践中的实施,仍具有重要的意义。

(汤洁茵)

4. 王守成被宣告无罪后逾期申请退税案

根据《税收征收管理法》第51条，纳税人退税请求权以3年为限。法律并未区分纳税人多纳税的原因，无论什么原因导致纳税人多纳税，均受3年期限的限制，同时，上述期限也无中止的可能或者延长的可能。纳税人行使退税请求权的期限是固定的，即无论什么情形导致的多纳税，均受3年期限的限制。法律作出这种规定，是为了督促纳税人积极行使退税权，稳定税收征纳关系。但是，对于因强制措施或其他行政决定而导致多缴税款的情形，纳税人的退税权是否同样受上述3年期限的约束，在法理上确有争辩的空间。本案就陷入了这种合法不合理的尴尬，凸显我国退税请求权制度改革的必要性。

案情简介

1993年4月2日,辽宁省沈阳市辽中县检察院以王守成涉嫌偷税决定立案侦查。同年5月29日、6月7日,辽中县税检室将从王守成处收缴的税款113,681元,以集交税的科目缴给辽中县国税局。1998年10月7日,辽中县检察院认为王守成不构成偷税犯罪,撤销了该案。嗣后,王守成要求退回被辽中县税检室收缴的税款,1999年3月辽中县检察院曾致函被告,要求返还税款。辽中县国税局于2000年8月15日复函辽中县检察院,不接受退税请求。2007年7月5日,王守成向辽中县国税局书面提出退税申请,辽中县国税局2007年7月13日作出不予退税的决定。同日,王守成病逝,其妻杨素琴以近亲属身份向沈阳市国家税务局提出复议,2007年9月21日,沈阳市国家税务局经复议维持了被告作出的行政决定。

一审法院认为,根据《税收征收管理法》第5条,辽中县国税局是法定的税收征收管理机关,依法具有税收征管的法定职责,辽中县国税局根据杨素琴的申请作出行政决定,是履行其职责的行政行为。被诉不予退税决定,认定事实清楚,证据充分,适用法律正确,符合法定程序,依法应予支持。杨素琴诉称,王守成是在非正常的情况下缴的税,不应受退税时间的限制。对于杨素琴的这一主张,法律只对退税时间作了规定,而没有对是否正常缴税的退税的时间作出规定,故原告的主张没有法律依据,不予支持。法院依据《行政诉讼法》第54条第(1)项的规定,判决维持辽中县国家税务局于2007年7月13日作出的"关于王守成申请退税不予退回的决定",案件受理费50元,由原告负担。

杨素琴不服一审判决,向沈阳市中级人民法院提起上诉。上诉人杨素琴上诉称,被诉不予退税决定认定事实不清,适用法律错误。王守成自1993年4月17日被取保候审后就一直在向辽中县检察院、国税局主张权利,要求退回被追缴的税款。王守成是在非正常的情况下缴的税,不应当适用《税收征收管理法》第51条,所以被诉不予退税决定适用法律错误。原审判决认定事实不清,适用法律错误。请求二审法院撤销原审判决,由被上诉人承担本案诉讼费用。

辽中县国家税务局答辩称,原审判决认定事实清楚,适用法律正确,请求二审法院予以维持。

二审法院认为,根据《税收征收管理法》第5条的规定,辽中县国家税务局具有作出本案被诉具体行政行为的法定职权。被上诉人提供的证据能够证明上诉人提出退还1993年缴纳的税款的申请,已超过法定申请退税期限,被上诉人根据《税收征收管理法》第51条的规定,作出不予退税决定,认定事实及适用法律并无不当。上诉人主张,王守成是在非正常情况下缴的税,不应受申请退税时间限制,因《税收征收管理法》第51条并未对不同的缴税事由的申请退税时间作出不同规定,故上诉人的上述主张没有法律依据,二审法院不予支持。上诉人自称,王守成从1993年4月17日被取保候审后就一直在向辽中县检察院、国税局主张权利,要求退回被追缴的税款,但是仅在2007年7月5日向被上诉人提出书面退税申请。上诉人提供的证据不能证明其在此之前直接向被上诉人提出过退税申请的事实,被上诉人亦否认此前收到过上诉人的申请,故上诉人提出的其申请退税未超过法定期限的主张缺乏事实证据,法院不予支持。

争议焦点

1. 纳税人在非正常的情况下缴纳的税款是否应受退税时间的限制?
2. 在税务机关明知纳税人多纳税的情况下是否应当主动退还税款?

法理评析

一、纳税人退税请求权

《税收征收管理法》第51条规定:"纳税人超过应纳税额缴纳的税款,税务机关发现后应当立即退还;纳税人自结算缴纳税款之日起3年内发现的,可以向税务机关要求退还多缴的税款并加算银行同期存款利息,税务机关及时查实后应当立即退还;涉及从国库中退库的,依照法律、行政法规有关国库管理的规定退还。"

《税收征收管理法实施细则》第78条规定:"税务机关发现纳税人多缴税款的,应当自发现之日起10日内办理退还手续;纳税人发现多缴税款,要求退还的,税务机关应当自接到纳税人退还申请之日起30日内查实并办理退还手续。"

根据上述规定,纳税人实现退税请求权的方式有两种:第一是税务机关主动退税,第二是纳税人请求退税。对于税务机关主动退税,并无期限的限制,无论任何时候,税务机关都可以主动退还纳税人多缴纳的税款。对于纳税人请求退税,则有期限的限制,即自结算缴纳税款之日起3年内,超过3年,纳税人即无权向税务机关请求退税。

对于纳税人退税请求权的 3 年期限,法律并未区分纳税人多纳税的原因,无论什么原因导致纳税人多纳税,均受 3 年期限的限制。同时,根据法律的上述规定,对于上述期限也无中止的可能或者延长的可能。

二、超过期限,纳税人多缴的税款是否可以退还?

本案中,杨素琴诉称,王守成是在非正常的情况下缴的税,不应受退税时间的限制。这一主张没有法律依据。根据《税收征收管理法》第 51 条,纳税人行使退税请求权的期限是固定的,即无论什么情形导致的多纳税,均受 3 年期限的限制。因此,法院对这一问题的观点是正确的。

虽然本案中的纳税人已经超过了行使退税请求权的期限,但并不等于纳税人就无法获得退税,因为税务机关还有主动退税的义务,征税机关主动退税的义务是不受期限限制的。因此,税务机关应当主动审查纳税人是否有"超过应纳税额缴纳的税款",如果有,税务机关应当主动予以退税。虽然司法应当恪守"不告不理"的被动原则,即纳税人并没有请求税务机关主动审查纳税人是否有"超过应纳税额缴纳的税款"并予以退税的诉讼请求,但纳税人已经提出了主动行使退税请求权的诉讼请求,而该诉讼请求的实质是退税请求,法院仍然可以根据纳税人诉讼请求的实质,判决税务机关主动审查纳税人是否有"超过应纳税额缴纳的税款",并进而作出是否应当退税的决定的判决。

三、我国纳税人退税请求权制度的完善

我国纳税人退税请求权制度应当从以下两个方面加以完善:

第一,完善起算时间制度。现行制度以"结算缴纳税款之日"起算,在一般情况下,这一起算制度不存在问题,但在税务机关以及其他机关依法采取强制执行措施,或者纳税人在税务机关的要求下必须缴纳税款,但事后证明税务机关的强制执行措施或者其他行政决定是错误的情况下,此时如果仍然以"结算缴纳税款之日"起算 3 年期限,就有可能导致纳税人丧失了退税请求权。虽然此时税务机关可以依职权主动退税,但如果税务机关不主动退税,纳税人的权利将没有法律救济途径。其实,现行制度以"结算缴纳税款之日"起算的出发点是督促纳税人尽快行使权利,对于"躺在权利上睡觉"的纳税人不予保护。但如果由于法律规定或者其他客观原因,导致纳税人的纳税行为在法律上并不认为是多纳税,此时,纳税人实际上无法行使其权利。因此,法律应当以纳税人能够实际行使其权利之日起算 3 年期间。建议将现行法律的"纳税人自结算缴纳税款之日起 3 年内发现的"修改为"纳税人自结算缴纳税款之日或者可以实际行使退税请求权之日起 3 年内发现的"。当然,也可以将"结算缴纳税款之日"作狭义理解,仅限于纳税人主动申报的情况,此时,对于税务机关采取强制执行措施而执行的税款从何时开始计算就应当在立法上予以明确。由于无论何种情况,法律所关注的仍然是纳税人是否已经可以行使退税请求权,因此,可以用"可以实际行使退税请求权之日"来概括其他特殊缴纳税款的情形。

第二,完善期限经过制度。现行制度所规定的3年期限是不允许中止或者中断的,这是不符合纳税人行使救济权期限经过制度的一般原则的。对于纳税人行使权利期限的限制是为了督促其及时行使权利,如果纳税人在客观上无法行使该权利,让期限经过是没有意义的。在诉讼法上,诉讼时效一般情况下都是允许中止或者中断的。在客观上,退税请求权也存在需要中止或者中断的现实需要,例如本案中的纳税人死亡,需要等待继承人决定是否行使退税请求权,如果在确定继承人的过程中发生争议,可能会耽误较长一段时间,等继承人争议由法院判决解决后,可能已经超过了3年的期限,这是需要中止的情况。还有需要中断的情况,如果纳税人已经向税务机关提出请求,但税务机关就是不予答复或者以退税没有法律依据为由予以拒绝并由此导致3年期限届满,纳税人是否可以继续行使退税请求权就值得探讨。我们认为,此时应当仿照诉讼法的相关规定设置期限中断制度,即一旦纳税人向税务机关提出退税请求权,纳税人的退税请求权行使的期限就自动中断,从纳税人提出请求之日,还有3年期限可以继续行使退税请求权,不会因为税务机关的阻挠或者不予理会而经过行使退税请求权的期限。建议在《税收征收管理法》第51条增加第2款:"在纳税人行使退税请求权期间的最后6个月内,因不可抗力或者其他障碍不能行使退税请求权的,本条第1款规定的3年期限中止。从中止期限的原因消除之日起,本条第1款规定的3年期间继续计算。"同时,在《税收征收管理法》第51条增加第3款:"纳税人依法向税务机关书面提出退税请求时,本条第1款规定的3年期间中断。"

(翟继光)

5. 上海契税政策调整与委托纳税合同效力案

本案房产开发商由于未能及时代业主申报缴纳契税,导致业主没有享受到政府提供的购房契税补贴,引发双方的争议。开发商作为业主的代理人,未能尽到诚实信用、谨慎和勤勉义务,固然是给业主造成损失的重要原因,业主未能在《契税暂行条例》规定的期限内进行纳税申报,而代理合同又没有规定详细的履约要求,也是引发本案争议的两个因素。因此,法院判令双方分担损失合理合法。

案情简介

2001年7月,方先生花费264,982元,在位于上海市松江区九亭镇的奥林匹克花园购置了一套商品房,并签订了商品房预售合同。2002年6月28日,开发商按约交房,方先生于当日填写了购房契税纳税申报单,按房价的0.75%将契税交由开发商代为缴纳。开发商还以办理产权证的名义收取了方先生300元手续费。

2002年10月,开发商却在小区内贴出一张公告,要求购房业主再补交房价0.75%的契税。迷惑不解的方先生在询问后才知道,原来上海市政府自2002年9月1日起,取消了市民购买商品房的契税补贴,要按照房价的1.5%交纳契税。对此,方先生认为,自己在6月就已经缴了契税,开发商也许诺代其缴税,并收取了手续费,因其拖延缴税导致需补交的税款,应由开发商承担。在多次交涉未果后,方先生将开发商上海奥林匹克置业投资有限公司告上法庭,要求赔偿损失1978.11元。和他一起递交诉状的还有其他16名业主。

2003年3月4日,上海市首起房契税纠纷案在松江区人民法院泗泾法庭公开审理。原告律师在法庭上指出,开发商在2002年6月左右收取了原告的契税税款后,作为专业的房地产开发商理应知道代原告缴纳契税的义务已经发生,因图自己工作方便,而未及时履行其代理义务,从而导致原告未享受到本该享受的优惠政策,给原告造成了经济损失。开发商过错明显,与原告的损失之间的因果关系明确。

被告方代理律师认为,2002年6月,方先生及其他大部分业主委托开发商缴税时,都明确知道开发商是集中交房,集中接受委托,集中代缴契税,不可能为其中的部分业主单独代缴。开发商在收齐了大部分业主的契税后,于9月上旬到房地产交易中心办理缴税手续,应属在合理的时间内完成委托事项;根据2002年9月1日之前松江区房地产交易中心的做法,只有在办理了房产证之后才能缴纳契税,否则不予办理。而原、被告双方《房地产预售合同》约定,在交房后3个月内办理房产证,即在9月28日之前办理房产证,也就是说在2002年9月1日之前因房产证未办出,松江区房地产交易中心是不予办理缴纳契税手续的。因此,开发商的行为也符合行业惯例。

松江区人民法院认为,虽然业主和房产商之间未签订书面委托合同,但当业主将契税交给房产商,并支付300元产权证代办费,拿到房产商的收据时,双方已实际形成了一种有偿委托合同关系。作为受托人,房产商应按委托人的要求处理委托事项,当某些内容约定不明时,受托人应从维护委托人的利益出发,根据实际情况予以妥善处理。在本案中，开发商虽未明确约定何时完成代缴契税事项，但开发商应从上述角度出发，及时为业主办理纳税申报等手续，不能为了自身方便，收齐全部业主契税后一并办理。在 6 月 28 日至 8 月 31 日两个月的时间内房产商足以办妥缴税手续，却没有办理，因此其行为存在过错。其次，虽然本市契税税率一直为 1.5%，没有调整过，调整的只是补贴政策，但对于业主而言，由于开发商未能及时缴税，致使业主未能享受到政府补贴，因此，这笔税款为业主的损失，房产商理应予以赔偿。松江区人民法院一审判决奥林匹克置业公司赔偿方先生经济损失 1,987.11 元。

2003 年 4 月，上海奥林匹克置业投资有限公司因不满一审法院判决，向上海市第一中级人民法院提起上诉，认为：开发商为业主代缴契税是无偿代理行为；双方在合同中又未约定缴纳契税的期限，因此开发商在 9 月 1 日后缴税并不能称为拖延缴税；其次，政府契税政策调整是不可抗力因素，所以过错不在自己身上。该公司还指出，根据《契税暂行条例》规定，业主应在合同签订后 10 日内缴税，但业主是在纳税义务发生一年多后，才将缴税义务委托给开发商，是业主的拖延造成未能在 2002 年 9 月 1 日前完税的后果。

原告方则指出：第一，2002 年 6 月 28 日，开发商收取契税款时，同时收取了 300 元产证代办费，业主委托开发商缴税是有偿代理；第二，双方在预售合同中只约定了办理房产证的时间，未约定缴税时间，故按照政府相关规定，开发商应在房屋竣工后一个月内为业主上缴契税，现开发商未及时缴纳，这种行为存在过错；第三，政府调整契税政策不属于不可抗力。

被告方对原告方提出第一和第三点均无异议，但是对第二点，即业主在超过法定缴税期限后才进行委托，而开发商又未在 2002 年 9 月 1 日之前上缴到税务部门，双方对业主需补交契税的损失，是否存在过错持不同意见。

二审法院认为：根据《契税暂行条例》第 8 和第 9 条规定，业主应在预售合同签订之日起 10 内向税务机关申报纳税，并在核定期限内缴税。又根据上海市财政局 1998 年发布的《上海市财政局关于上海市契税征收管理若干问题的通知》第 2 条和第 4 条精神，凡发生商品房预售和预售商品房转让的，业主在法定期限内申报缴税后，原则上缴税时间为房地产竣工后一个月内。

由于业主在法定期限内并未履行申报及缴税义务，且在该法定期限后，业主委托开发商代缴契税时，并未约定交纳契税的期限，所以在缴税过程中，契税政策调整的风险首先应由业主承担。但是，由于业主和开发商之间存在有偿委托合同关系，开发商在完成该委托事项时，应承担诚信、谨慎和勤勉义务，而开发商在接受业主委托后，应当明知业主的纳税义务已经发生，却未及时缴税，且在此期间未尽充分注意义务，以致业主未能享受到契税补贴政策。显然，对业主遭受的损失存在过错。因此这部分损失应由双方共同承担。

上海市第一中级人民法院最后撤销原审法院松江区人民法院的判决,判决补交的契税由奥林匹克公司和业主方先生平均承担,二审案件受理费也由双方平均负担。

争议焦点

1. 契税的纳税义务人是否可以由当事人协议变更?
2. 政府调整补贴是否属于不可抗力?
3. 开发商与业主的关系属于委托代理,还是其他?
4. 双方主观是否都有过错以及应当由谁承担损失?
5. 契税纳税义务发生时间与申报期间、缴纳期间是何时?

法理分析

一、契税的纳税义务人

《契税暂行条例》第1条规定:"在中华人民共和国境内转移土地、房屋权属,承受产权的单位和个人为契税的纳税人,应当依照本条例的规定缴纳契税。"由此可见,契税的纳税义务人为取得土地、房屋所有权或使用权的单位和个人。在该案中,也就是购买房屋的业主。

税法并没有关于纳税义务人变更的原则性规定,但由于可以把税收视为一种公法上的债①,纳税义务人相当于税收债务人。因此,可以类推适用民法关于债务人变更的原则规定。民法上债务人的变更又称为债务承担,债务承担即在不改变债的内容的情况下,由第三人代替债务人承担债务。债务承担分为免责的债务承担和非免责的债务承担。

债务是否允许承担或转让,一般以债务是否具有高度属人性而定,即根据债务是否专属于债务人而定。税收债务具有两方面的性质:一方面,税收债务为金钱之债,没有人身专属性,原则上允许承担或转让;另一方面,税收债务又为法定之债,具有高度的法定性,法律规定的税收债务人是不允许任意加以变更的。另外,税收债务是依据纳税义务人的经济上的负担能力而课征的,强调

---

① 参见翟继光:《税收法律关系研究》,载《安徽大学法律评论》2002年第2卷第2期,安徽大学出版社2002年版。

纳税义务人的个别性,因此,也不允许对纳税义务人任意加以变更。税法根据税收债务的这种双重属性,一方面为确保财政收入的稳定以及对私法上债务承担和转让秩序的尊重而在原则上允许税收债务的法定承担和转让,另一方面又为了确保税收债务的法定性和维护公法上的秩序而对税收债务的约定承担和转让予以否定。

纳税义务人的变更根据其变更的依据,可以分为法定变更和约定变更。法定变更,是指根据税法或其他法律的明确规定而发生的纳税义务人的变更。约定变更,是指根据当事人之间的约定而发生的纳税义务人的变更。原则上,税法承认法定变更,而否认约定变更。

纳税义务人法定变更的情况主要是税收债务的继承。所谓税收债务的继承,是指在不改变税收债务内容的前提下,纳税义务人的债务全部或部分转移给第三人承担的现象。《税收征收管理法》第48条规定了税收债务继承的两种情况:"纳税人合并时未缴清税款的,应当由合并后的纳税人继续履行未履行的纳税义务;纳税人分立时未缴清税款的,分立后的纳税人对未履行的纳税义务应当承担连带责任。"另外,在继承或赠与关系中,被继承人所负担的税收债务或附属于赠与物的税收债务由继承人或受赠人所继承。

纳税义务人是税法规定的承担纳税义务的单位和个人。根据税收法定主义原则的要求,税收要素必须由法律明确规定,而纳税义务人就是税收要素之一,也应由法律明确规定。[①] 因此,纳税义务人的约定变更原则上为税法所否认,即私法上之约定不能变更法定纳税义务人。

私法上债务的承担分为免责的债务承担和非免责的债务承担。免责的税收债务承担,应为税法所不许,因为税法规定纳税义务人的依据是纳税义务人经济上的负担能力或在技术上可把握的经济上的负担能力,如果允许免责的税收债务承担则会导致税法的这一目的无法实现,进而会导致由大量的无经济上负担能力者来负担税收债务,这不仅违背了税法公平原则,也会导致国家财政收入的大量流失。另外,私法上免责的债务承担尚需债权人的同意,税收债务的免责承担则更应当具备税收债权人的同意这一要件,而作为税收债权人的国家既然没有在税法中明确表示这种同意,也没有授予征税机关以这种同意权,因此,在法律上可以认为税收债权人否认一切免责的税收债务的承担。关于非免责的税收债务承担,有学者认为可以确保债权的实现,因此可以类推适用民法关于并存债务承担的规定。[②] 这种观点在确保税收债权实现的同时却丧失了

---

① 参见翟继光:《论我国税法的核心范畴与基本范畴》,载韦苏文、陆桂生主编:《世纪论坛》,中国社会出版社2003年版。
② 参见陈清秀:《税法总论》,翰芦图书出版有限公司2001年版,第378页。

税法的法定性,损害了税法的尊严。税收债务作为法定之债,是不允许私法通过契约予以任意加以变更的,第三人的加入,只能认为是第三人代替税收债务人履行全部或部分税收债务,而不能认为第三人也成为纳税义务人,否则,就有违税收法定主义之嫌。其实,第三人根本就没有加入到税收债权人和纳税义务人之间的税收债务关系中来,税收债务关系是法定关系,其主体由法律明确规定,是不允许第三人任意加入的。① 第三人只是和纳税义务人发生私法上的关系,和税收债权人没有发生任何公法上的关系,因此,征税机关也不可能要求第三人履行税收债务。综上所述,对于约定纳税义务人的变更,税法是予以否定的。

二、政府调整补贴与不可抗力

《民法通则》第153条规定:"本法所称的'不可抗力',是指不能预见、不能避免并不能克服的客观情况。"《合同法》第117条规定:"本法所称不可抗力,是指不能预见、不能避免并不能克服的客观情况。"由此可见,我国法律对于不可抗力的界定是一致的,即要满足三个条件:不能预见、不能避免、不能克服,才能构成不可抗力。

政府调整补贴是政府的一种抽象性行政行为,这种行为应当为当事人所预见。《契税暂行条例》第3条规定:"契税税率为3%—5%。契税的适用税率,由省、自治区、直辖市人民政府在前款规定的幅度内按照本地区的实际情况确定,并报财政部和国家税务总局备案。"

上海市实行3%的契税,为鼓励个人购买商品住房,规定个人购买普通商品住房,减按成交价格的1.5%征收契税。上海市政府对于个人购买商品房也曾出台一项财政补贴政策,即政府补贴50%的契税,契税的纳税义务人只缴纳50%的契税。但此项政策自2002年9月1日起予以取消。财政补贴政策的稳定性是很低的,它不属于税法规定的税收要素,不受税收法定原则的约束,出台财政补贴政策的机关可以根据具体情况的变动而改变甚至取消相应的财政政策,对此,相关当事人应当预见。购买房屋的业主以及房地产开发商都应当预见,因此,双方都不能主张政府财政政策的变动属于不可抗力。

三、开发商与业主关系的性质

仅就缴纳契税这一项事务而言,业主和房地产开发商之间是一种委托代理关系,即代为履行纳税义务。《民法通则》第64条规定:"代理包括委托代理、法定代理和指定代理。委托代理人按照被代理人的委托行使代理权,法定代理人

---

① 为确保税收债权的实现,法律可以明确规定第三人的加入,如第二次纳税义务人的加入,但在法律没有此明文规定时,是不允许第三人加入的。

依照法律的规定行使代理权,指定代理人按照人民法院或者指定单位的指定行使代理权。"当委托代理授权不明时,《民法通则》第 64 条仅规定:"委托书授权不明的,被代理人应当向第三人承担民事责任,代理人负连带责任。"但并没有规定委托授权不明且造成被代理人损失时,如何在代理人和被代理人之间分担损失。原则上来讲,这一点应当由委托授权书予以明确,但在委托授权书没有明确约定时,就只能根据一般的民法原则和代理原则来确定了。

《民法通则》第 4 条规定:"民事活动应当遵循自愿、公平、等价有偿、诚实信用的原则。"因此,代理人在代理活动中也应当遵循这一基本原则,特别是诚实信用的原则。另外,根据代理的一般原理,代理人应当积极行使代理权,尽勤勉和谨慎的义务。代理人若没有尽到这些义务并因此给被代理人造成损失的,应当承担责任。[1]

四、双方主观过错与损失的承担

从本案的具体情况来看,业主和开发商在主观上都存在一定的过错。

业主的过错体现在以下几个方面:第一,没有估计到政府的补贴政策会发生变化;第二,没有在委托过程中明确双方的权利和义务,以至于发生纠纷时无据可依;第三,违反了税法的相关规定,《契税暂行条例》第 8 条规定:"契税的纳税义务发生时间,为纳税人签订土地、房屋权属转移合同的当天,或者纳税人取得其他具有土地、房屋权属转移合同性质凭证的当天。"第 9 条规定:"纳税人应当自纳税义务发生之日起 10 日内,向土地、房屋所在地的契税征收机关办理纳税申报,并在契税征收机关核定的期限内缴纳税款。"根据上海市财政局 1998年发布的《上海市财政局关于上海市契税征收管理若干问题的通知》第 2 条和第 4 条的规定,凡发生商品房预售和预售商品房转让的,业主在法定期限内申报缴税后,原则上缴税时间为房地产竣工后一个月内。而业主并没有在法定期限内履行申报及缴纳税款的义务,只是在该法定期限后,业主才委托开发商代缴契税,因此,在缴纳期限问题上,业主存在过错,甚至是违法情形。

开发商的过错体现在以下几个方面:第一,没有估计到政府的财政补贴政策会发生变化;第二,没有在接受委托的过程中明确双方的权利和义务,以至于发生纠纷时无据可依;第三,没有尽到诚实信用、谨慎和勤勉的基本义务,特别是没有在合理的期限内完成委托事项,致使在政府财政政策变动时使业主遭受了损失;第四,没有在法律所要求的期限内完成纳税申报和缴纳税款事项。

根据权利义务相一致和过错责任相一致的基本法律原则,业主和开发商对于损失的发生都具有过错,因此,双方都应当承担损失。至于具体的承担份额,

---

[1] 参见魏振瀛主编:《民法》,北京大学出版社、高等教育出版社 2000 年版,第 181 页。

则要具体考虑案件的情况,双方当事人过错的大小以及对于损失大小的影响等因素来确定。我们认为,由双方平均分担损失是比较适当的。

五、契税纳税义务发生时间与申报期间、缴纳期间

《契税暂行条例》第 8 条规定:"契税的纳税义务发生时间,为纳税人签订土地、房屋权属转移合同的当天,或者纳税人取得其他具有土地、房屋权属转移合同性质凭证的当天。"第 9 条规定:"纳税人应当自纳税义务发生之日起 10 日内,向土地、房屋所在地的契税征收机关办理纳税申报,并在契税征收机关核定的期限内缴纳税款。"根据上述规定,契税纳税义务发生时间为"签订土地、房屋权属转移合同的当天",申报期限为"纳税义务发生之日起 10 日内",缴纳期限为"征收机关核定的期限内"。上述规定似乎很明确,但在实务操作中存在很多误解和偏差,主要问题是对于"土地、房屋权属转移合同"的理解不同。

《契税暂行条例细则》并未对上述关键术语进行解释,而仅对"其他具有土地、房屋权属转移合同性质凭证"进行了解释:"是指具有合同效力的契约、协议、合约、单据、确认书以及由省、自治区、直辖市人民政府确定的其他凭证。"在实务操作中,对于契税纳税义务发生时间有两种观点,一种观点认为是签订房屋买卖合同(包括预售商品房合同)之日,另一种观点认为是办理产权转移手续之日。现实生活中,很多纳税人是在办理产权证之前去缴纳契税,而这离签订房屋买卖合同往往已经过去很长时间。根据第一种观点,此时应当加收滞纳金;而根据第二种观点,此时不需要加收滞纳金。目前,各地执行的政策也各不相同。多数地方严格执行第一种观点并严格执行加收滞纳金制度,部分地方则根据第二种观点不加收滞纳金,只要纳税人不办理产权证就可以一直不缴纳契税[①],部分地方则从不加收滞纳金变为加收滞纳金。[②]

我们认为,以房屋买卖合同(包括预售商品房合同)签订之日作为契税纳税义务发生时间是值得商榷的。第一,房屋买卖合同并不是"房屋权属转移合同",因为买卖合同产生的仅仅是买卖人之间的债权债务关系,买卖合同仅仅是"债权合同",而"房屋权属转移合同"产生的是买卖人之间的物权转移关系,属于"物权转移合同"。根据房屋买卖合同,卖房人并无转移房屋权属的法定义

[①] 如北京市,虽然《北京市契税管理规定》并未对"土地、房屋权属转移合同"进行解释,也未就契税纳税义务发生时间和滞纳金问题发布相关文件,但据笔者实际采访,目前北京市对于契税不加收滞纳金。

[②] 如扬州市财政局在 2009 年专门发布公告,恢复征收土地和房屋契税滞纳金,并规定:购房者在 2009 年 12 月 10 日前缴纳契税的,将不加收滞纳金。自 2009 年 12 月 10 日起,对未按规定期限缴纳土地和房屋契税的,凡税款滞纳行为发生在 2001 年 4 月 30 日以前的,按照原《税收征收管理法》规定,按日加收滞纳税款千分之二的滞纳金;税款滞纳行为发生在 2001 年 5 月 1 日之后的,统一按新《税收征收管理法》的规定,按日加收万分之五的滞纳金。

务,卖房人可以转移,也可以不转移,只不过承担违约责任而已,而根据"房屋权属转移合同",卖房人必须转移房屋权属。第二,如果以买卖合同签订之日作为契税纳税义务发生之日,一旦当事人违约或者撤销合同,就会导致国家征收契税无法律依据,从而需要向纳税人退还契税,这就大大增加了国家征收契税的不确定性。第三,在新建商品房买卖实务中所涉及的合同很多,而且持续时间比较长,以房屋买卖合同签订之日作为契税纳税义务发生之日既不合理,也不具有可操作性。按照新建商品房买卖的一般操作实务,购房者先与开发商(或销售商)签订商品房买卖意向书并缴纳一定数额的定金,在约定的期限内,购房者与开发商签订商品房买卖合同或者预售合同并缴纳全款或者首付,开发商办理商品房买卖合同或者预售合同的网上备案,仅支付首付的购房者办理住房按揭贷款,对于预售商品房而言,此时离实际交房可能还有两三年的时间,而且,此时开发商并未取得房屋的所有权[1],如何"转移"给购房者,只有等开发商取得商品房的所有权,才能与购房者签订"房屋权属转移合同",现实中一般体现为《房屋产权转移登记申请表》。

根据以上理由,我们认为,开发商取得房屋产权以后,与购房者签订房屋产权转移合同或者其他凭证之日才是契税纳税义务发生之日。

(翟继光)

---

[1] 一般俗称大产权,开发商必须等房屋验收合格以后才能办理大产权,才能取得房屋的所有权。

6. 国税部门拒绝履行行政奖励纠纷案

　　行政奖励既是行政机关进行行政管理活动的一种手段,同时也是行政机关所作出的一项具体的行政行为。在行政奖励法定的情况下,行政机关对于符合法律所规定的奖励条件的单位和个人,应当依法作出行政奖励的具体行政行为,如果行政机关没有依法作出,就是不作为的行为。对于这种行为,当事人可以提起行政诉讼。

案情简介

原告杨某等三人均为京农公司干部,1999年8月19日,三人状告某国家税务局不履行法定职责。三原告在法庭上诉称,1998年8月6日和8月9日,三人以公开身份,先后两次书面向被告某国家税务局举报京农公司总经理等人在经营活动中偷税。8月27日,三人通过电话向被告询问查处结果,被告当时称:"已查出289.63万元,有约23万元为所得税,滞纳金337万元。"之后,原告多次要求被告对偷税行为依法定性,移交司法机关处理,并且要求被告依规定给予奖励。但是,至起诉时仍毫无结果。三原告为举报税务违法行为,付出了巨大的代价并遭受相当损失,被告却至今不履行法定职责,兑现奖励。为此,请求法院:第一,判决被告继续履行稽查义务;第二,判决被告对查出的偷税款依法定性,对偷税人移交司法机关处理;第三,判决被告对三原告依法履行奖励义务,给付三原告应得奖金;第四,判决被告承担本案诉讼费用。

被告辩称,1998年8月,被告接到原告的举报材料,即按照举报信的内容正式立案进行检查。三原告举报京农公司存在十一项违反税法的事实和线索,归纳为四方面问题,经查证其中三项不属实,不能认定构成偷税或违反税法规定。其中仅举报该公司隐瞒收入少缴纳税款一项属实,被告对该公司作出补缴增值税395,151.22元,并罚款一倍的处罚。被告已经将上述事实告知原告,其他事实与原告举报的事实和线索无联系。但是,三原告对该处罚提出新的事实,认为被告应当继续调查核实,再作处理决定。被告根据《北京市国家税务局对公民检举税务违章案件奖励暂行办法》第1条的规定,经查实入库后,可酌情给予奖励。因京农公司至今未能将税款入库,因而不能确定对原告的奖励数额。而且,该项奖励需要向上级机关报批才能颁发。因此,被告尚不能给予三原告奖励。三原告之一杨某曾于1996年7月开始担任京农公司的财务主管,后又兼任主管会计,该公司隐瞒收入少缴税款问题发生在杨某任职期间,杨某应负有直接责任。根据《北京市国家税务局对公民检举税务违章案件奖励暂行办法》第1条的规定,不能给予杨某举报奖励。被告对三原告没有作出任何行政管理方面的具体行政行为,因而也不存在任何能够提起行政诉讼的事实,所以不能构成行政诉讼。至于原告举报其所在单位偷税问题的行为,《税收征收管理法》第7条规定,任何单位和个人都有权对违反税收法律、行政法规的行为进行检举,而根本不是《行政诉讼法》所规定的因管理和被管理产生的侵犯其权益的行为,原告因举报后未达到自己理想的处理结果,以此提起行政诉讼既于法无据,也不合情理。因此,原告要求被告履行对其奖励的义务不属于行政诉讼范围,请法院予以驳回。

在公开开庭审理中，法院根据有效证据认定了以下事实：1998年9月15日，被告对三原告的举报作出结案报告，在结案报告中，被告认为三原告举报京农公司的隐瞒收入不纳税内容部分属实，经查证需补交增值税395,151.22元，并准备处以一倍罚款的行政处罚，因京农公司提出异议，被告未对该公司作出处罚。同时被告认为三原告举报的京农公司做假账、虚开增值税专用发票、"以物易物"、以货抵技术转让费以及京农公司将发票外借他人使用的问题不属实。三原告得知上述情况后，于1998年9月10日向被告递交了申请书，要求被告按照税务举报给予奖励15万元，继续履行稽查义务，查证其余三项内容，并将京农公司偷税问题移交司法机关处理。

1999年12月18日，法院判决：第一，被告于判决生效后30日内对京农公司已入库税款部分给予原告相应的举报奖励；第二，被告于判决生效后15日内向京农公司继续追缴未缴纳部分的税款及滞纳金；第三，被告将京农公司的剩余税款追缴入库后30日内向原告颁发相应的举报奖金；第四，被告于本判决生效后2个月内对京农公司偷税行为作出处理，如有犯罪嫌疑，应依法移交司法机关处理；第五，驳回原告的其他诉讼请求。案件受理费80元，由被告负担。

判决后，被告不服，当天即提起上诉，请求二审法院判决撤销原判，重新作出公正裁决。被告上诉理由如下：第一，该案不符合《行政诉讼法》规定的受案范围；第二，举报人要求给付奖金，属于民事法律关系中债的关系，亦不属于行政诉讼受案范围；第三，原告不是税务行政管理的相对人，与税收行政管理没有直接利害关系，无权要求某国税局履行稽查第三人的违法行为；第四，判决于30日内对已入库税款部分给予奖励，缺乏法律依据。

二审法院认为，加强税收征收管理，保障国家税收收入是税务行政管理机关的重要职责。该职责的具体落实还应当包括对税务违法举报案件的查处及对税务违法行为查证属实后依照有关规定给予举报人奖励的职责。故被上诉人认为上诉人拒绝履行奖励职责侵犯其合法权益，可以依法针对其不作为行为提起行政诉讼。上诉人认为该诉不属于行政诉讼受案范围以及原告不适合的上诉理由缺乏法律依据，均不能成立，本院应予驳回。

三被上诉人以其真实姓名向上诉人检举京农公司存在税务违法行为，其提供的有关材料成为上诉人调查的证据线索，查实了京农公司的违反税收法规的行为，并追缴了部分税款入库，为国家实际挽回了该部分税收损失。对此上诉人应当依职权，按照有关规定颁发相应的举报奖励。上诉人在举报人反复申请奖励的情况下，不履行奖励职责，实际已造成侵害举报人合法权益的后果。原审法院判决上诉人限期对已入库款项部分给予被上诉人相应的举报奖励是正确的，本院应予维持。

上诉人对其余已查实的应补缴的税款及滞纳金尚未追缴入库致使被上诉人不能取得有关奖励,被上诉人有权要求上诉人履行该追缴职责。上诉人亦应采取有关措施予以追缴。原审法院判决限期继续追缴并于追缴入库后限期给予被上诉人相应的举报奖励是正确的,本院予以维持。

杨某虽然曾经短期担任过京农公司财务会计负责人,但依照《税收征收管理法实施细则》第81条第2款的规定,其不在禁止领取举报奖励人员之列,原审法院判决给予其奖励是正确的,上诉人所提其为该税收违法行为直接责任人缺乏事实依据和法律依据,本院不予支持。

上诉人对该税收违法举报案件已立案查处并已审结,被上诉人对查处结果所提出的异议,并非上诉人履行职责与否的问题,故不属于本案审理范围。至于上诉人对京农公司的违法问题经查证属实后应当如何处理,更属于行政职责之范畴,应由行政机关行使该职责,法院不应直接代其予以判决。原审法院对京农公务税务违法行为分别予以定性,并予以判处,超出人民法院行政诉讼司法审查的范围,本院应予撤销。

争议焦点

1. 税务机关不履行奖励义务,当事人能否提起行政诉讼?
2. 公民能否请求法院要求行政机关依法履行法定义务(如稽查义务)?
3. 法院能否直接把第三人的行为定性为偷税?
4. 本案当事人是否有权请求奖励?

法理分析

一、税务机关不履行奖励义务,当事人可以提起行政诉讼

《行政诉讼法》第2条规定,公民、法人或其他组织认为行政机关工作人员的具体行政行为侵犯其合法权益,有权依法提起行政诉讼。这里所说的具体行政行为,根据最高人民法院《关于贯彻执行〈中华人民共和国行政诉讼法〉若干问题的解释》明确为:国家机关和工作人员在行政管理活动中行使行政职权,针对特定的公民、法人或其他组织的权利义务作出的单方行为。

税务管理是国家经济管理的重要组成部分,根据国家法律的规定,由国家税务机关依法进行征收管理工作。根据法治国家的基本原则,一切部门、组织

和个人应当在现行的税收法律规范内活动,并接受监督,对于违反税收法律、法规的行为,国家法律规定任何单位和个人都有权检举。税务机关接到举报后,应当立案查处并为检举人保密。税务机关根据检举人提供的证据线索查证属实的,应当按照有关规定给予检举人一定的精神或物质奖励,其目的在于宣传和鼓励社会对税务违法行为进行监督。

加强税收征收管理,保障国家税收收入是税务行政管理机关的重要职责。该职责的具体落实还应当包括对税务违法举报案件的查处,以及对税务违法行为查证属实后依照有关规定给予举报人奖励。行政奖励既是行政机关进行行政管理活动的一种手段,同时也是行政机关所作出的一项具体的行政行为。在行政奖励法定的情况下,行政机关对于符合法律所规定的奖励条件的单位和个人,就应当依法作出行政奖励的具体行政行为,如果行政机关没有依法作出,就是不作为的行为,对于这种行为,是可以提起行政诉讼的。因此,本案原告认为某国税局拒绝履行奖励职责侵犯其合法权益,可以依法针对其不作为行为提起行政诉讼。某国税局认为该诉不属于行政诉讼受案范围,以及原告不适格的上诉理由缺乏法律依据,均不能成立,法院应予驳回。

二、公民有权请求法院判令行政机关依法履行法定义务(如稽查义务)

本案原告的第二项诉讼请求是"判决被告对查出的偷税款依法定性,对偷税人移交司法机关处理",实际上也就是请求法院要求行政机关依法履行法定义务。

行政机关是代表国家进行行政管理的机关,依法履行义务是其基本职责。对于不依法履行职责的行政机关,法律也规定了其所应当承担的法律责任。但是,这种责任的追究是由一定的主体通过一定的程序来进行的,而不是任何主体都有权追究行政机关的责任的。根据相关法律的规定,行政机关不依法履行义务,上级行政机关可以责令其依法履行义务,并对相关责任人员给予相应的处分或者追究其法律责任。另外,专门的行政监察机关也有权责令相关行政主体依法履行义务,并对相关责任人员追究其法律责任。如果行政机关不依法履行义务的行为构成了对当事人权利的侵犯,而且这种应当履行的义务属于具体行政行为,那么,相关当事人可以请求法院判令行政机关依法履行义务。《行政诉讼法》所规定的可以提起行政诉讼的具体行政行为,既包括作为的具体行政行为,也包括不作为的具体行政行为。

在本案中,国税局不履行法定义务的行为影响了当事人的合法权益,因为,根据相关法律的规定,公民检举税收违法行为,只有该行为被确认为税收违法行为,而且相关税款入库以后,检举人才能享受获得奖励的待遇。而如果税务机关不履行相关义务,即不对该税收违法行为进行处理,并依法将应当征收的税款征收入库,检举人获得奖励的权利就无法实现,因此,该具体行政行为虽然不是直接针对检举人的,但是它实际上影响了检举人的相关权益,因此,检举人有权利提起诉讼,请求法院判决行政机关依法履行法定义务。

三、法院不能直接把第三人的行为定性为偷税

一审法院的第四项判决为"被告于本判决生效后2个月内对京农公司偷税行为作出处理,如有犯罪嫌疑,应依法移交司法机关处理"。实际上这是对京农公司行为所进行的法律上的判断,并要求税务机关对这一定性进行确认。这就涉及法院能否直接对第三人的行为进行判决的问题。

根据相关法律的规定以及诉讼的基本原理,我们认为,法院不能直接对第三人的行为进行判决。理由如下:

第一,根据"不告不理"的原则,法院没有权力对当事人没有提起的争议进行判决。法院只能对当事人所提起的争议进行判决,而在本案中,对于第三人的行为是否构成偷税,并非本案当事人的争议,因此,法院不应当对这一问题进行判决。

第二,根据诉讼的基本原理,对于其权利义务产生影响的判决应当允许其参加诉讼并享有相关当事人的基本权利,现代法治社会不允许不经过当事人的参与而对当事人的权利义务进行判决。本案中,第三人并没有参与诉讼,法院也没有通知其参与诉讼,因此,第三人也没有享受到当事人所应当享有的基本权利,因此,该诉讼判决中就不应当涉及到该第三人的利益,也就不应当对该第三人的行为进行定性。该法院的行为实际上相当于未经审判而判决当事人有罪(广义的"罪",相当于违法行为)。

第三,现代法治社会,任何机关所享有的权力都具有明确的法律界限,任何机关都不得超越法律的界限行使职权。根据《税收征收管理法》的规定,在税务管理程序中,确定纳税人是否属于偷税行为的权力在税务机关,其他机关没有权力确认纳税人的行为是否构成偷税行为。① 因此,如果法院在判决书中直接对第三人的行为进行定性,这是超越法院职权的行为,属于无效。

综上所述,法院不能直接把第三人行为定性为偷税。也就是说,税务机关对京农公司的违法问题经查证属实后应当如何处理,属于税务机关的职权范围,应由税务机关行使该职责,法院不应直接代其予以判决。一审法院对京农公司税务违法行为分别予以定性,并予以判处,超出人民法院行政诉讼司法审查的范围,法院应予撤销。

---

① 当然,如果纳税人与税务机关就纳税人的行为是否构成偷税发生争议而起诉到法院,法院有权根据法律的规定依法确认纳税人的行为是否构成偷税。

四、税法上奖励请求权的构成要件与奖励标准

(一) 税法上奖励请求权的构成要件

《税收征收管理法》第 13 条规定:"任何单位和个人都有权检举违反税收法律、行政法规的行为。收到检举的机关和负责查处的机关应当为检举人保密。税务机关应当按照规定对检举人给予奖励。"《税收征收管理法实施细则》第 7 条规定:"税务机关根据检举人的贡献大小给予相应的奖励,奖励所需资金列入税务部门年度预算,单项核定。奖励资金具体使用办法以及奖励标准,由国家税务总局会同财政部制定。"由以上法律、法规的规定可以看出,依法请求奖励也是纳税人的一项基本权利。但是,对于税收奖励请求权的构成要件,法律、法规没有给出明确的规定。1999 年 1 月 1 日开始实施的国家税务总局发布的《税务违法案件举报奖励办法》第 2 条规定:"税务机关对举报偷税、逃避追缴欠税、骗税和虚开、伪造、非法提供、非法取得发票,以及其他税务违法行为的有功单位和个人(以下简称举报人),给予物质奖励和精神奖励,并严格为其保密。前款的物质奖励,不适用于税务、财政、审计、海关、工商行政管理、公安、检察等国家机关的工作人员。"第 3 条规定:"举报奖励对象原则上限于实名举报人;但对匿名举报案件查实后,税务机关认为可以确定举报人真实身份的,酌情给予奖励。"

由此可见,税收奖励请求权的构成要件包括以下四个方面:第一,享有物质奖励请求权的举报人必须是除税务、财政、审计、海关、工商行政管理、公安、检察等国家机关的工作人员以外的人员,因为上述人员作为国家机关工作人员负有监督检查违法行为的职责,因此,他们进行检举是履行其职责的行为,当然不能享有税收奖励请求权;享有精神奖励请求权的举报人没有限制,可以是任何人;另外,举报人不限于自然人,单位也可以成为举报人并享有税收奖励请求权。第二,举报人必须实行实名举报,但在匿名举报的情况下,案件查实后,税务机关认为可以确定举报人真实身份的,也可以享受税收奖励。这一规定主要是为了便于税务机关确定举报人的身份,在匿名举报的情况下,由于往往难以确定真实的举报人,因此,一般不予奖励。第三,所举报的行为必须是偷税、逃避追缴欠税、骗税和虚开、伪造、非法提供、非法取得发票,以及其他税务违法行为。换句话说,只要是违反税法的行为都在举报对象之列。第四,所举报的行为必须被确认为税收违法行为。只有案件经过查实以后,举报人才享有税收奖励请求权,如果所举报的行为被确认为合法行为,则举报人不能享有税收奖励请求权。

2007 年 3 月 1 日起施行的《检举纳税人税收违法行为奖励暂行办法》第 2 条规定:"本办法所称税收违法行为,是指纳税人、扣缴义务人的税收违法行为

以及本办法列举的其他税收违法行为。检举税收违法行为是单位和个人的自愿行为。"第3条规定:"对单位和个人实名向税务机关检举税收违法行为并经查实的,税务机关根据其贡献大小依照本办法给予奖励。但有下列情形之一的,不予奖励:(1)匿名检举税收违法行为,或者检举人无法证实其真实身份的;(2)检举人不能提供税收违法行为线索,或者采取盗窃、欺诈或者法律、行政法规禁止的其他手段获取税收违法行为证据的;(3)检举内容含糊不清、缺乏事实根据的;(4)检举人提供的线索与税务机关查处的税收违法行为无关的;(5)检举的税收违法行为税务机关已经发现或者正在查处的;(6)有税收违法行为的单位和个人在被检举前已经向税务机关报告其税收违法行为的;(7)国家机关工作人员利用工作便利获取信息用以检举税收违法行为的;(8)检举人从国家机关或者国家机关工作人员处获取税收违法行为信息检举的;(9)国家税务总局规定不予奖励的其他情形。"

《检举纳税人税收违法行为奖励暂行办法》列举了更多不予奖励的情形,同时也在一定程度上扩大了享受奖励的主体的范围。根据《税务违法案件举报奖励办法》的规定,"税务、财政、审计、海关、工商行政管理、公安、检察等国家机关的工作人员"不能成为受奖励的主体,而根据《检举纳税人税收违法行为奖励暂行办法》的规定,只要上述人员不是"利用工作便利获取信息用以检举税收违法行为的",就可以成为受奖励的主体。

(二)本案当事人有权请求奖励

三位当事人以其真实姓名向国税局检举京农公司存在税务违法行为,其提供的有关材料成为某国税局调查的证据线索,查实了京农公司的违反税收法规的行为,并追缴了部分税款入库,为国家实际挽回了该部分税收损失。对此国税局应当依职权,按照有关规定颁发相应的举报奖励。国税局在举报人反复申请奖励的情况下,不履行奖励职责,实际已造成侵害举报人合法权益的后果。原审法院判决上诉人限期对已入库款项部分给予被上诉人相应的举报奖励是正确的,法院应予维持。

国税局对其余已查实的应补缴的税款及滞纳金尚未追缴入库致使三位当事人不能取得有关奖励,三位当事人有权要求上诉人履行该追缴职责。国税局亦应采取有关措施予以追缴。原审法院判决国税局限期继续追缴并于追缴入库后限期给予被上诉人相应的举报奖励是正确的,二审法院应予以维持。

杨某虽然曾经短期担任过京农公司财务会计负责人,但依照《税收征收管理法实施细则》第81条第2款以及《税务违法案件举报奖励办法》第2条的规定,其不在禁止领取举报奖励人员之列,原审法院判决给予其奖励是正确的,国税局所提其为该税收违法行为直接责任人缺乏事实依据和法律依据,法院不应当予以支持。

(三）税收举报行为奖励的标准

关于奖励的标准,根据《税务违法案件举报奖励办法》第5条的规定,税务违法举报案件经查实并依法处理后,根据举报人的贡献大小,按照实际追缴税款数额的5%以内掌握计发奖金;没有应纳税款的,按照实际追缴罚款数额的10%以内掌握计发奖金,每案奖金最高数额不超过人民币10万元。对有重大贡献的举报人,经省级税务机关批准,奖金限额可以适当提高。具体奖金数额标准及审批权限,由各省、自治区、直辖市和计划单列市国家税务局、地方税务局确定。

根据《检举纳税人税收违法行为奖励暂行办法》第6条的规定,检举的税收违法行为经税务机关立案查实处理并依法将税款收缴入库后,根据本案检举时效、检举材料中提供的线索和证据详实程度、检举内容与查实内容相符程度以及收缴入库的税款数额,按照以下标准对本案检举人计发奖金:(1) 收缴入库税款数额在1亿元以上的,给予10万元以下的奖金;(2) 收缴入库税款数额在5,000万元以上不足1亿元的,给予6万元以下的奖金;(3) 收缴入库税款数额在1,000万元以上不足5,000万元的,给予4万元以下的奖金;(4) 收缴入库税款数额在500万元以上不足1,000万元的,给予2万元以下的奖金;(5) 收缴入库税款数额在100万元以上不足500万元的,给予1万元以下的奖金;(6) 收缴入库税款数额在100万元以下的,给予5,000元以下的奖金。

根据《检举纳税人税收违法行为奖励暂行办法》第9条的规定,检举伪造、变造、倒卖、盗窃、骗取增值税专用发票以及可用于骗取出口退税、抵扣税款的其他发票行为的,按照以下标准对检举人计发奖金:(1) 查获伪造、变造、倒卖、盗窃、骗取上述发票1万份以上的,给予10万元以下的奖金;(2) 查获伪造、变造、倒卖、盗窃、骗取上述发票6,000份以上不足1万份的,给予6万元以下的奖金;(3) 查获伪造、变造、倒卖、盗窃、骗取上述发票3,000份以上不足6,000份的,给予4万元以下的奖金;(4) 查获伪造、变造、倒卖、盗窃、骗取上述发票1,000份以上不足3,000份的,给予2万元以下的奖金;(5) 查获伪造、变造、盗窃、骗取上述发票100份以上不足1,000份的,给予1万元以下的奖金;(6) 查获伪造、变造、倒卖、盗窃、骗取上述发票不足100份的,给予5,000元以下的奖金;查获伪造、变造、倒卖、盗窃、骗取前款所述以外其他发票的,最高给予5万元以下的奖金;检举奖金具体数额标准及批准权限,由各省、自治区、直辖市和计划单列市税务局根据本办法规定并结合本地实际情况确定。

根据《检举纳税人税收违法行为奖励暂行办法》第10条的规定,检举非法印制、转借、倒卖、变造或者伪造完税凭证行为的,按照以下标准对检举人计发奖金:(1) 查获非法印制、转借、倒卖、变造或者伪造完税凭证100份以上或者票面填开税款金额50万元以上的,给予1万元以下的奖金;(2) 查获非法印制、转借、倒卖、变造或者伪造完税凭证 50 份以上不足 100 份或者票面填开税款金额 20 万元以上不足 50 万元的,给予 5,000 元以下的奖金;(3)查获非法印制、转借、倒卖、变造或者伪造完税凭证不足 50 份或者票面填开税款金额 20 万元以下的,给予 2,000 元以下的奖金。

(翟继光)

7. 安徽沙河酒业公司涉嫌偷税案

经由承租、破产和股权转移等事由,企业的资产、经营权等可能在不同的主体之间转移,相关的纳税责任需要分门别类地确定,而不能"眉毛胡子一把抓",为了征管和稽查方面的便利,将所有的责任推给其中一个人。特别是在追究税务刑事责任方面,这个细节尤为关键,必须审慎对待。本案之所以最后被撤销,主要的原因就在于,税务机关和司法机关混同了三个独立的纳税人,错误地要求其中一个人为其余两个人担责。此外,本案还涉及如何适用《刑法修正案(七)》,以及税务行政程序与刑事程序如何衔接的问题,是近年来发生的非常具有典型性的一个案例。

案情简介[①]

2006年8月13日,安徽沙河酒厂(以下称沙河酒厂)与浙江嘉德莱控股集团有限公司(以下简称嘉德莱集团)签订《租赁协议书》,由嘉德莱集团租赁经营沙河酒厂。2006年8月20日,嘉德莱集团在安徽省界首市设立嘉德莱酒业有限公司,后于2006年12月1日更名为安徽沙河酒业有限公司(以下称沙河酒业公司),其经营活动为购入沙河酒厂白酒后进行销售。2006年10月23日,沙河酒厂申请破产,由沙河酒厂破产清算组进行清算。2007年7月31日,破产财产被拍卖,嘉德莱集团以7,200万元拍得沙河酒厂破产财产,并与破产清算组签订《产权交易合同》,约定了资产移交方式,于12月7日完成资产移交,2008年3月20日,界首市法院裁定沙河酒厂破产终结。2008年4月2日,嘉德莱集团将购得的沙河酒厂部分破产资产作价4,200万元,注入沙河酒业公司。

因后续投资问题,嘉德莱集团同界首市政府产生矛盾,政府要求废除拍卖合同,收回酒厂拍卖资产,但又不同意退还7,200万元拍卖款。协商陷入僵局。界首市政府于是以浙商违约不投资为由,指令已经结束使命的"酒厂破产清算组"以"政府监管组"名义强行接管沙河酒业公司,收走公章、财务章,派人完全控制了公司。浙商股东被赶走。随后指令税务局对已经破产终结的酒厂、酒业公司、嘉德莱租赁期间的沙河酒厂等三个企业一并查税,2008年5月,界首市国家税务局对已经破产终结的沙河酒厂、沙河酒业公司、嘉德莱集团租赁经营沙河酒厂期间的涉税情况一并进行稽查,认定沙河酒业公司在2006年9月1日至2008年4月30日期间偷税107万;沙河酒厂在同期偷税3,200余万元。2008年7月8日税务局向早已经破产不存在的"沙河酒厂"和酒业公司"送达"《处罚告知书》,界首市公安局同日立案决定抓人。酒业公司姜杰等个人借得132万元补交了酒业公司的税款,并提出税务行政处罚听证申请。8月19日公司法定代表人姜杰被捕,"监管组"代表酒业公司向税务局"撤回"听证申请。公安局侦查后将沙河酒厂、沙河酒业公司、嘉德莱集团租赁经营沙河酒厂期间三个企业的偷税3,300余万元全额认定为沙河酒业公司一个企业的偷税额。界首市人民检察院按此起诉。法院开庭,政府"监管组"阻挠股东请律师,酒业公司未能请到律师辩护。

2009年3月30日,界首市人民法院作出一审刑事判决。判决书中认为:被

[①] 参见陈有西:《安徽沙河酒业亿元税案无罪辩护案》,http://chenyouxivip.blog.sohu.com/140437692.html,2012年2月10日访问。

告单位安徽沙河酒业有限公司为谋取非法利益采取少申报销售收入、少缴应纳税额的方式,偷税33,255,586.91元,偷税数额巨大并且占应纳税额30%以上,被告单位的行为已构成偷税罪;被告人姜杰作为安徽沙河酒业有限公司的法定代表人,系公司直接负责的主管人员,被告人王春英作为公司财务部长,系公司其他直接负责的人员,二被告人的行为也已构成偷税罪。被告人姜杰作为单位犯罪的直接负责人,应对所负责期间公司的偷税(偷税11,157,510.91元,偷税数额巨大并且占应纳税额30%以上)行为负刑事责任。被告人王春英担任沙河酒业有限公司的财务部长,系其他直接负责人,亦应对其任职期间公司偷税(偷税20,578,753元,偷税数额巨大并且占应纳税额30%以上)行为负刑事责任。判决被告单位安徽沙河酒业有限公司犯偷税罪,判处罚金人民币1.1亿元;被告人姜杰犯偷税罪,判处有期徒刑五年,并处罚金人民币100万元;被告人王春英犯偷税罪,判处有期徒刑三年,缓刑五年,并处罚金人民币10万元。

一审法院判决后,在国内产生较大影响,人民网、中新网、新华网、中国网、凤凰网等五十多家媒体纷纷报道,质疑判决的公正性和程序的非法性,浙江省企业界联合会等三家协会向安徽省委省政府上书呼吁制止界首政府违法抢夺民企行为,浙江省政府办公厅派员到安徽省政府协调。国内税法、公司法和刑法专家还对该案召开了论证会,强烈质疑一审法院判决的合法性。

被告人姜杰和公司股东上诉后,安徽省阜阳市中级人民法院于2009年10月13日、11月10日,在安徽界首市两次公开开庭审理此案,于11月18日作出裁决:本案一审判决事实不清、证据不足。裁定撤销原判,发回原审法院重审。界首市人民法院2009年12月1日立案,在诉讼过程中,界首市人民检察院以本案事实证据有变化为由申请撤回起诉获准,检察院随后将案件退回界首市公安局。2009年12月10日,界首市公安局以"事实不清、证据不足"为由撤销案件,并释放姜杰。

 争议焦点

1. 沙河酒厂、嘉德莱集团、沙河酒业公司是否为相互独立的纳税主体?
2. 本案应该适用《刑法》第201条还是《刑法修正案(七)》第3条之规定?
3. 如何认定偷税数额占应纳税额的百分比?
4. 税务行政处罚与税务犯罪处理程序应该如何衔接?

法理评析

一、沙河酒厂、嘉德莱集团、沙河酒业公司是相互独立的纳税主体

沙河酒厂、沙河酒业公司、租赁经营沙河酒厂的嘉德莱集团三企业应认定为三个独立的纳税主体还是为同一纳税主体？上述三企业少缴税款的法律责任是由三者各自独立承担还是应由沙河酒业公司一企业承担？这是本案的核心问题，也是争议的焦点问题。一审法院认定为同一纳税主体，应由沙河酒业公司承担三企业少缴税款的所有法律责任。而上诉人姜杰及其辩护人则认为安徽沙河酒厂与安徽沙河酒业公司是两个不同且各自独立的法人主体，被告人姜杰在酒厂没有任何职务，起诉书中指控的纳税人安徽沙河酒厂在2008年1—4月间应补缴税款与姜杰无任何关联。因此，其观点与一审法院的判决南辕北辙。

在税法上，所谓纳税主体，是指税收法律关系中依法履行纳税义务，进行税款缴纳行为的一方当事人。本案中沙河酒厂、嘉德莱集团、沙河酒业公司是否为独立纳税主体，取决于其各自在不同阶段的法律地位。从本案来看，嘉德莱集团经营、收购沙河酒厂资产的基本过程，大体上可分为租赁经营、收购破产资产、破产资产移交、将破产资产注入沙河酒业公司等几个阶段：(1) 2006年8月13日，沙河酒厂与嘉德莱集团签订《租赁协议书》，由嘉德莱集团租赁经营沙河酒厂。(2) 2006年8月20日，嘉德莱酒业有限公司成立。后于2006年12月1日更名为沙河酒业公司，其经营活动为购入沙河酒厂白酒后进行销售。2008年4月3日，经营范围由原来的"酒类销售"变更为"蒸馏酒生产、销售"。(3) 2006年10月23日，沙河酒厂申请破产，由沙河酒厂破产清算组进行清算；2007年7月31日，破产财产拍卖；2007年12月7日终结破产程序。(4) 2007年7月31日，嘉德莱集团竞拍拍得沙河酒厂破厂财产，并与破产清算组签订《产权交易合同》，约定了资产移交方式，于12月7日完成资产移交。(5) 2008年4月2日，嘉德莱集团将购得的沙河酒厂部分破产资产作价4,600万元，注入沙河酒业公司。

根据我国《消费税暂行条例》、《增值税暂行条例》等法律规定，以及沙河酒厂与嘉德莱集团签订的《租赁协议书》、《产权交易合同》中有关税负、债务承担条款的约定，应当分阶段、分时间、分主体、分税种、分责任人进行计算和处理，具体来说，可以作如下分析：

(1) 承租经营期间，承租人是独立的纳税主体。依照我国税法规定，具有独立生产经营权的承租人，是增值税的纳税人。其法律依据是：①《税收征收管理法实施细则》第49条，"承包人或者承租人有独立的生产经营权，在财务上独立核算,并定期向发包人或者出租人上缴承包费或者租金的,承包人或者承租人应当就其生产、经营收入和所得纳税,并接受税务管理。"②《增值税暂行条例实施细则》第10条,"单位租赁或者承包给其他单位或者个人经营的,以承租人或者承包人为纳税人。"③ 此外,比照《国家税务总局关于企业租赁经营有关税收问题的通知》中有关企业所得税征收的相关规定,企业承租经营,未改变被承租企业的名称,未变更工商登记,并仍以被承租企业名义对外从事生产经营活动的,应以被承租企业为纳税义务人;承租方承租后重新办理工商登记,并以承租方的名义对外从事生产经营活动,应以重新办理工商登记的企业为纳税义务人。④ 根据《消费税暂行条例》第1条的规定,在中国境内从事生产白酒类应税消费品的单位,是消费税的纳税人。

在本案中,在沙河酒厂与嘉德莱集团签订的《租赁协议书》中,明确记载沙河酒厂资产的承租方是嘉德莱集团,并且,合同双方在《租赁协议书》第6条"乙方(嘉德莱集团)权利与义务"第2项中明确规定,由乙方即嘉德莱集团"独立承担租赁期间发生的税赋、规费和民事责任"。作为承租人的嘉德莱集团,是租赁沙河酒厂期间的增值税、消费税的纳税人。因此,在嘉德莱集团租赁经营沙河酒厂期间(2006年8月13日—2007年12月7日),因生产、经营而产生的增值税、消费税,应以承租人嘉德莱集团为纳税人。

(2)子公司与母公司在税法上的法律地位。嘉德莱集团先在安徽界首市设立嘉德莱酒业有限公司,该公司后又更名为安徽沙河酒业有限公司。沙河酒业公司与嘉德莱集团具有什么法律关系,在本案中关系到法律责任的承担。安徽省界首市人民法院(2009)界刑初字第40号《刑事判决书》认为:承租经营沙河酒厂的承租方虽为嘉德莱集团,但沙河酒业公司作为嘉德莱集团的"分支机构(独立法人机构)",全权负责经营沙河酒厂。故对承租期内的偷税行为,无论是沙河酒业公司的偷税行为,还是以沙河酒厂的名称进行偷税行为,均应由沙河酒业公司承担刑事责任。那么,沙河酒业公司到底是嘉德莱集团的分支机构还是其他法律关系?

从本案的情况看,沙河酒业公司是独立于嘉德莱集团、沙河酒厂的独立法人,不是嘉德莱集团的分支机构。我国民法、公司法、刑法中所说的"分支机构",指的是不具有独立法律主体资格的机构,如分公司和办事处等,是企业的一个组成部分。对此,我国法律均有明文规定,例如,《公司法》第13条规定,"公司可以设立分公司,分公司不具有企业法人资格,其民事责任由公司承担。公司可以设立子公司,子公司具有企业法人资格,依法独立承担民事责任。"第203条规定,"外国公司属于外国法人,其在中国境内设立的分支机构不具有中国法人资格。"《商业银行法》第22条第2款规定,"商业银行分支机构不具有法人资格,在总行授权范围内依法开展业务,其民事责任由总行承担。"最高人民法院《全国法院审理金融犯罪案件工作座谈会纪要》规定,"以单位的分支机构或者内设机构、部门的名义实施犯罪,违法所得亦归分支机构或者内设机构、部门所有的,应认定为单位犯罪",其中的所说"分支机构"与民法、公司法上"分支机构"的含义是相同的,是不具有独立法律主体资格的机构。因此,在法律上不存在"独立法人机构"形式的分支机构。

沙河酒业公司在成立之初,即具有独立法人资格,其虽属嘉德莱集团全资控股的子公司,但经营活动、财务会计、组织机构独立于嘉德莱集团。嘉德莱集团与沙河酒业公司是母公司与子公司的关系,而不是总公司与分公司的关系,由此,沙河酒业公司不是嘉德莱集团的分支机构。并且,之后沙河酒业公司的股份已经转让给浙江杭州福恒贸易有限公司、姜杰、李延刚等公司和个人,不再由嘉德莱集团控股或参股。在此情形之下,沙河酒业公司与嘉德莱集团之间已无任何关联,更不能认定其为嘉德莱集团的分支机构。对此,嘉德莱集团出具的《严正声明》也予以了证实。

因此,沙河酒业公司属独立法人,确可成为单位犯罪的主体,但是,只应对本单位实施的行为承担责任,而不对其他单位的行为承担责任。本案中沙河酒业公司、嘉德莱集团、沙河酒厂均是适格的纳税主体,按照责任各负的原则,应当各自就其未缴税款的行为承担行政责任,构成犯罪的,应当各自承担刑事责任。一审判决将本应由嘉德莱集团、沙河酒厂承担的责任归于沙河酒业公司一家公司承担,显属错误。

(3)破产终结前后的纳税义务应由资产所有者或使用者承担。本案中,沙河酒厂于2006年10月23日申请破产;2007年7月31日,破产财产即已经被拍卖;其全部资产以拍卖的形式作价7,200万元卖与嘉德莱集团,2008年3月20日,沙河酒厂破产终结。4月2日,嘉德莱集团将购得的沙河酒厂部分破产资产作价4,200万元,注入沙河酒业公司,12月7日完成资产移交。可见,2007年12月7日是破产程序终结的分水岭,终结前后的纳税义务分属不同的主体。

其一,在沙河酒厂破产程序终结之前,根据《企业破产法》第113条第2项的规定,破产人所欠税款属于以破产财产清偿的债务范围,应由破产人以破产财产承担。同时,根据沙河酒厂破产清算组与嘉德莱集团签订的《产权交易合同》第4条的规定,"原安徽沙河酒厂发生的与转让标的相关的债权债务由甲方(沙河酒厂破产清算组)享有或承担,资产移交前租赁期间发生的与转让标的相关的债权债务按租赁合同有关约定执行。甲方(沙河酒厂破产清算组)就转让标的所订立的租赁合同项下的己方权利义务,发生在资产移交前的,概由甲方(沙河酒厂破产清算组)负责清理完结;发生在资产移交后的,概由乙方(嘉德莱集团)承继。"因此,沙河酒厂所欠债务包括税务债务,原则上应由沙河酒厂以破产财产承担,但鉴于嘉德莱集团在破产期间仍租赁经营沙河酒厂,生产经营所生的消费税、增值税应由嘉德莱集团承担,其余债务、税费则应由沙河酒厂以破产财产承担。拍卖财产应纳入破产分配,税收应按《企业破产法》规定的受偿顺序受偿并分配终结。

其二,《公司登记管理条例》第 66 条规定,"公司破产、解散清算结束后,不申请办理注销登记的,由公司登记机关吊销营业执照"。本案中,在沙河酒厂破产程序终结后,其生产经营许可证、工商注册登记资料虽暂未注销,但沙河酒厂民事主体资格实际上已经消灭。原沙河酒厂与嘉德莱集团签订的《租赁协议书》实际上也已经终结,不再存在沙河酒厂这个法人主体,而只存在原沙河酒厂的破产资产。使用原沙河酒厂的破产资产,包括有形资产和无形资产从事生产经营的,产生的税负应由资产所有者或使用者承担。

沙河酒厂破产后,其破产资产经过了两次转手过程:一次是在 2007 年 12 月 7 日,转归嘉德莱集团所有;一次是在 2008 年 4 月 2 日,经嘉德莱投资增资转归沙河酒业公司所有。故而,对于 2007 年 12 月 7 日至 2008 年 4 月 2 日期间内,使用原沙河酒厂资产生产经营而生的增值税、消费税,应以嘉德莱集团为纳税主体。而对于 2008 年 4 月 2 日资产被注入沙河酒业公司以后,使用原沙河酒厂资产生产经营而生的增值税、消费税,应以沙河酒业公司为纳税主体。因此,一审判决将全部责任归于沙河酒业公司一家公司承担,事实认定错误。

二、对于沙河酒业公司的偷税行为,应当适用《刑法修正案(七)》第 3 条

对于偷税罪,《刑法》第 201 条规定:纳税人采取伪造、变造、隐匿、擅自销毁账簿、记账凭证,在账簿上多列支出或者不列、少列收入,经税务机关通知申报而拒不申报或者进行虚假的纳税申报的手段,不缴或者少缴应纳税款,偷税数额占应纳税额的 10% 以上不满 30% 并且偷税数额在 1 万元以上不满 10 万元的,或者因偷税被税务机关给予二次行政处罚又偷税的,处 3 年以下有期徒刑或者拘役,并处偷税数额 1 倍以上 5 倍以下罚金;偷税数额占应纳税额的 30% 以上并且偷税数额在 10 万元以上的,处 3 年以上 7 年以下有期徒刑,并处偷税数额 1 倍以上 5 倍以下罚金。

2009 年 2 月 28 日,《刑法修正案(七)》生效实施,其中第 3 条对原《刑法》第 201 条偷税罪的规定进行了修正,规定:纳税人采取欺骗、隐瞒手段进行虚假纳税申报或者不申报,逃避缴纳税款数额较大并且占应纳税额 10% 以上的,处 3 年以下有期徒刑或者拘役,并处罚金;数额巨大并且占应纳税额 30% 以上的,处 3 年以上 7 年以下有期徒刑,并处罚金。对多次实施前两款行为,未经处理的,按照累计数额计算。有第 1 款行为,经税务机关依法下达追缴通知后,补缴应纳税款,缴纳滞纳金,已受行政处罚的,不予追究刑事责任;但是,5 年内因逃避缴纳税款受过刑事处罚或者被税务机关给予二次以上行政处罚的除外。

可见,从《刑法》第201条到《刑法修正案(七)》第3条,最大的变化就是在对案件的处理上,《刑法修正案》对偷税罪(修改后规定为"逃税罪")增加了补缴税款、缴纳罚款后不追究刑事责任的免责条款,即规定对于逃税行为,"经税务机关依法下达追缴通知后,补缴应纳税款,缴纳滞纳金,已受行政处罚的,不予追究刑事责任"。故而,对于同样行为,依照《刑法修正案(七)》第3条的规定,行为人存在不被追究刑事责任的可能。从法律后果上来看,《刑法修正案(七)》第3条的规定轻于原《刑法》第201条,属于轻法。

我国刑法有所谓从旧兼从轻原则,《刑法》第12条规定:"中华人民共和国成立以后本法施行以前的行为,如果当时的法律不认为是犯罪的,适用当时的法律;如果当时的法律认为是犯罪的,依照本法总则第四章第八节的规定应当追诉的,按照当时的法律追究刑事责任,但是如果本法不认为是犯罪或者处刑较轻的,适用本法。本法施行以前,依照当时的法律已经作出的生效判决,继续有效。"《刑法修正案(七)》属于新的刑法立法,而不是立法解释或司法解释,其修正了罪名构成要件及法律后果,应当认为是新法。

从本案来看,偷税罪修改后的法律规定在2009年2月28日开始施行,而本案的一审法院在一个月后,即2009年3月30日对本案作出判决时是否应适用新的法律规定。一审法院依然依据1997年《刑法》第201条关于偷税罪的规定对本案作出了判决。可见,依据刑法从旧兼从轻的原则,对本案应适用《刑法修正案(七)》相关规定予以处理。因此,一审法院的判决法律适用错误。

三、关于偷税数额占应纳税额的百分比认定问题

根据《刑法修正案(七)》,逃避缴纳税款数额较大并且占应纳税额10%以上的,处3年以下有期徒刑或者拘役,并处罚金;数额巨大并且占应纳税额30%以上的,处3年以上7年以下有期徒刑,并处罚金。可见,偷税数额占应纳税额的百分比的认定关系到罪与非罪以及罪轻罪重,如何计算意义十分重大,在本案中也存在较大的争议。

有关百分比的计算,最高人民法院《关于审理偷税抗税刑事案件具体应用法律若干问题的解释》第3条规定,偷税数额,是指在确定的纳税期间,不缴或者少缴各税种税款的总额。偷税数额占应纳税额的百分比,是指一个纳税年度中的各税种偷税总额与该纳税年度应纳税总额的比例。不按纳税年度确定纳税期的其他纳税人,偷税数额占应纳税额的百分比,按照行为人最后一次偷税行为发生之日前一年中各税种偷税总额与该年纳税总额的比例确定。纳税义务存续期间不足一个纳税年度的,偷税数额占应纳税额的百分比,按照各税种偷税总额与实际发生纳税义务期间应当缴纳税款总额的比例确定。

而一审法院认为:沙河酒业公司2008年1—4月使用原"沙河酒厂"的税务

登记申报纳税,国、地税应纳税合计 8,341,612.49 元,偷税数额合计 7,725,648.49 元;沙河酒业公司 2008 年 1—4 月国、地税应纳税合计 4,002,916.61 元,偷税数额 3,431,862.42 元。根据最高人民法院《关于审理偷税抗税刑事案件具体应用法律若干问题的解释》第 3 条第 2 款"纳税义务存续期间不是一个纳税年度的,偷税数额占应纳税额的百分比,按照各税种偷税总额与实际发生纳税义务期间应当缴纳税款总额的比例确定"的规定,沙河酒业公司 2008 年 1—4 月各税种偷税总额是 11,157,510 元,实际发生纳税义务期间应当缴纳税款是 12,344,529 元,依据上述规定计算沙河酒业公司在 2008 年 1—4 月偷税数额占应纳税额 90.38%（11,157,510/12,344,529 × 100%）,偷逃税款已占应纳税额的 30% 以上。

本案中,自被告人任职的 2008 年 1 月开始直至 2009 年 10 月,安徽沙河酒业公司在政府的派驻的监管组掌控之下维持经营,纳税义务仍在继续。安徽沙河酒业公司是税务机关确定的"一般纳税人",是应按照纳税年度来计算的。而一审法院对于被告人任职期间的偷税数额占应纳税额百分比,以"纳税义务存续期间不足一个纳税年度的,偷税数额占应纳税额的百分比,按照各税种偷税总额与实际发生纳税义务期间应当缴纳税款总额的比例"进行确定,明显错误。

四、处理税务犯罪案件司法程序与行政程序的协调问题

《刑法修正案（七）》第 3 条规定,纳税人采取欺骗、隐瞒手段进行虚假纳税申报或者不申报,逃避缴纳税款数额较大并且占应纳税额 10% 以上的,处 3 年以下有期徒刑或者拘役,并处罚金;数额巨大并且占应纳税额 30% 以上的,处 3 年以上 7 年以下有期徒刑,并处罚金。在处理程序上,《刑法修正案（七）》规定,经税务机关依法下达追缴通知后,补缴应纳税款,缴纳滞纳金,已受行政处罚的,不予追究刑事责任。这实际上是规定了逃税罪以刑事追诉之前,有行政处罚作为前置程序。这意味着,在具有第 1 款行为的前提下,如果经过税务机关追缴后补缴了应纳税款、缴纳滞纳金、接受行政处罚的,就不能以犯罪论处（"除外"的情形属于例外）。

根据修正后的《刑法》第 201 条第 4 款的规定,一般情况下,在实体上,在经税务机关依法下达追缴通知后"不补缴应纳税款、不缴纳滞纳金或者不接受行政处罚"是犯罪成立的必要条件;相应地,在程序上,税务机关依法下达追缴通知是必经程序,只有在税务机关依法下达追缴通知后"不补缴应纳税款、不缴纳滞纳金或者不接受行政处罚",才能认为涉嫌逃税罪,符合立案条件。公安机关接受逃税的举报线索后直接进行立案侦查,没有经过税务部门的处理,是违反程序的做法,实体上也没有正确理解和把握逃税罪的构成要件,事实上是对没有涉嫌犯罪的行为进行了立案侦查。当然,对于 5 年内因逃避缴纳税款受过刑事处罚或者被税务机关给予二次以上行政处罚的人,公安机关接受逃税的举报线索后应当直接立案,不应通报税务机关。

在本案中,在税务机关下达处理意见和处罚通知后,存在沙河酒业公司未及时补缴税款的客观事实,但是,造成此事实的原因并非是沙河酒业公司主观上不愿补缴税款,而是遭遇了不可克服的客观障碍。其具体情况是:2008年4月17日,界首市人民政府以沙河酒厂破产清算组的名义,向嘉德莱集团及沙河酒业公司发出《关于对安徽沙河酒业有限公司财务及经营实施监管的通知》,以沙河酒业公司违反《产权交易合同》中的保证条款为由,派驻人员进驻沙河酒业公司,没收扣压公司公章、接受监管财务和生产经营,以行政手段控制沙河酒业公司。2008年7月8日界首市国家税务局(稽查局)对沙河酒业公司下达了《税务处理决定书》及《税务行政处罚事项告知书》之后,由于沙河酒业公司已被政府派驻人员监管控制,公司股东对于诉讼的进行、诉讼代表人的确定均不知情。沙河酒业公司在民事权利和诉讼权利受到限制的情况下,无法按照《税务行政处罚事项告知书》在规定期间内提出听证申请、行政复议、行政诉讼。并且,在2008年7月9日,即《税务处理决定书》下达的第二天,仍在听证申请期间内,界首市公安局即对本案进行了刑事立案,并将沙河酒业公司法人代表姜杰等人羁押,也使沙河酒业公司丧失了申请听证和复议的时间和能力。尽管如此,沙河酒业公司还是向税务机关提交了书面陈述材料,要求进行听证,并以成品酒作为纳税担保,积极安排人员筹措补缴税款。在姜杰等人被采取强制措施后,也通过家属补缴了100多万元税款。沙河酒业公司的大股东杭州福恒贸易有限公司也向税务部门发出函告,愿依法及时缴纳所欠税款。而税务机关未给沙河酒业公司留出必要的申请听证、行政复议时间,即将案件移交公安机关,处理程序上亦有不当。上述两项原因,是造成沙河酒业公司主观上欲补缴客观上却不能补缴税款的主要原因。有鉴于此,沙河酒业公司未及时补缴税款的情形,不宜认定为拒不补缴应追究刑事责任的情形。对此,应当依照《刑法修正案(七)》第3条规定,将本案发回重审,退回行政机关先进行行政处理,然后根据沙河酒业公司补缴税款的情况决定是否需要进行刑事追诉。

综上所述,沙河酒业公司只应对本公司实施的未缴税款行为承担责任,而不应对嘉德莱集团、沙河酒厂实施的偷税行为承担责任。对于本案,应当适用《刑法修正案(七)》第3条的规定,鉴于沙河酒业公司是因不可克服的客观障碍而未及时补缴税款,应将本案发回退回行政机关先进行行政处理,再决定是否进行刑事追诉和审理。

(刘剑文 熊 伟)

8. 扎兰屯电力设备公司逃避缴纳税款案[①]

纳税义务发生时间是增值税法的重要内容。但是，在2009年1月1日之前，对于无书面合同或者合同没有约定收款日期的赊销或分期付款销售，《增值税暂行条例》及其实施细则没有规定其纳税义务何时发生。本案恰恰发生在这一期间。对于上述问题，纳税人、税务机关、公诉机关的理解都不一致，引发了各方的激烈争议。法院虽然最后支持了公诉人的立场，但事实上也找不到相关法律依据，这更加激发了当事人的强烈质疑。其次，《刑法》第201条提到，5年内因逃避缴纳税款被税务机关给予两次以上行政处罚的，不能享受补税免刑的待遇。对其中的"两次"如何理解，以及行政程序是否优先于刑事程序，也是本案控辩双方争议的一个焦点。最后，企业变更后，新负责人是否对前任负责人的犯罪行为承担责任，也在本案中有所涉及。以上问题，有的侧重于税法，有的侧重于刑法，但无论如何，都值得学界的关注和研究。

[①] 本案素材由北京大禹律师事务所张燕生律师提供，载熊伟主编：《税法判例与解释评注》（第2卷），法律出版社2011年版。

案情简介

内蒙古扎兰屯市电力设备有限公司(以下简称电力设备公司)成立于1970年,是一家生产、销售变压器的小型国有企业。2006年初,扎兰屯市相关部门决定以公开招标的方式拍卖电力设备公司,柏庆林于2006年4月购买了该企业,并于2006年9月成为公司的法定代表人,办理了税务负责人变更登记。

电力设备公司在1996年到2005年期间,以赊销的方式销售变压器货款达312万元,均未收回货款,且未约定收回货款的时间。转制时,这些变压器虽然早已销售出去,但白条一直在变压器厂的"库存账"内,没有转为销售收入,电力设备公司也始终没有缴纳该部分货物的增值税和所得税。对该部分历史遗留的问题,上级政府机关在电力设备公司改制评估时已经发现,但并未作出任何处理,该部分应缴增值税金41万元由会计师事务所列明在评估报告中。2006年柏庆林通过拍卖程序竞标购买电力设备公司,会计重新建账时,将该部分增值税款列支在应付税金账内,但仍没有补缴。

2008年3月6日,扎兰屯市地税局进入电力设备公司进行税务检查,认定电力设备公司有以下两项违法事实:(1)2007年末,变压器厂会计账面库存有307万元产成品既无实物,又不能提供其去向和发生时间的合理证据,应视同销售。按8%应税所得率核定库存产成品收入,应纳税所得额为26.77万余元,应缴纳企业所得税88,350元。(2)2007年变压器厂自行申报的销售收入是306.6万余元,由生产经理和销售经理签字后,直接到财务报销,一次进入生产成本,不进行领用存核算。按8%应税所得率核定,应纳税所得额为24.5万余元,应缴纳企业所得税80,960元。电力设备公司按税务处理决定的要求缴纳了税款和滞纳金。

2008年3月31日,扎兰屯市国税局进驻电力设备公司稽查。进驻前夕,电力设备公司于3月25日向国税局申报补缴1996年到2005年期间以赊销方式销售变压器的312万元货款的增值税。国税局认定电力设备公司少缴上述货款的增值税为53万元,但并未给予电力设备公司行政处罚,只是令其缴纳相应的滞纳金23万元。国税局还查明,电力设备公司在2006年至2007年偷逃增值税销项税19.9万元,于2008年7月11日作出行政处理决定,责令电力设备公司在60日内补缴税款,缴纳相应的滞纳金。电力设备公司也在规定的期限内全部缴清了税款和滞纳金。

2008年10月,扎兰屯市检察院以电力设备公司和柏庆林为被告人,就国税局和地税局作出行政处理的上述事实提起公诉,但对历史遗留下来的53万元增值税的事实没有提起公诉。扎兰屯市法院经审理后,要求扎兰屯市检察院对电力设备公司历史遗留的这53万元增值税补充提起公诉。扎兰屯市检察院于2009年1月补充起诉了该起事实。扎兰屯市法院在开庭后全部认定了上述事实,于2009年3月25日作出判决,以逃避缴纳税款罪判处电力设备公司罚金92万元,判处柏庆林有期徒刑5年。2009年10月14日呼伦贝尔市中级法院维持原判。

争议焦点

1. 无确定付款日期的赊销商品,其增值税纳税义务何时发生?
2. 如何正确理解和适用修正后的《刑法》第201条?
3. 税务机关核定的税款可否作为司法机关定罪量刑的依据?
4. 在负责人发生变动的情况下,如何确定对单位犯罪直接负责的主管人员?

法理评析

一、无确定付款日期的赊销商品,其增值税纳税义务从取得索取货款凭证的当天发生

电力设备公司在1996年至2005年期间,通过赊销的方式销售变压器等设备,但是没有约定付款日期。在这种情形下,其增值税纳税义务发生时间如何确定?究竟是以货物发出的时间为准,还是以实际收到货款的时间为准?这一问题将决定企业是否构成逃税罪以及逃税行为的发生时间,同样也会影响到柏庆林是否承担刑事责任。由于法律和行政法规对此没有具体明确的规定,这个问题在实践中做法不一。在本案诉讼过程中,公诉人的答案似乎一直在变。

例如,针对1996年以来累积下来的赊销业务,扎检刑追诉(2009)1号起诉书以电力设备公司没有在重新建账之日确认销售收入和计提销项税为由指控其偷税。根据案情介绍的重新建账时间,其增值税纳税义务发生时间似乎应在2006年。而针对同一个事实,扎检刑诉(2008)117号起诉书将其认定为"2007年1月1日至2007年12月31日的销售收入"。在具体的诉讼指控中,检察院又将纳税义务发生的时间确定在2006年10月17日税务登记变更为柏庆林之后。

执法机关的结论如此差异,难道仅仅是出于认识上的歧义?其实不然。正如辩护人所言,导致公诉机关、税务机关意见分歧的主要原因是,当赊销合同没有约定收款日期时,其增值税纳税义务发生时间如何确定,当时的《增值税暂行条例》及实施细则规定不明。也正是因为如此,很多税务顾问将这种业务的增值税纳税义务发生时间理解为"收到货款之日"。柏庆林可能也作了同样的理解,例如,他在法庭曾经陈述,基于那些赊销白条,他在2006年和2007年分别收回了一些货款,并在收到货款后申报纳税。

1994年《增值税暂行条例实施细则》第33条规定,采取赊销方式销售货物的,增值税纳税义务发生时间为按合同约定的收款日期的当天。而本案中的赊销并未约定收款日期,而且电力设备公司尚未收回货款,究竟什么时间发生纳税义务,税法当时没有提供明确答案。对于这种情况,辩护人认为,如果要追究纳税人的责任,无论是行政责任还是刑事责任,在法律依据上都很牵强。特别是在刑事诉讼程序中,对于一个法律没有提供明确答案的问题,对于一个检察院都没有统一意见的问题,法院否认纳税人在特定背景下的理解,并对其追究刑事责任,不仅缺乏法律依据,而且不合情理。

在本案审理过程中[①],《增值税暂行条例实施细则》得以修改,其第38条规定,采取赊销和分期收款方式销售货物,为赊销合同约定的收款日期的当天,无书面合同的或者书面合同没有约定收款日期的,为货物发出的当天。后面新增的内容正好解决了本案由于收款日期约定不明所带来的纳税义务发生时间不明的问题。如果可以适用这个规定,上述纳税义务就应当发生在1995年至2005年期间,而不是柏庆林购买电力设备公司之后。不过,本案中的行为发生在新税法实施之前,应适用行为时的法律法规课税,也要根据当时的法律法规判断是否构成偷税或逃避缴纳税款罪。

基于此,对于赊销货物时没有约定付款时间,增值税纳税义务何时发生的问题,仍然须回到1994年《增值税暂行条例》寻找答案。根据该《条例》第19条第1款,销售货物或者应税劳务的增值税纳税义务发生时间是,销售货物或者应税劳务,为收讫销售款项或者取得索取销售款项凭据的当天。"收讫销售款项的当天"与"取得索取销售款凭据的当天"并非并列,而是两个选择性标准。收到销售款,理所当然纳税义务发生。先取得索取销售款的凭据,后实际收讫货款的,则以取得索取销售款凭据的当天为纳税义务发生时间。

对于本案的赊销来说,如果以"收讫销售款的当天"作为标准,对柏庆林来说无疑是一种解脱。对于已经收回的赊销款,柏庆林均已据实申报纳税;对于尚未收回的赊销款,纳税义务还未发生,自然也不存在偷税问题。现在的问题

---

① 本案由扎兰屯市检察院于2008年10月提起公诉,修改后的《增值税暂行条例》和《增值税暂行条例实施细则》于2009年1月1日正式施行,当时本案正在审理过程中。

是,如何理解"索取销售款的凭据"? 由于增值税法规没有提供任何解释,这个问题在实务中争论不断,答案五花八门。"发货票"、"销货单"、"收银单"、"提货单"等自制凭证,以及合同书、法院判决书、仲裁决定书等,都成为讨论的对象,其具体做法亦因企业而异。① 本案电力设备公司据以入账的"白条",是否也属于"索取销售款的凭据"呢?

笔者以为,在确定增值税纳税义务发生时间的问题上,1994 年《增值税暂行条例》第 19 条兼顾了收付实现制和权责发生制。以"收讫销售款项的当天"作为标准,是收付实现制的体现:即便按照法律上的权利界定,纳税人当天并不享受收款权,只要实际收到款项,仍在收款当天发生纳税义务。而以"取得索取销售款凭据"作为标准,则是权责发生制的体现:即便纳税人没有实际收到款项,只要取得了收取货款的权利和凭据,就可以发生纳税义务。从这个角度而言,所谓"索取销售款项的凭据",应该是指记载纳税人发出货物并已取得索取货款权利的凭据,其形式可以不拘一格。例如,经过购买方签字确认货物收到并注明付款日期的发货单,可以成为索取销售款项的凭据;单纯的发货单或者提货单,只要经过购买方确认,加上注明价款和付款日期的销售合同,也应该构成索取销售款项的凭据。仅仅有销售方自制的内部凭证,不足以成为销售方向购买方索取销售款的凭据,因为其不能证明要求付款的权利的存在。

由此可知,只要符合一定的条件,"白条"也可以成为索取销售款的凭据,并非完全不能成为确认纳税义务发生时间的依据。而所谓的"一定条件",笔者以为主要包括两项,第一,确认销售方向购买方销售了货物,购买方已经收到货物;第二,确认销售方有权向购买方收取货款。根据白条所记载的内容不同,其所确认的索取货款的权利也不一样。如果白条上明确记载了购买方付款的时间,销售方只有等付款时间届满之后才能行使索取货款的权利,这正是《增值税暂行条例实施细则》第 33 条对赊销所作的规定。如果白条上虽然确认了购买方收到货物,但是没有注明购买方付款的时间,则不应将这种行为界定为赊销,而应认定为直接收款的销售方式,并在取得白条当天确认发生增值税纳税义务。

之所以将未确定付款日期的赊销定性为直接销售,是因为这种情况所标明的法律权利不同于赊销。在赊销的情形下,购买人享有期限利益,在约定的付款日期之前,销售人没有权利要求购买人付款。而对于没有注明付款日期的赊销,购买人并不享有任何期限利益,销售人随时请求付款,购买人就必须履行。其根据在于,《合同法》第 62 条第 1 款第 4 项规定,当事人就合同履行期限约定

---

① 参见中国会计视野论坛对这个问题的讨论:http://bbs.esnai.com/thread-4714557-1-1.html,2012 年 2 月 9 日访问。

不明确的,债务人可以随时履行,债权人也可以随时要求履行。至于其凭据到底是具有一定格式的凭证,还是没有任何格式的所谓"白条",只要能够证明债权的存在,均不影响其法律效力。既然销售方可以凭"白条"随时要求购买方付款,这就表明,销售方已经取得了索取销售货款的凭据,根据《增值税暂行条例》第19条的规定,相关增值税纳税义务随即发生。

2008年修订《增值税暂行条例实施细则》时,对未确定付款日期的销售,其增值税纳税义务如何处理的问题,财政部和税务总局给出了一个解决方案,不过,其仍然只是在赊销和分期付款的前提下进行处理。其第38条第1款第3项规定,采取赊销和分期收款方式销售货物,为赊销合同约定的收款日期的当天,无书面合同的或者书面合同没有约定收款日期的,为货物发出的当天。如果将其界定为直接收款的销售方式,第38条第1款第1项规定,不论货物是否发出,其纳税义务发生时间均为收到销售款或者取得索取销货款凭据的当天。而对于我们这里所讨论的"先发货,后收款,但未约定付款日期"的行为而言,取得索取销货款凭据的当天,就是销售方拿到购买方书立或签字的"白条"的当天。

本案电力设备公司用以入账的"白条"我们无法见到,也没有见到控辩双方围绕白条上的内容展开争论,对其记载的信息无法知晓。不过,综上所述,如果这个条子符合上文对"索取销售款的凭据"的界定,那么,在电力设备公司改制前,相关销售额的增值税纳税义务就已经发生。

二、正确理解和适用修正后的《刑法》第201条

《刑法修正案(七)》生效之后,对《刑法》第201条作了修改,将偷税罪改为逃避缴纳税款罪,并根据此类犯罪的特点设计出了补税免刑机制。该条第4款规定,"有第1款行为,经税务机关依法下达追缴通知后,补缴应纳税款,缴纳滞纳金,已受行政处罚的,不予追究刑事责任;但是,5年内因逃避缴纳税款受过刑事处罚或者被税务机关给予二次以上行政处罚的除外。"[①]本案电力设备公司因为逃避缴纳税款,在5年内既受到了地税局的行政处罚,又受到了国税局的行政处罚,虽然其按规定补缴了税款,缴纳了滞纳金,缴纳了罚款,但可否适用该款内容而免刑,这仍然是控辩双方争论激烈的一个问题。

(一)税务机关未作行政处罚的行为,检察院能否直接起诉,法院能否直接审判?

在本案中,电力设备公司在国税局进驻稽查前夕,补缴了"白条顶库存"部分的税款,并按国税局要求缴纳了滞纳金,因此没有受到国税局的行政处罚。

---

① 《刑法》第99条规定,"本法所称以上、以下、以内,包括本数。"

公安机关也未认定电力设备公司在该起事实中涉嫌犯罪。但扎兰屯市法院经对全案审理后，要求检察院对电力设备公司历史遗留的这53万元增值税补充提起公诉，检察院才于2009年1月补充起诉该起事实，法院最终认定该行为构成"逃税"罪。

一般情况下，税务机关之所以对偷税行为只追缴税款，不进行行政处罚，是因为违法情节轻微，可以不予追究。可是在本案中，就是因为没有作出行政处罚，所以不存在被告人"已受行政处罚"的情节；就是因为被告人未受行政处罚，不符合《刑法》第201条第4款的条件，才会导致检察院对电力设备公司历史遗留的53万元增值税补充提起公诉。辩护人认为，这种这种解释的直接后果就是，违法行为严重并受到行政处罚的可以有条件地不受刑事处罚，而违法行为轻并且没有受到行政处罚的，反而要无条件地受到刑事追究，显然这是一个悖论，完全违背了《刑法修正案（七）》的初衷。因此，修正后的《刑法》第201条应理解为，确立了"行政程序优先"机制，对于税务机关不认定为"逃税"的行为，司法机关不应主动追究当事人"逃税"的刑事责任。

假如修正后的《刑法》第201条真的确立了"行政程序优先"的机制，那么，对于税务机关没有作出行政处罚的行为，司法机关确实不应主动追究当事人的刑事责任。这就意味着，对于逃避缴纳税款的行为，当侦查机关主动立案侦查后，检察机关不应向法院提起公诉；当检察院向法院提起公诉后，法院也要中止刑事诉讼程序，将案件转交给税务机关，待其作出行政处罚之后，视当事人的反应再决定如何处理。假如这个观点成立，公安机关对于涉嫌逃避缴纳税款的行为也不再会主动立案侦查，而是可能一味等待税务行政机关移送案件，即便有人实名举报，或者已经掌握了重大线索，也只是将信息通报税务机关而已。

笔者以为，本案中的这个情节确实存在一些不合情理之处。对于情节轻微，可以不予行政处罚的逃避缴纳税款行为，司法机关更没有必要启动刑事诉讼程序。但是，如果因此就认为《刑法》第201条确立了"行政程序优先"机制，这个结论未免过于大胆和草率。《宪法》第126条和第131条已经确认，法院依照法律独立行使审判权，检察院依照法律独立行使检察权，不受行政机关、社会团体和个人的干涉。《刑事诉讼法》第5条就属于对上述内容的落实。至少目前还没有任何法律确认，行政程序可以优先于刑事程序，《刑事诉讼法》中也没有任何变通性条款，仅凭《刑法》第201条新增的第4款，不足以论证逃避缴纳税款罪"行政程序优先"机制的存在。

与此同时，必须注意到，否定这种可能性也会带来连锁反应，引发案件处理上的差别对待。例如，由税务机关先行立案的逃税案件，经过行政处理和处罚后，只要符合刑法规定的条件，即便已经构成犯罪，也可以不予追究刑事责任。

但是,同样的案件,如果公安机关或者检察机关先行立案,由于没有经过行政处理和处罚程序,满足不了《刑法》第201条规定的免责条件,就完全可能被追究刑事责任。对于这个问题,实务中也许会采取灵活的处理方法,例如,在刑事诉讼的同时,将案件通报税务机关,让其作出税务处理决定和处罚决定,视纳税人的态度和反应再考虑刑事诉讼程序如何进行。不过,不能否认,这种做法目前缺乏法律依据,实务界对此持反对态度也不在少数。① 这个问题究竟应该如何协调,还有待进一步研究。

(二) 如何理解"5年内因逃避缴纳税款受过刑事处罚或者被税务机关给予二次以上行政处罚"?

本案一、二审法院均认为,电力设备公司在5年内因为逃避缴纳税款受到了二次以上行政处罚,因此本案并不适用上文提到的补税免刑机制。法院列举的证据,一是扎兰屯市地方税务检查报告及行政处罚文书,证实扎兰屯市地方税务局对电力设备公司作出的税务检查报告及处理、处罚情况等;二是呼伦贝尔市国家税务局稽查局行政处罚文书,证实对电力设备公司的处理、处罚情况。由此可知,法院主张,地税局和国税局作出的行政处罚应分别计算。

辩护人则认为,《刑法》第201条第4款所说的"二次以上行政处罚",应该是指受到第一次行政处罚后屡教不改,受到第二次或者更多次行政处罚的情形。而本案中,虽然有地税局和国税局作出的两份行政处罚文件,但针对的都是电力设备公司同一时期的同一经营行为,并不存在受到一次行政处罚后屡教不改的情形。辩护人进一步认为,法院和检察院是将行政机关作出行政处罚的文件份数,作为了判断是否为"二次以上"的标准,这样会引发实务中为了治罪而拆解行政处罚文件份数的问题,违背了《刑法修正案(七)》的立法精神。

确实,行政处罚的次数不是一个容易判断的问题。在一份涉及偷税的行政处罚决定中,由于纳税人的行为可能涉及不同税种,或者跨越不同的年份、季度或者月份,税务机关需要分别列举,并分别进行处理和处罚。例如,税务机关经过稽查后,针对纳税人2009年偷逃增值税的行为处罚1万元,对其偷逃企业所得税的行为处罚2万元;针对2010年偷逃增值税的行为处罚3万元,对其偷逃企业所得税的行为处罚4万元。此时,纳税人受行政处罚的次数是1次、2次还是4次?由于国税和地税的机构和职能分设,同一个违法行为可能被不同税务机关分别处罚。上述例子中,如果企业所得税归地税局管辖,和本案一样,就会出现两份税务处罚决定书。而如何计算行政处罚的次数,则会显得更加扑朔迷离。

---

① 参见逄锦温:《逃税罪的立法修正与司法适用》,载熊伟主编:《税法解释与判例评注》(第1卷),法律出版社2010年版。

《刑法》第201条之所以提出，因为逃避缴纳税款在5年内受过二次以上行政处罚的，不适用补税免刑的规定，主要是为了区别纳税人不同的主观恶性。在一段时间内屡教不改的人，其主观恶性较大，有必要施加更加严厉的惩戒，所以，在其第三次被查处时，即便其补缴税款、滞纳金，接受行政处罚，也不能免除其刑事责任。这里的"次"，主要以税务机关的行政处罚决定书为准，而不能以涉嫌违法的年度或税种作为计算依据。一般情况下，税务机关对纳税人进行检查时，会覆盖若干年的经营情况，并涉及其所管辖的全部税种，最后根据情况作出处理和处罚决定。如果纳税人因为这段期间内的逃税收到行政处罚，这就可以计算"一次"。下一次税务检查会覆盖另外几个年度，如果再次发现纳税人逃避缴纳税款，并对其进行行政处罚，那才是"第二次"行政处罚。

不过，这里有两个特殊的问题需要讨论。第一，税务检查并作出处理、处罚决定之后，对于同一个期间，如果发现有遗漏的逃税事实，税务机关并非不可以再次检查，并作出处理、处罚决定。相对于前一次因逃税受到处罚，这是否属于"第二次"？基于前述对于立法目的的讨论，笔者认为，这不能算是第二次，而应该与第一次处罚合并计算。其原因在于，它们都是针对纳税人同一期间的违法行为。纳税人在第一次处罚之后，并没有从事新的逃税活动。只是因为第一次税务检查时没有发现，才导致了第二次的补充检查和处罚。所以说，判断是否为"一次"税务行政处罚，最重要的标准还不是行政处罚文书，而是其对应的纳税期间。对同一纳税期间的逃税行为，不管有几份处罚决定书，都只宜合并计算为一次行政处罚。

第二，如本案所示，对同一段期间的逃税行为，由于目前机构分设的结果，需要国税局和地税局分别作出行政处罚，究竟是合并计算为"一次"，还是如本案判决一样计算为"二次"？笔者赞同本案辩护人的观点，这种情况应合并计算为一次行政处罚。税法上不同的税种虽然相互独立，但是，却可能都针对同一个经营行为。例如，纳税人隐瞒销售收入的行为，其偷逃的税收既涉及增值税，又涉及所得税，还涉及城市维护建设税、印花税等。与违法行为相关的事实只有一个，但其所导致的法律后果却多种多样。假如税务机构没有分设，就像1994年之前的那种状态，税务机关完全可以只进行一次行政处罚。仅仅因为不同的机构分管不同的事情，就将行政处罚的次数改成了"二次"，直接影响当事人可能的刑事责任，这是明显不恰当的。

三、税务机关核定的税款不能作为司法机关定罪量刑的依据

在本案一审程序中，检察院指控电力设备公司，2007年1月1日至2007年12月31日期间，隐瞒销售收入3,346,607.80元，少缴应纳企业所得税款88,350.44元；2007年1月1日至2007年12月31日期间，会计核算混乱，多列

成本,少缴应纳企业所得税 80,960.64 元。法院判决书对此予以确认。但实际上,这两个少缴税款的数字并不是建立在证据基础上,而是完全采信了扎兰屯市地税局的核定结果。地税局之所以要进行税收核定,恰恰是因为纳税人销售凭据缺失,会计核算混乱,账目不清,导致无法查账征收,所以只能按照通用的应税所得率,根据大致的销售情况,先核定纳税人的应税所得,再根据法定税率计算出应纳税额。

从税务机关征收税款的角度看,这样做的法律依据十分充足。《税收征收管理法》第 35 条规定,纳税人有下列情形之一的,税务机关有权核定其应纳税额:(1)依照法律、行政法规的规定可以不设置账簿的;(2)依照法律、行政法规的规定应当设置但未设置账簿的;(3)擅自销毁账簿或者拒不提供纳税资料的;(4)虽设置账簿,但账目混乱或者成本资料、收入凭证、费用凭证残缺不全,难以查账的;(5)发生纳税义务,未按照规定的期限办理纳税申报,经税务机关责令限期申报,逾期仍不申报的;(6)纳税人申报的计税依据明显偏低,又无正当理由的。税务机关核定应纳税额的具体程序和方法由国务院税务主管部门规定。据此,国家税务总局 2000 年制定了《核定征收企业所得税暂行办法》,2008 年又制定了《企业所得税核定征收办法(试行)》,为实务操作提供了进一步的指引和规范。

从法理上看,税务机关核定征税也具有合理性。一般情况下,税务机关应当根据查明的事实,以证据为基础确定纳税事宜。但是,这必须建立在纳税人充分履行协助义务的基础上。如果纳税人不主动申报信息,健全会计核算制度,保存各种原始凭证和记账凭证,税务机关很难了解纳税人的所有交易。而法律对征税并没有过高的证明要求,一般只需要满足"优势证据原则"即可。所以,当纳税人不履行协助义务,导致税务机关无法据实课税时,税务机关可以根据已经掌握的事实核定税款。《税收征收管理法》第 35 条所列举的情况,基本上都属于这种类型。但是,司法机关定罪量刑不能依据推定事实,必须对每一项证据进行质证,并根据证据作出独立的判断。法院直接采信税务机关核定的偷税额,作为判决纳税人构成逃税罪的依据,事实上就是以推定的思维判案,这明显违反了刑事诉讼的基本要求。

即便是税务行政处罚,也只能根据查明的事实断案,不能对纳税人的违法事实进行推定,更何况涉及人身自由的刑事程序。事实上,课税、行政处罚、刑事程序各自有不同的证明标准。就算是课税程序中被证明的事实,由于证明标准提高,在行政处罚中不一定得到认定。在行政处罚中被证明的事实,由于证明标准再次被提高,在刑事诉讼中还是不一定会被认定。反过来,在刑事诉讼中不被认定的事实,只要满足了证明的要求,在行政处罚程序中可能被确认。在行政程序中不被认定的事实,只要满足了证明的要求,在课税程序中仍有可能被确认。了解这些程序上的差别之后就可以知道,在本案中,检察院和法院直接采信地税局核定被告人逃税的数额,而没有根据证据——证明被告人逃税的事实,确实是刑事诉讼程序上的一大硬伤。

四、只有对单位犯罪直接负责的主管人员才能被追究刑事责任

《刑法》第31条规定,"单位犯罪的,对单位判处罚金,并对其直接负责的主管人员和其他直接责任人员判处刑罚。本法分则和其他法律另有规定的,依照规定。"本案电力设备公司被判逃避缴纳税款罪,柏庆林作为直接负责的主管人员也被判处5年有期徒刑。假设本案所述犯罪事实全部成立,而且是在柏庆林作为法定代表人期间发生,那么,在对单位判处罚金的同时无疑也应对柏庆林判处刑罚。不过,本案有一个特定情节,即,柏庆林购买电力设备公司之前,该公司就已经存在赊销货物,并以白条入库顶账的事实。柏庆林购买电力设备公司时,这个事实双方也已经提示出来,成为了变更后公司的应付税款,只不过,直到税务局入场稽查的前夕,在柏庆林的指示下,电力设备公司才将应付税款缴清。

柏庆林认为,由于货款没有收回,所以不发生增值税纳税义务,自然不存在逃避缴纳税款的问题。辩护人认为,当时的税法对于无约定付款期限的赊销,没有规定何时发生纳税义务,在法无明文规定的情况下,不能要求纳税人必须作出正确的判断,更不能认定纳税人逃避缴纳税款,甚至定罪量刑。笔者以为,对于这种没有约定付款期限的赊销,应该认定为直接销售,从取得索取销售款凭据的当天起,即发生增值税纳税义务。如果电力设备公司入库顶账的白条符合"索取销售款凭据"的要件,那么,在柏庆林收购该公司之前,那笔赊销业务的增值税纳税义务就已经发生;如果公司的此项行为构成逃避缴纳税款,甚至构成犯罪,那么,在柏庆林收购该公司之前,事情的定性就已经明朗,不存在因为公司被出售而改变性质的情节。

基于上述判断,对于公司被收购之前所发生的犯罪行为,没有理由要求柏庆林负责。现在要考虑的是,在柏庆林收购了电力设备公司之后,公司一直没有申报缴纳本该缴纳的增值税款,违法行为得以延续,对于这个后果,柏庆林是否需要负法律责任?笔者以为,此案的纳税人是公司,只有在单位犯罪的情况下,直接负责的主管人员才会被追究法律责任。柏庆林收购公司之后,虽然没有及时申报缴纳应纳增值税,但是,会计上一直记载有这笔应付税款。纳税人既然不存在以虚假或欺骗手段逃避缴纳税款的行为,柏庆林自然也就不需要承担刑事责任。对于公司被收购之前的行为,如果构成犯罪,承担责任的也应该是当时直接负责的主管人员,而不是变更公司登记之后的新任负责人。

当然,赊销行为还会涉及电力设备公司的企业所得税,本文第三部分所提

到的核定税款,也就是针对其可能发生的企业所得税。对于这部分内容,由于缺乏足够的信息,本书不打算展开论述。不过,在企业所得税法中,必须考虑收入的归属期,以确定纳税义务的归属期。① 根据本案的具体情节,电力设备公司1996年至2005年期间所发生的销售行为,如果在这段期间内就应该确认收入,发生企业所得税纳税义务,并且已经构成逃避缴纳税款罪,那么,和上文对增值税的分析一样,只要柏庆林在购买公司之后,没有指使相关人员以虚假或欺骗手段,试图逃避缴纳已经发生的纳税义务,柏庆林个人就不应该对公司之前的犯罪行为负责。即便销售收入在柏庆林购买公司之后确认,只要柏庆林没有从事上述行为,同样不应该对其追究刑事责任。假如该笔销售业务在起诉时还不能确认收入,就更不存在发生纳税义务和逃避缴纳税款的问题。

综上所述,本案的结果确实存在许多可以商榷之处。对于未约定付款日期的所谓"赊销",其增值税纳税义务发生时间应界定为取得索取销售款凭据的当天,企业所得税纳税义务发生时间则要视收入归属情况而定。不过,不管电力设备公司之前是否构成犯罪,在柏庆林购买该公司之后,只要其没有指使相关人员以虚假或欺骗手段,试图逃避缴纳已经发生的纳税义务,柏庆林个人就不应该对公司之前的行为负责。另外,在税收征收程序中,税务机关在例外情况下可以核定税款,但是,核定只是一种行政推定或估算,缺乏严密的证明过程。因此,核定的税款不能作为行政处罚的根据,更不能作为司法机关定罪量刑的根据。

(刘剑文　熊　伟)

---

① 参见国家税务总局《关于确认企业所得税收入若干问题的通知》(国税函[2008]875号)。

9. 南阳大众公司增值税行政复议与诉讼案

增值税的纳税义务发生时间是增值税法的核心内容之一。《增值税暂行条例实施细则》规定,销售应税劳务的增值税纳税义务发生时间,为提供劳务同时收讫销售款或者取得索取销售款的凭据的当天。但是,什么是"索取销售款的凭据",实践中理解不一,纠纷也不断。在汽车维修行业中,"业务结算清单"可以视为维修公司与客户之间的维修合同,但由于合同并未约定付款日期,理论上,维修公司可以随时请求客户付款,但实践中,由于维修公司可以行使留置权,一般是由客户来确定付款日期。这种"业务结算清单"是否构成"索取销售款的凭据",用以确定纳税义务发生时间,是本案争议的焦点所在。

案情简介

2005年8月23日,河南省南阳市国家税务局(以下简称"南阳国税")向上海大众汽车南阳销售服务有限公司(以下简称"南阳大众")发出税务检查通知书,对南阳大众2004年执行税法的情况进行检查。南阳国税调取了南阳大众2004年的账簿、凭证以及其他有关纳税资料后,2006年6月5日作出宛国税处(2006)2号税务处理决定和宛国税罚(2006)2号税务行政处罚决定。南阳大众补缴了相应款项后,向河南省国家税务局申请复议。河南省国家税务局于2006年10月19日作出豫国税(2006)第2号税务行政复议决定,以南阳国税在作出处理时对南阳大众提供的纳税资料未予充分考虑为由,撤销了南阳国税作出的处理、处罚决定,责令南阳国税重新作出具体行政行为。

根据南阳大众提供的账簿、凭证等,南阳国税于2006年12月1日作出宛国税处(2006)9号税务处理决定和宛国税罚(2006)9号税务行政处罚决定,认定南阳大众的违法事实为:(1) 2004年少计销售收入1,812,651.36元,2005年1—9月份补计销售收入973,187.97元。冲减2005年1—9月期间补计的销售收入后,仍少计销售收入839,463.39元,少计增值税销项税款142,708.77元。(2) 2004年将成本为46,061.16元的材料无偿提供给用户,未计销售收入,少计增值税销项税额7,830.40元。(3) 2004年将成本144,306.82元的材料用于维修索赔用户车辆,已抵扣增值税进项税额24,532.16元;但是该费用应由上海大众公司赔付,应转出增值税进项税额24,532.16元。(4) 2004年销售收入1,812,651.36元,未计入收入总额,少申报应纳税所得额1,812,651.36元,……造成少缴企业所得税598,174.94元。(5) 将2004年度实现的应纳税所得额242,659.30元用于弥补2002年度、2003年度亏损,实际上2002年度、2003年度均不亏损,造成少缴企业所得税80,077.57元。

针对以上事实,南阳国税对南阳大众作出如下处理:(1) 追缴增值税142,708.77元,并按规定加收滞纳金;(2) 追缴增值税7,830.40元,并按规定加收滞纳金;(3) 追缴增值税24,532.16元;(4) 追缴企业所得税598,174.94元,并按规定加收滞纳金,对南阳大众2005年补记的2004年收入可以在以后年度作纳税调整;(5) 追缴企业所得税80,077.57元,并按规定加收滞纳金。南阳国税根据南阳大众第(1)、(2)、(4)、(5)项违法事实,依据《税收征收管理法》第63条第1款的规定,作出四项处罚:(1) 对南阳大众所偷增值税142,708.77元处50%的罚款,计71,354.38元;(2) 对南阳大众所偷增值税7,830.40元处50%的罚款,计3,915.20元;(3) 对南阳大众所偷企业所得税

598,174.94元处50%的罚款,计299,087.47元;(4)对南阳大众所偷企业所得税80,0377.57元处50%的罚款,计40,038.78元。

南阳大众对以上处理、处罚不服,向河南省国家税局申请复议,河南省国家税务局2007年3月29日作出维持南阳国税作出的宛国税处(2006)9号税务处理决定和宛国税罚字(2006)第9号税务处罚决定的复议决定。

南阳大众不服上述复议决定,2007年4月13日向南阳市卧龙区人民法院起诉,该院于2008年6月21日作出(2007)宛龙行初字第43号行政判决,维持上述复议决定。南阳大众不服,上诉至南阳市中级人民法院。南阳市中级人民法院2008年10月17日作出(2008)南行终字第142号行政裁定,以原一审判决认定事实不清,证据不足为由撤销一审判决,发还一审法院重新审理。一审法院另行组成合议庭,2009年8月27日作出(2009)宛龙行初字第39号行政判决。

南阳大众诉称:南阳国税处理处罚行为定性不准,处罚有误。第一,南阳国税处理决定第(1)、(4)项,处罚决定第(1)、(3)项中依据南阳大众提供的维修结算单,认定南阳大众2004年度少计销售收入1,812,651.36元,属认定事实错误。判断是否属"少计销售收入",应凭增值税专用发票,而不是凭修理业务清单。国家税务总局《增值税专用发票使用的规定》第3条明确规定了一般纳税人销售货物(包括视同销售货物在内)、应税劳务,必须向购买方开具专用发票。修理清单不能视为是取得索取销售款凭证。它不是客户承诺付款的凭据,它只是一份告知客户此次修理的用工用料情况,是需要经过客户签认后开具增值税专用发票的依据,不是会计报销凭证。维修清单上所列的价款,是一个不确定的数字,在客户未确认之前,不能以清单所列金额开发票或计算销售收入。修理结算单上未加盖印章,不具有会计原始凭证的要素,付款方不能以此作为支款报销的凭证,收款方也不能作为债权凭证。修车单位经办人虽然在修理结算清单上签了字,它只证明修理的内容,并不是对修理价款的确认。经办人员未经法人授权的签字不能作为债权依据。南阳国税将修理结算清单视为取得"索取销售款凭证"是对税收法规的曲解。第二,南阳国税处理、处罚第(2)项决定认定,南阳大众将成本46,061.18的材料无偿提供给用户,少计提增值税销项税额7,830.4元,对该事实的认定属于推理定性,缺乏直接证据的支持。税务核查时,不查明具体的原因,一概认为是"无偿赠送他人"显然是不恰当的。为了赢得市场,南阳大众将一部分车内配置包含在汽车价格之内是一种让利行为,其实质是让汽车的销售价格降低,只是在开发票由于会计人员的疏忽而未将这部分配置列入销售发票中,不能视为无偿赠送他人。第三,处理决定书第(3)项认定,南阳大众2004年将成本144,306.82元的材料用于维修索赔用户车辆,已抵扣增值税进项税额24,532.16元,但该项费用上海大众公司并没有进行赔付,实际由南阳大众负担。南阳国税依此认定,作出追缴增值税24,532.16元的处理决定。南阳大众对客户发生的包修费用,不属于上海大众公司赔付范围的部分,是南阳大众生产成本,不属税法列举的非应税项目,不属于不允许从增值税销项税抵扣的内容。第四,南阳国税处理决定第(5)项、处罚决定第(4)项认定,南阳大众将2004年度实现的应税所得额242,659.30元用于弥补2002年度亏损,而企业所得税年度纳税申报显示,2002年度、2003年度均不亏损,造成少缴企业所得税80,077.57元。南阳大众认为,由于公司账面显示2002年度、2003年亏损,会计人员依此误将2004年的利润弥补2002年度、2003年度的亏损,不存在故意虚报的行为。南阳国税对南阳大众2004年度的纳税情况进行检查,而在处理、处罚时适用2005年的文件,适用法规欠妥。依税法规定,企业发生的亏损允许在五年内以实现的利润弥补,不征收所得税。第五,南阳国税处理、处罚决定中定性南阳大众偷税显属不当。南阳大众是军队改制企业,多年来一直沿用一贯的会计核算方法,而在现实中存在修理过程结束与实际确认收入之间的时间性差异,会导致2004年维修业务延续到2005年结算入账的问题。南阳大众客观上没有造成少缴税款的事实、更无主观上少缴税款的故意行为且在南阳国税税务稽查过程中主动配合。综上,南阳国税处理、处罚行为违法,请求法院依法撤销南阳国税作出的宛国税处(2006)9号税务处理决定书和宛国税罚(2006)9号税务行政处罚决定书。

  针对南阳大众起诉的事实与理由,南阳国税答辩如下:南阳国税处理处罚行为事实清楚,证据充分,适用法律法规正确。第一,关于处理决定第(1)、(4)项,处罚决定第(1)、(3)项认定少计销售收入1,812,651.36元,《增值税暂行条例》第19条第1项规定:增值税纳税义务发生时间,销售货物或者应税劳务,为收讫销售款或者取得索取销售款凭证的当天。南阳大众销售维修业务发生后,客户签字的单据是最原始的收入凭证。正是由于南阳大众错误执行税法和会计制度,造成2004年度少计1,812,651.36元的销售收入。南阳大众每项维修业务结束后,均开具业务结算清单,清单显示有委托单号、车型、牌照、结算日期、付款方式(欠款)、修理内容、维修材料费、维护工时费、销售配件费及总金额等内容,清楚地记载了南阳大众与维修单位(个人)之间的债权债务关系。南阳大众的维修业务也是根据业务结算清单开具发票,结算维修款的,编制的会计凭证也是以发票、业务结算清单为原始凭证的。因此,南阳大众开具的业务结算清单即为税法中规定索取销售款的凭据。第二,关于处理、处罚决定第(2)项认定南阳大众无偿赠与的内容,南阳大众称无偿提供材料是让利行为,南阳国税认为此种商业让利行为仍应依法纳税。南阳大众所开具的销售车辆发票中只记载所销售车辆的价值,无材料费的情况,收款凭证显示收取的仅是"购车款",银行现金交款单显示现金收入为"销车收入",所以南阳大众称此部分材料为新车配置是不成立的。在税务稽查中,南阳大众对该问题并无异议,并在税务稽查底稿上签署了"情况属实,数字无误"的意见,且陈述"由于市场竞争和企业生存需要,我们不得不这样做",要求从轻处理,这充分证明了这部分材料是南阳大众无偿提供给用户的配件。南阳大众将材料无偿提供给用户,不申报收入,缴纳税款,违反了税法的规定。第三,关于处理决定第(3)项,南阳大众将材料用于维修索赔用户车辆,在上海大众公司拒赔的情况下由南阳大众承担。此项业务是售后服务或赔偿损失的行为,属于非应税劳务,对这部分材料的进项税转出符合税法规定。第四,关于处理决定第(5)项、处罚决定第(4)项认定的"虚报亏损"问题,税法所指亏损的概念,不是企业财务报表中反映的亏损额,而是指主管税务机关按照税收法规规定核实、调整后的数额。南阳大众的企业所得税年度纳税申报表显示,南阳大众2002年度、2003年度均不亏损,南阳大众却将2004年度实现的应税所得用于弥补之,完全符合虚报亏损的界定。国税函(2005)190号是2005年3月4日下发,在南阳大众2004年企业所得税汇算清缴之前(2005年4月20日),所以完全适用。第五,南阳国税定性南阳大众偷税,是因为南阳大众的滞后申报行为是一种对当期实现收入不如实申报的行为,属于虚假申报。而这种不如实进行的纳税申报造成不缴、少缴税款的后果,已经构成《税收征收管理法》所称的偷税行为。综上,南阳国税对南阳大众的处理,处罚决定认定事实清楚、证据充分、程序合法、适用法律、法规正确,处罚适当,请求人民法院依法予以维持。

  一审法院认为:第一,南阳国税认定南阳大众2004年少计销售收入1,812,651.36元的依据是南阳大众从事销售、维修业务时所取得的业务结算清单。修车单位的经办人虽然在结算清单上签了字,只是对修理项目的初步确认,并不是对修理价款的最终确认,南阳国税仅凭修理结算清单的数额确定南阳大众少计销售收入的数额,证据不足。

  第二,南阳大众称2004年的成本材料价值46,061.16元是销售汽车时配送的物品,是让利行为。但南阳大众所开具的销售车辆发票中只记载所销售车辆的价值,无材料费的情况,所以南阳大众称此部分材料为新车的配置是不成立的,该行为仍然依法应缴纳增值税,南阳国税征收、处罚,于法有据。

  第三,南阳大众向上海大众公司申请理赔的材料价值144,306.82元,已抵扣增值税进项税额24,532.16元,而上海大众公司没有赔付。该进项税额符合《增值税暂行条例》第10条第2项"用于非应税项目的购进货物或者应税劳务"、"不得从销项税额中抵扣"的规定,南阳国税依此规定作出"转出"的处理决定是正确的。南阳大众承担此部分费用是由于本来不应抵扣的进项税予以抵扣,依法应当转出。企业所得税应纳税额是每一个年度的收入减去准予扣除项目后的余额。本来不应抵扣的进项税不是企业成本,不属于应予扣除项目。

第四，南阳国税认定南阳大众虚报亏损的违法事实，有南阳大众财务报表、纳税资料证实。南阳大众的企业所得税年度纳税报表显示2002年度、2003年度不亏损，而企业却将其2004年收入用于弥补亏损，属虚报亏损。国家税务总局国税函(2005)190号规定是2005年3月4日下发的，在南阳大众2004年企业所得税汇算清缴之前(2005年4月20日)，虚报行为发生在文件发布之后，且该文件为《税收征收管理法》的解释性文件，文件的适用并不影响虚假申报亏损行为的成立，南阳国税依据《税收征收管理法》第63条的规定予以追缴并处罚，并无不当。

第五，关于处罚程序问题。南阳国税在对南阳大众作出宛国税处(2006)2号税务处理决定和宛国税罚(2006)2号税务行政处罚决定时，对南阳大众进行过处罚告知和听证告知。前述两个决定被省国税局撤销后，南阳国税在作出本案所诉的宛国税罚(2006)9号税务行政处罚决定时，应当重新进行相关权利告知，南阳国税没有就新的处罚行为进行处罚告知和听证告知程序，处罚程序违法。

综上，一审法院认为，南阳国税处理、处罚决定中认定南阳大众2004年少计销售收入1,812,651.36元的证据不足，故处理决定中第(1)、(4)项，处罚决定中第(1)、(3)项应予撤销。南阳国税处理行为第(2)项、第(3)项、第(5)项证据确实充分，适用法律、法规正确、程序合法，应予维持。被诉处罚决定以处理决定为基础，未进行处罚听证告知，程序违法，应予撤销。

南阳国税不服一审判决，向南阳市中级人民法院提起上诉。南阳国税称：第一，业务结算清单属于税法规定的"索取销售款的凭据"，一审判决认为"经办人员虽然在清单上签了字，只是对修理业务的初步确认，并不是对修理价款的最终确认"，是对税法的曲解，违背了税法的精神。第二，行业惯例不能取代依法纳税义务，损害国家税收利益，不能以维修款未确认，迟计收入属于行业惯例等理由采取延迟入账的方式免除按期申报纳税的义务，也不能因与客户结算时的优惠、打折等行为而减免或者延压应缴的税款。第三，被上诉人2004年的收入未在实现收入当期申报，也未在实现收入年度的年终清算清缴时并入收入总额申报纳税，偷税的事实清楚，证据确凿，税务机关依法对其处理完全符合法律规定。

南阳大众答辩称：第一，纳税义务人是否有偷税行为是以销售货物或者提供应税劳务后是否存在应当开具增值税专用发票而不开或者少开增值税发票，不计销售收入的行为。上诉人单纯以纳税义务发生时间来认定是否有偷税行为是对税法的不完整的片面理解。被上诉人对客户修理汽车后只开具修理结算清单而未进行财务结算应视为一种赊销行为，不应依此修理结算清单计缴增值税。第二，修理结算清单既没有还款时间的约定，也没有违约责任的约定，更没有双方法定代表人委托的代理人签字并加盖公章,不能作为双方债权债务关系成立的依据,也不能作为计缴税款的依据。

二审法院认为,《增值税暂行条例》第19条规定:"增值税纳税义务发生时间:(一)销售货物或者应税劳务,为收讫销售款或者取得索取销售款凭据的当天……"本案中,税务机关和纳税企业争议的焦点问题是:客户在汽车维修后未即时付款,而是在维修企业制作的"业务结算清单"上签字,该"业务结算清单"能否视为"索取销售款凭据"?此时增值税纳税义务是否发生?在这种交易方式中,当维修完成后,客户应当付款而未付款,只是在业务维修清单上签字。维修企业凭此"签单"可以随时向客户要求付款,这种签单的形式不同于赊销的交易方式,赊销是当卖方交付货物时,买方并不即时支付价款,而是按照双方的约定在将来的某个时间付款,在这个约定的付款时间届至之前卖方不可以要求买方付款,买方也不必向卖方出具欠款凭证。而在本案"签单"的交易方式中,客户应当付款而未付款,理应向维修企业出具欠款凭证,但在实务中为交易方便,客户并不向维修企业出具欠款凭证,只是在业务结算清单上签名。因此,"业务结算清单"虽然不是欠款凭证,但它是确定维修价款的唯一凭据,记载着维修的时间、项目、数量和金额,一经客户签字确认,就可以凭此签单向客户追索相应的价款,它实际起着欠款凭证的作用,应当视为索取销售款的凭据,这笔业务应当计入当期的销售收入并申报纳税。一审判决认为"修车单位的经办人虽然在结算清单上签了字,只是对修理项目的初步确认,并不是对修理价款的最终确认"。这一判决理由缺乏依据和说服力,因为除了经办人签字确认的业务结算清单外,没有别的任何凭据可以作为"最终确认"的依据,除非是结算清单本身存在明显的错误,否则无需重新确认,只能照单付款。这一事实确定以后,被诉处理决定认定该维修企业少计销售收入的事实也就有了充分的依据。一审判决对此认定有误,应予纠正。二审法院据此认为,南阳国税的上诉理由成立,其于2006年12月1日作出的宛国税处〔2006〕9号税务处理决定,事实清楚,证据充分,适用法律、法规正确,符合法定程序,依法应予维持。

 争议焦点

1. 业务结算清单记载的时间是否就是增值税纳税义务发生的时间?
2. 赠与行为是否应当缴纳增值税?
3. 税法是否应当具有溯及既往的效力?

法理评析

一、业务结算清单与增值税纳税义务发生时间

《增值税暂行条例》第 19 条规定了增值税纳税义务发生时间:"销售货物或者应税劳务,为收讫销售款项或者取得索取销售款项凭据的当天;先开具发票的,为开具发票的当天。"《增值税暂行条例实施细则》第 38 条进一步解释为:"(1)采取直接收款方式销售货物,不论货物是否发出,均为收到销售款或者取得索取销售款凭据的当天;(2)采取托收承付和委托银行收款方式销售货物,为发出货物并办妥托收手续的当天;(3)采取赊销和分期收款方式销售货物,为书面合同约定的收款日期的当天,无书面合同的或者书面合同没有约定收款日期的,为货物发出的当天……(6)销售应税劳务,为提供劳务同时收讫销售款或者取得索取销售款的凭据的当天……"上述条款均未对"索取销售款项凭据"进行解释,而这正是本案争议的焦点。

由于本案明显不属于赊销和分期收款方式提供劳务,只能在"收讫销售款或者取得索取销售款的凭据的当天"确认增值税纳税义务发生,因此,本案的焦点实际上仅仅是汽车修理公司出具的"业务结算清单"能否视为"索取销售款凭据"?

根据汽车维修的一般程序,客户将汽车交付维修公司以后,维修公司将出具维修项目清单,客户签字后表明客户与维修公司就维修事项达成协议,维修公司应当按照维修项目清单的内容为客户提供维修服务,客户没有确认的项目,维修公司不能维修,维修公司也不能任意更改经过客户同意的维修零配件以及辅助品的种类,例如,客户要求使用 A 类机油,维修公司无权擅自更改为 B 类机油,客户要求对轮胎进行外补,维修公司不能对轮胎进行内补,更不能直接更换新轮胎。维修公司完成维修工作后,将向客户出具"业务结算清单",该清单与维修项目清单基本一致,但是维修项目清单往往并不直接标明每个维修项目的最终收费价格,而"业务结算清单"则清晰表明每个维修项目的单价以及整个维修工作的总价款,如果有折扣,也会在"业务结算清单"上注明。客户签字认可该"业务结算清单"后,维修公司与客户之间的维修合同才能算最终确定。此时,维修公司已经履行合同义务,客户应当履行支付价款的合同义务。客户支付价款之后才能将车辆开走,否则,维修公司有权行使留置权,暂时留置客户的车辆,直到其支付价款之日。维修公司一般在客户实际支付价款以后才开具增值税专用发票或者增值税普通发票。

从车辆维修的一般程序中可以看出，维修公司先提供应税劳务，然后取得索取价款的凭据，随后取得客户支付的销售款，最后开具发票。在一般情况下，上述四个时间点是在同一天发生的，由于税法确认纳税义务发生时间是以天为单位的，同一天发生的纳税业务被视为是同时发生的，因此，可以认为上述四个时间点在一般情况下是同时发生的，无论以哪个时间点作为增值税纳税义务发生时间在最终效果上都是一样的。但现实生活中也会出现四个时间点分属不同天的现象，此时，税法就有必要明确以哪个时间点作为纳税义务发生时间。如果以应税劳务完成时作为纳税义务发生时间点，一方面违背了税法和会计法所允许的权责发生制原则，另一方面也容易导致频繁产生退税的现象，增加了征纳成本。权责发生制要求在当事人取得收入的权利发生时确认收入，仅仅完成应税劳务并不必然导致劳务提供者产生了索取价款的权利，应税劳务必须经过劳务接受者的认可之后才能认为劳务提供者依法履行了合同以后，劳务接受者有支付价款的义务，因此，应当以取得索取价款的凭据之时作为纳税义务发生的时间点。当然，如果以开具发票之时作为纳税义务发生的时间点也会导致纳税人故意延迟开具发票的时间甚至根本不开具发票，从而导致迟延履行或者不履行纳税义务。如果以实际取得销售款作为纳税义务发生时间在理论上和实务操作中也是行得通的，即税法上收入的确认并不严格遵循权责发生制，也有遵循收付实现制的情形，另外，纳税人取得销售款的时间也比较容易确认。以收讫销售款或者取得索取销售款的凭据作为纳税义务发生时间的区别仅仅在于，一旦发生违约现象，税款的利息损失由谁承担的问题。如果以收讫销售款作为纳税义务发生时间，一旦出现违约现象，国家将承担税款迟迟不能入库的利息损失，而如果以取得索取销售款的凭据作为纳税义务发生时间，一旦出现违约现象，则由纳税人承担先纳税的利息损失。国家立法往往从保护自身利益出发，将违约风险留给纳税人承担，因此，税法规定以收讫销售款或者取得索取销售款的凭据两个时间点按照"孰优"原则确定纳税义务发生时间，无论纳税人先收讫销售款，还是先取得索取销售款的凭据，国家都不吃亏。

本案中的南阳市国税局以及二审法院都将"业务结算清单"视为"索取销售款的凭据"，这是没有问题的，因为在整个交易过程中，最终的书面凭据只有这一种，这种解释是合理的。但问题是，通常认为的"索取销售款的凭据"是购销合同或者提供劳务合同，而合同中一般均约定支付价款的日期，只有到合同约定的支付价款之日，才能认为纳税人"取得"索取销售款的凭据，因为在此日期之前，纳税人是无权要求义务人支付价款的。因此，一般将合同约定的支付价款之日作为纳税义务发生的时间点。本案中的"业务结算清单"实际上并未约定支付价款的日期，如果客户当天支付价款，客户可以当天开走车辆，如果客户第二天支付价款，客户仅仅是第二天开走车辆而已，并不算违约，也不需要支付违约金。因此,对于未约定支付价款日期的合同实际上应当以纳税人收讫销售款作为纳税义务发生时间。为了防止这一现象的发生,《增值税暂行条例实施细则》第38条也规定,采取赊销和分期收款方式销售货物,纳税义务发生时间为书面合同约定的收款日期的当天,无书面合同的或者书面合同没有约定收款日期的,为货物发出的当天。但其规范的仅仅是货物销售合同,而非劳务提供合同,关于劳务提供合同,《增值税暂行条例实施细则》第38条仅仅规定,销售应税劳务,纳税义务发生时间为提供劳务同时收讫销售款或者取得索取销售款的凭据的当天。对此,既可以认为是立法的疏忽,也可以认为是立法者故意所为,即销售货物与提供劳务纳税义务发生时间确认的方法不同。如果是前者,南阳国税和二审法院需要进行充分论证并且应当采取类推的方法来适用关于销售货物合同的相关规定,如果是后者,则南阳国税和二审法院的观点就无法成立了。

从《增值税暂行条例实施细则》第38条的语言表述来看,立法疏忽论是站不住脚的。增值税的征税对象包括销售货物、提供应税劳务和进口货物三大类,由于进口货物比较特殊,一般不与前两类一起规定,而销售货物、提供应税劳务在交易方式上极其类似,因此,往往一并规定。《增值税暂行条例》第19条规定:"销售货物或者应税劳务,为收讫销售款项或者取得索取销售款项凭据的当天;先开具发票的,为开具发票的当天。"很明显,就是将销售货物与提供应税劳务相提并论的,对二者并未进行区分。而《增值税暂行条例实施细则》第38条则是对《增值税暂行条例》该项规定的解释,并且将销售货物和提供应税劳务分开规定,很明显,在立法者的头脑中,二者的纳税义务发生时间是有所区别的,不能类推适用。《增值税暂行条例实施细则》第38条规定:"条例第19条第1款第(1)项规定的收讫销售款项或者取得索取销售款项凭据的当天,按销售结算方式的不同,具体为:(1)采取直接收款方式销售货物,不论货物是否发出,均为收到销售款或者取得索取销售款凭据的当天;(2)采取托收承付和委托银行收款方式销售货物,为发出货物并办妥托收手续的当天;(3)采取赊销和分期收款方式销售货物,为书面合同约定的收款日期的当天,无书面合同的或者书面合同没有约定收款日期的,为货物发出的当天;(4)采取预收货款方式销售货物,为货物发出的当天,但生产销售生产工期超过12个月的大型机械设备、船舶、飞机等货物,为收到预收款或者书面合同约定的收款日期的当天;(5)委托其他纳税人代销货物,为收到代销单位的代销清单或者收到全部或者部分货款的当天。未收到代销清单及货款的,为发出代销货物满180天的当天;(6)销售应税劳务,为提供劳务同时收讫销售款或者取得索取销售款的凭据的当天;(7)纳税人发生本细则第4条第(3)项至第(8)项所列视同销售货物行为,为货物移送的当天。"其中,前5项规定的都是销售货物纳税义务发生时间,只有第 6 项规定的是提供应税劳务纳税义务发生的时间,区别很明显,立法者应当能够想到不仅销售货物存在上述五种收款方式,提供劳务也可以采取上述收款方式,但立法者并未对提供应税劳务的收款方式进行区分,仅仅是重复了《增值税暂行条例》第 19 条的规定,应该认为,立法者是有意将提供应税劳务纳税义务的发生时间与销售货物进行区分。

根据以上分析,我们认为,"业务结算清单"可以视为维修公司与客户之间的维修合同,但由于合同并未约定付款日期,理论上,维修公司可以随时请求客户付款,但实践中,由于维修公司可以行使留置权,一般是由客户来确定付款日期,此时,应当根据行业惯例来确定"业务结算清单"的付款日期,即客户实际付款之日。因此,应当在维修公司收讫销售款项时确认纳税义务产生。

由于本案税务局并未调查实际付款日期,因此,可能出现实际付款日期与结算清单日期一致的情况,也可能出现不一致的情况。对于一致的情况没有必要争论,纳税人推迟申报纳税是明显违法行为;对于不一致的情况,可以根据上文的分析来解决,即按照实际付款日期来申报纳税会更加合理。

二、赠与行为与增值税纳税义务

本案中,南阳大众将价值 46,061.16 元的材料无偿赠送给客户的行为是否应该缴纳增值税?这个问题虽然不是争议的焦点,但仍有进一步探讨的必要。

为了防止纳税人避税,我国增值税制度在设计时将无偿赠与行为视同销售,赠与人应当缴纳增值税。这一制度设计无视纳税人生产经营的常规,以反避税的名义压抑了纳税人采取赠与等促销手段的积极性,从而影响了经济的发展。

在纳税人采取无偿赠与促销手段时,由于纳税人并未向消费者收取增值税销项税额,因此,在视同销售制度下,纳税人自身承担了增值税销项税额,这样也就增加了纳税人促销的成本。纳税人会转而使用其他促销手段,或者采取避税手段来规避视同销售制度,这样都有可能影响经济的效率,因为无偿赠与的促销手段可能更有效率。

由于市场经济条件下,没有免费的午餐,经营者的无偿赠与行为让予消费者的利益都已经从其他商品的销售行为中收回了。国家对无偿赠与行为不征税并不会影响国家的增值税收入。① 其实,我国在企业所得税领域,早已将符合经营常规的"买一赠一"行为不视为赠与。国家税务总局 2008 年 10 月 30 日发布的《关于确认企业所得税收入若干问题的通知》(国税函[2008]875 号)规定:企业销售收入的确认,必须遵循权责发生制原则和实质重于形式原则。企业以买一赠一等方式组合销售本企业商品的,不属于捐赠,应将总的销售金额按各项商品的公允价值的比例来分摊确认各项的销售收入。可惜的是,由于我国在税种管理中条块分割严重,企业所得税领域的政策在增值税领域无法适用,因此,在增值税领域仍然将符合经营常规的"买一赠一"行为视为赠与。

当然,由于纳税人的确有可能通过无偿赠与避税,但这种避税行为只能发生在关联企业之间,因此,只需要规定关联企业之间的无偿赠与行为视同销售即可,对于其他的符合经营常规的无偿赠与行为不应当按照视同销售缴纳增值税,应当将其销售额视为 0,同时允许抵扣无偿赠与货物的增值税进项税额。这样,既能防止纳税人避税,又能尽量保持税收的中性,使其不对纳税人的经营模式产生影响。②

三、税法中的溯及既往问题

本案还涉及税法中溯及既往问题,即国家税务总局 2005 年 3 月 4 日下发的《关于企业虚报亏损适用税法问题的通知》(国税函[2005]190 号)能否适用于南阳大众在 2004 年所发生的行为。

(一)税法中的溯及既往现象

溯及既往一般是指法律对其发布或者生效之前的行为或事件产生效力的现象。从法律稳定性的角度出发,法律原则上不具有溯及既往的效力。这是世界通用的一项法律适用原则。③ 但一般情况下,对当事人有利的法律允许具有溯及既往的效力。这一原则在法学界被称为"从旧兼从轻原则",我国《刑法》是遵循这一原则的典型法律,《刑法》第 12 条规定:"中华人民共和国成立以后本法施行以前的行为,如果当时的法律不认为是犯罪的,适用当时的法律;如果当时的法律认为是犯罪的,依照本法总则第四章第八节的规定应当追诉的,按

---

① 举例如下:A 公司不采取任何促销手段,将 100 件商品以每件 100 元(不含税)的价格销售出去,假设增值税税率为 10%,增值税销项税额为 $100 \times 100 \times 10\% = 1,000$(元)。B 公司销售同样的商品,先采取无偿赠与的促销手段以增加知名度,假设无偿赠送了 10 件商品,其余 90 件商品以每件 111.1 元(不含税)的价格销售出去,增值税销项税额为 $90 \times 111.1 \times 10\% = 999.9$(元)。两种模式下,只要两个企业的总销售额是相同的,无论无偿赠与多少,都不影响国家的增值税收入。对同一个企业而言,采取促销手段并不会降低企业的销售额,反而会增加企业的销售额。

② 参见翟继光:《税法学原理》,立信会计出版社 2011 年版,第 271—272 页。

③ 胡建淼、杨登峰:《有利法律溯及原则及其适用中的若干问题》,载《北京大学学报》2006 年第 6 期。

照当时的法律追究刑事责任,但是如果本法不认为是犯罪或者处刑较轻的,适用本法。"对于涉及行政管理程序方面的法律法规,学界也有人主张"实体从旧,程序从新"的原则,即涉及纳税人实体权利义务的法律不具有溯及既往的效力,但涉及实现权利义务程序的法律则具有溯及既往的效力。① 除此以外,还有"从旧原则"、"从新原则"、"从新兼从轻原则"等。这些原则都没有绝对的对与错,也都曾经是各国所采取的现实制度,但不同的法律领域,法律的时间效力选择什么原则应当考虑该法律领域的特性,应当考虑该原则所带来的正面和负面效应。在税法领域,溯及既往是一个非常普遍的现象,对此,有必要先分析这些溯及既往现象是否有规律可循,其所遵循的是什么原则。

从整个税法来看,主要的法律文件还是遵循"从旧原则"的,即该法律文件的生效时间晚于该法律文件的发布时间,同时,在该生效时间之前发生的事件,仍然适用该生效之前的相关法律的规定。例如,《税收征收管理法》在2001年进行了一次较大修改,相关制度变化较大,为此,国家税务总局专门发布了《关于贯彻实施〈中华人民共和国税收征收管理法〉有关问题的通知》(国税发[2001]54号),其中规定:"税收违法行为应当按倍数进行税收行政处罚的(新《税收征收管理法》第63条、第65条、第66条、第67条、第68条),其违法行为完全发生在2001年4月30日之前的,适用5倍以下罚款的规定;其违法行为既有发生在2001年4月30日之前的,也有发生在2001年5月1日之后的,分别计算其违法税款数额,分别按照5倍以下和50%以上或者1倍以上、5倍以下罚款的规定执行。"很明显,这里严格遵循了"从旧原则",没有适用"从旧兼从轻"的原则。

还有数量较大的法律文件在形式上具有溯及既往的效力,其表现形式有三种,最主要的形式就是该法律文件的生效时间早于该法律文件的发布时间,例如,2009年6月1日财政部和国家税务总局联合发布了《关于中小企业信用担保机构有关准备金税前扣除问题的通知》(财税[2009]62号),其中规定:"本通知自2008年1月1日起至2010年12月31日止执行。"这一通知追溯适用的时间达到了一年零五个月。类似现象在所得税法领域大量存在,其类似法律文件至少在200个以上。我们发现的追溯适用的时间最长的法律文件是2009年3月23日财政部和国家税务总局联合发布的《关于中国清洁发展机制基金及清洁发展机制项目实施企业有关企业所得税政策问题的通知》(财税[2009]30号),其中规定:"本通知自2007年1月1日起执行。"追溯适用的时间达到两年零三个月。

---

① 这一原则也可以表述为"实体从旧兼从轻,程序从新",参见刘剑文主编:《税法学(第三版)》,北京大学出版社2007年版,第32页。

除生效时间早于发布时间的溯及既往现象以外,还有将发生在法律文件生效时间之前的行为适用新规定的现象,如 2009 年 3 月 19 日财政部和国家税务总局联合发布的《关于企业手续费及佣金支出税前扣除政策的通知》(财税[2009]29 号),其中规定:"本通知自印发之日起实施。新税法实施之日至本通知印发之日前企业手续费及佣金所得税税前扣除事项按本通知规定处理。"上述通知虽然没有出现生效时间早于发布时间的问题,但仍然溯及适用于生效之前的行为。

第三类溯及既往现象比较隐蔽,即法律文件明确规定了具体的生效日期,但其中有个别条款实际上在该法律生效之前就已经具有一定的效力。最典型的是 2007 年 3 月 16 日第十届全国人大第五次会议通过的《企业所得税法》,该法第 60 条明确规定:"本法自 2008 年 1 月 1 日起施行。"也就是说,这部法律的生效时间为 2008 年 1 月 1 日。但该法第 57 条又规定:"本法公布前已经批准设立的企业,依照当时的税收法律、行政法规规定,享受低税率优惠的,按照国务院规定,可以在本法施行后 5 年内,逐步过渡到本法规定的税率;享受定期减免税优惠的,按照国务院规定,可以在本法施行后继续享受到期满为止,但因未获利而尚未享受优惠的,优惠期限从本法施行年度起计算。"这一条实际上将企业分成两类,第一类是在该法公布前设立的,第二类是在该法公布后设立的。前者可以享受过渡期税收优惠,后者则不享受这一优惠。根据这一分析,《企业所得税法》在公布之日,即 2007 年 3 月 16 日就已经具有一定的效力,虽然此时整部法律尚未生效。

(二)税法中溯及既往现象的合理性

税法与其他法律领域相比具有自身的特殊性,因此,大量溯及既往法律文件的存在具有一定的合理性。首先,税法是建立在民商法基础之上的法律领域,即税法的适用必须以民商法的适用为前提。[①] 因为税法的征税对象是具体的交易行为,也是具体的法律行为,这些法律行为基本上都是由民商法所规范的市场交易行为。由于民商法大量贯穿着"私法自治"原则,纳税人从事具体交易行为的法律表现形式是多种多样的,即使是相同的交易,也可以采取两种在法律上完全不同的形式,如买卖合同可以转变为两个赠与合同,担保借款合同可以转化为两个买卖担保物的合同等。由于纳税人的这种形式转化在民商法上都是允许的,也都是合法行为。但在税法上,纳税人改变交易的法律形式可能导致两种完全不同的税收负担,为了确保国家的税收利益,实现纳税人之间的公平,税法必须对所出现的特殊情况进行解释或者重新规定,而这种解释和

---

① 这一特征也可以称为税法的"高级法"属性,参见张守文:《税收权利的性质及其法律保护》,载《法商研究》2001 年第 6 期。

重新规定只有适用于其生效之前的行为才能确保国家的税收利益,实现纳税人之间的公平。从反避税的角度出发,税法中存在溯及既往现象具有一定的合理性。

其次,我国的税收法律原则性规定较多,无法直接适用于纳税人的具体交易行为,需要税务主管机关进行解释。税法的解释也具有自身的特殊性,即税法的解释在很大程度上也是建立在其他领域法律解释的基础之上的。例如,《企业所得税法》对"国家需要重点扶持的高新技术企业"给予15%的低税率优惠,但什么是"国家需要重点扶持的高新技术企业"就是一个需要解释的规定。虽然这是税法的解释,但其实质上需要建立在科技主管部门对于"高新技术企业"解释的基础之上。也就是说,很多税法的解释并不是税务主管机关所能解释得了的,因为税务主管机关并不是作为税法征税对象的具体交易行为的主管机关和权威解释机关。正因为税法的解释往往要依赖其他机关的协助,税法解释往往比较滞后,当税法解释出台以后,为了实现纳税人之间的公平,有必要将税法解释适用于解释发布之前的行为。

再次,税法中的企业所得税法是以年度为纳税期限的,只要纳税年度尚未结束,纳税人的具体纳税义务就尚未确定,此时,税务主管机关发布一些具体的规定并将该规定从该纳税年度的第一天开始生效就能保证纳税人在同一纳税年度所发生的相同交易行为适用相同的规则,也能实现纳税人之间的公平。正因如此,税法领域中生效时间早于发布时间的现象主要集中在所得税领域,而且其生效时间基本上都是该法律文件所涉及的纳税年度的第一天。

最后,税法的适用本质上是一种事后评价,即对纳税人的具体行为应当承担多少纳税义务的评价,这种评价既不会影响该交易行为的合法性,也不会额外增加该交易行为的负担,它只是赋予了该交易行为本来应当承担的纳税义务,虽然在该交易行为发生之时,其应当承担多少纳税义务尚不清楚。税法的这种事后适用性使得税法溯及既往适用于以前的行为并不会在税法体系内部出现较大的问题,特别是在所得税领域,纳税年度结束以后,纳税人在5个月以内进行汇算清缴即可,在此期间可以对上一纳税年度的具体交易行为的税务处理方法进行调整,即使在汇算清缴期间结束以后,也可以对相关交易行为进行税务处理,这也并不影响企业正常生产经营活动的开展。2008年1月1日生效的《企业所得税法》在实施中面临很多新问题,税务主管机关来不及在短期内就所有问题发布相关通知,因此,很多通知在2009年6月1日以后才能陆续发布,为解决这一问题,国家税务总局在2009年5月31日专门发布了《关于2008年度企业所得税纳税申报有关问题的通知》(国税函[2009]286号),其中规定:"对于2009年5月31日后确定的个别政策,如涉及纳税调整需要补退企业所得税款的,纳税人可以在2009年12月31日前自行到税务机关补正申报,不加收滞纳金和追究法律责任。"

（三）本案中的溯及既往是否合理

国家税务总局2005年3月4日发布的《关于企业虚报亏损适用税法问题的通知》（国税函[2005]190号）规定：企业虚报亏损是指企业在年度企业所得税纳税申报表中申报的亏损数额大于按税收规定计算出的亏损数额。企业故意虚报亏损，在行为当年或相关年度造成不缴或少缴应纳税款的，适用《税收征收管理法》第63条第1款规定。企业依法享受免征企业所得税优惠年度或处于亏损年度发生虚报亏损行为，在行为当年或相关年度未造成不缴或少缴应纳税款的，适用《税收征收管理法》第64条第1款规定。

从表面来看，国税函[2005]190号文是一个解释性的文件，即是对于《税收征收管理法》如何适用进行的解释，一审法院也是如此认定的。但实际上，它也是一个立法性的文件，因为它对"虚报亏损"行为进行了界定并且规定了其法律责任，虽然是采取引用现行法律条款的方式来规定法律责任。如果将其认定为解释性文件，其从被解释的法律生效之日开始生效是合理的，但如果将其认定为立法性文件，则应当从其发布之日开始生效。而且，国税函[2005]190号文还是一个取代《国家税务总局关于企业虚报亏损如何处理的通知》（国税发[1996]162号）、《国家税务总局关于企业虚报亏损补税罚款问题的批复》（国税函[1996]653号）两个文件的文件，即从该文发布之日，上述两个文件停止执行。既然，被国税函[2005]190号取代的两个文件自2005年3月4日停止执行，在此之前的行为应当根据国税发[1996]162号和国税函[1996]653号两个文件执行，而不能将国税函[2005]190号文的效力直接延伸到《税收征收管理法》生效之日，否则，法律、法律解释的稳定性以及纳税人的信赖利益就荡然无存了。

（四）我国税法中溯及既往制度的完善

完善我国税法中的溯及既往制度应当从三个方面入手：完善溯及既往的形式，遵循稳定性和公平性原则以及限制溯及既往的范围和时间。

首先，完善溯及既往的形式。上文已经指出，税法中的溯及既往主要有三种形式。第一种形式由于生效时间早于法律文件的发布时间，犯了本体论错误，法律文件尚未存在，如何能够生效？这种形式的溯及既往不可取，应当予以废止。第三种形式由于过于隐蔽，不利于纳税人权利保护，而且也同样犯了本体论错误，既然整部法律尚未生效，其中的部分条款如何能够有效？这种形式的溯及既往也不可取。由于法律原则上禁止溯及既往，因此，当必须采取溯及既往原则时应当采取明示的方式，而且应当采取规则适用于生效之前的行为的方式来实现，但不要让规则在发布之前生效。

其次，遵循稳定性和公平性原则。溯及既往的必要性和合法性以遵循稳定性和公平性为前提,不能实现税法的稳定性和公平性的溯及既往现象应当予以废止。① 我国税收领域的法律文件,大部分是解释基本法律的,这样的溯及既往有利于维护税法的稳定,也有利于纳税人之间的公平,但也有很多法律文件并非解释性的,而是对新问题的新规定,也就是给纳税人创设了新的权利义务,此时如果溯及既往既不利于维护税法的稳定,也不利于纳税人之间的公平,这样的法律文件就不宜溯及既往。如财政部和国家税务总局于2009年3月19日联合发布的《关于企业手续费及佣金支出税前扣除政策的通知》(财税[2009]29号)规定,对于企业发生的与生产经营有关的手续费及佣金支出,财产保险企业的扣除限额是当年全部保费收入扣除退保金等后余额的15%,人身保险企业的扣除限额是当年全部保费收入扣除退保金等后余额的10%,其他企业的扣除限额是与具有合法经营资格中介服务机构或个人(不含交易双方及其雇员、代理人和代表人等)所签订服务协议或合同确认的收入金额的5%。由于《企业所得税法》以及《企业所得税法实施条例》都未对手续费及佣金支出规定扣除限额,而且《企业所得税法》还明确规定:"企业实际发生的与取得收入有关的、合理的支出,包括成本、费用、税金、损失和其他支出,准予在计算应纳税所得额时扣除。"财税[2009]29号文的规定不应当视为解释税法,而应当视为创设了新的权利义务,此时就不能溯及既往,因为此时不利于税法的稳定,而且对于已经支付了超过上述限额的纳税人以及尚未支付但已经签订合同并即将支付超过上述限额的纳税人也是不公平的。但该文件却明确规定:"新税法实施之日至本通知印发之日前企业手续费及佣金所得税税前扣除事项按本通知规定处理。"这种溯及既往现象是应当予以禁止的。

再次,限制溯及既往的范围和时间。溯及既往虽然可以具有合理性和合法性,但其对市场经济的隐性干预仍然是不容忽视的。市场经济的健康发展需要明确和稳定的规则,溯及既往的存在恰恰破坏了这种明确性和稳定性,因此,溯及既往现象应当被限制在非常狭小的范围内,即反避税和对法律的狭义解释,而且应当在合理的时间内溯及,否则极易被税务主管机关滥用,也给个别纳税人"寻租"留下了空间。② 例如,企业重组中的所得税处理是一个非常重要的问题,对此,《企业所得税法》只字未提,《企业所得税法实施条例》也仅原则性规定:"除国务院财政、税务主管部门另有规定外,企业在重组过程中,应当在交易发生时确认有关资产的转让所得或者损失,相关资产应当按照交易价格重新确定计税基础。"很多准备进行重组的企业都在等待税务主管机关具体政策的出

---

① 稳定性与公平性是确保税法效力不减损或者少减损的重要基础,参见蔡巧萍:《中国税法效力减损问题研究》,载刘剑文主编:《财税法论丛》第2卷,法律出版社2003年版。

② 个别企业完全可以通过事先"打探"相关政策的内容而取得其他企业所无法获取的优势,个别企业也可以通过税务主管机关事后修改规则来为自己谋取特殊利益。

台,以进行符合国家政策鼓励的企业重组,但该政策直到 2009 年 4 月 30 日才发布,虽然该政策是为了解释税法,但出台的时间明显滞后,严重影响了部分急于进行重组的企业的权利。这种滞后性的解释已经违背了稳定性和公平性的原则。

总之,我国税法中存在的大量溯及既往现象虽然具有一定的合理性和必要性,但其所导致的问题也非常多,特别是溯及既往时间过长,严重损害了税法的稳定性,也不利于实现纳税人之间的公平。只有严格限制溯及既往的范围,严格遵循稳定性和公平性原则并尽量减少溯及既往的时间,才能为市场经济的稳定发展奠定良好的税收基础。

(翟继光)

10. 大连陈德惠律师事务所涉嫌偷税案

陈德惠律师事务所及陈德惠被控偷税案虽然标的不大,但由于律师事务所和律师涉嫌偷税本身就具有新闻效应,加之被告人一审被判有罪、二审宣判无罪的戏剧性效果,此案还是吸引了业内外无数眼球的注意,使其成为全国轰动一时的公共法律事件。事件发生后,刑法学者大多关注被告是否具有偷税故意——这当然是本案最具价值的突破口,也正是因为在这一点上的有力辩驳,使得二审法院最终改判被告无罪。作为税法学界的代表,笔者曾经从"税收定额的法律效力"的角度参与本案讨论,得出了税收定额对征纳双方都应具有拘束力的结论。① 时至今日,笔者仍然坚持这一观点。但是,此案所涉的税法问题远远不止这一个,值得从学理上进行全面深入的检讨。恰逢立法机关拟议修订《税收征收管理法》,笔者从本案中总结出几个法律问题,希望对此亦有所裨益。

---

① 熊伟、王华:《我国定期定额征税制度检讨——以陈德惠律师涉嫌偷税案为例》,载《涉外税务》2004年第9期。

案情简介

陈德惠律师事务所及陈德惠涉嫌偷税一案,大连市中山区人民检察院2001年3月27日提起公诉,大连市中山区人民法院组成合议庭,于同年4月21日公开开庭审理此案,并于同年5月21日作出刑事判决。

一审法院认定,被告单位大连陈德惠律师事务所是1994年11月经大连市司法局批准成立的合伙企业,被告人陈德惠担任主任。1995年初,陈德惠律师事务所为得到纳税上的方便和优惠政策,在长海县税务局驻大连办事处(后分立为长海县地税局驻大连办事处)办理了纳税注册,获准按小型户定期定额征收办法纳税。陈德惠律师事务所成立时,建立了比较完善的账簿,但后将当事人不要收据的委托费、咨询费收入不计入现金账,而另立记账凭证,或计入另建的现金收支账内。从1995年到1999年,正规现金账中共少计营业收入189.2752万元,应计入成本而未计入成本的支出95.2877万元。

一审法院还认定,陈德惠律师事务所自1997年至1999年本应缴纳企业所得税人民币45万元;1995年至1999年应纳营业税人民币76万元,应纳城建税人民币5.3万元,应纳教育费附加税人民币2.3万元。五年中陈德惠律师事务所共缴纳营业税及附加税费13.8091万元、企业所得税1万元,各税种少缴税额均超过应纳税额的30%以上。被告人陈德惠在任律师事务所主任期间,应当知道应纳税额已超过核定税额的30%以上,而没有如实申报调整税额及补缴未核定税种的税款。自1995年至1999年期间,陈德惠律师事务所少缴纳企业所得税、营业税、城建税、教育费附加税共计人民币114.7449万元。

一审法院认为,被告单位陈德惠律师事务所系合伙企业,被告人陈德惠系被告单位直接负责的主管人员,都是国家税收法规定的纳税义务人,故意违反国家税收管理制度,采取另立记账凭证(含未出收据现金账),少报收入,或进行虚假纳税申报的手段,少缴应纳税款,所偷税数额占应纳税款的30%以上,偷税额达114万元,构成偷税罪,判决被告单位大连陈德惠律师事务所犯偷税罪,判处罚金人民币115万元;被告人陈德惠犯偷税罪,判处有期徒刑4年,并处罚金人民币115万元。

陈德惠律师事务所及陈德惠提出上诉。被告单位认为,少缴税款的责任不在于纳税人,其行为不能被认定为犯罪,只需补交税款。其上诉理由主要是:(1)被告单位实行定期定额方式征税,交什么税、交多少税都由税务专管员来通知,被告单位完全遵守税务专管员的指示,不存在虚假申报的问题。(2)由于税务专管员说可以不建账,所以律师事务所建立的两本账(一本是正规账,一本是"流水账")是为了本所管理上的方便,与偷税无关。(3)税务专管员十分了解被告单位的情况,被告单位并无任何隐瞒,即便其少交了税,责任也在税务机关。

大连市中级人民法院于2001年12月27日公开开庭审理本案,并与2003年1月23日作出刑事判决书。二审法院认为,上诉人大连陈德惠律师事务所、上诉人陈德惠在长海县税务局驻大连办事处进行税务登记,主观上是想通过当地的优惠政策少缴纳税款,客观上也确实少缴了税款,但其已缴纳的税款均是与直接负责的税务工作人员议定的,税务工作人员在对该企业知情的情况下亦未提出异议,且当税务机关检查时即主动交出了全部账目,故认定其主观上有偷税的故意证据不足,其行为不符合《刑法》第201条的规定。认定上诉人陈德惠律师事务所、上诉人陈德惠犯偷税罪证据不足,指控犯罪不能成立,判决上诉人大连陈德惠律师事务所无罪,上诉人陈德惠无罪。①

本案被告单位是实行定期定额征收的纳税人。按一般人的理解,纳税人只要按照税务机关核定的定额申报缴纳税款,也就可以万事大吉、高枕无忧了。作为律师的陈德惠可能也是这么想的。但这个案件的发生已经证明他想得太简单了。事实上,现行规章和地方性法规对定期定额征收的规定非常值得玩味,我们应该从法理上对其做一番彻底反思。如果税收定额对征纳双方都具有约束力和确定力,纳税人在定额之外并无额外的纳税义务,这不是解决本案的一个最简单的答案吗?

不过,我们也知道,这个答案也许在法理上可以成立,但是无法从现行法律规定中找到依据。因此我们不得不退而求其次,在现行法律的框架内做文章。既然一审公诉人和法院都认为,纳税人首先违反了国家和地方性税收法规,构成了偷税行为,然后才是违反了刑法,需要按照偷税罪进行处罚,那么,我们需要思考的是,地方性税收法规与刑法是什么关系? 当司法机关依照刑法进行定罪量刑时,需要从地方性法规中寻找补充性依据吗?

从表面上看,借助偷税的概念,在刑法和税法之间似乎有一座桥梁。当纳税人偷税达到一定的比例和数额时,构成偷税罪,需要适用刑罚。达不到,就只是税法上的偷税行为。一审判决遵循的应该就是这种逻辑。但是,刑法上的偷税概念与税法上的偷税概念真的毫无差异吗? 如果在刑法上不构成偷税,是不是税法上自然也就不是偷税了? 为了回答这个问题,笔者要特别考察一下《税收征收管理法》偷税概念的由来。细究起来,如果将漏税行为纳入税法上的偷税概念,甚至将税法和刑法不同的证明责任考虑进来,上述问题的答案就未必

---

① 以上案情介绍,参见大连市中级人民法院[2001]大中刑字第229号刑事判决书,载顾永忠主编:《中国疑难刑事名案程序与证据问题研究(第一卷)》,北京大学出版社2008年版,第122—125页。

那么简单了。

最后要反思的是税务机关在刑事诉讼中的地位。税务机关常常应司法机关之请出具税务鉴定意见,税务机关似乎成为司法鉴定机构,税务人员则不知不觉成为司法鉴定人。我们的问题是,这样做合适吗?合法吗?在另外一些场合,税务机关则只是出具税务认定书。这种认定书具有证据效力吗?它又能认定什么呢?是事实问题,还是法律结论?更为普遍的一个问题是,税务机关将涉税犯罪案件移送侦查时,会附上税务处理决定书、处罚决定书以及证据材料。这些材料能够作为刑事诉讼的证据吗?只有回答了这些问题,才能理顺税务行政程序与刑事程序的关系,更好地维护纳税人的利益。

 争议焦点

1. 税收定额应否具有最终法律效力?
2. 地方性法规有关偷税之规定:解释还是创设?
3. 刑法与税法的偷税定义完全一致吗?
4. 刑事诉讼程序中税务机关的法律地位。

 法理评析

一、税收定额应被赋予最终法律效力

定额征收是税务机关依照有关法律、法规,按照法定程序,核定纳税人在一定经营期内的应纳税经营额及收益额,并以此为计税依据,确定其应纳税额(包括增值税额、消费税额、营业税额、所得税额等)的一种征收方式。一直以来,它仅适用于生产经营规模小、又确无建账能力,经税务机关批准可以不设置账簿或暂缓建账的个体工商户。① 在实践中,出于征收成本方面的考虑,定期定额征收的范围有所扩大。例如,在《企业所得税暂行条例》2000年修改之前,合伙企业、个人独资企业是独立的企业所得税纳税人,但如果其因经营规模小而暂时无力建账,经税务机关同意,也可适用定额征收。② 陈德惠律师事务所之所以牵

---

① 参见国家税务总局1997年发布的《个体工商户定期定额管理暂行办法》(已废止)第2条、第3条。

② 参见《核定征收企业所得税暂行办法》(国税发[2000]38号,已废止)。

涉定期定额征税，应该就属于这种情况。

定额征收是核定征收的一种形式。与税收事后核定相比，定额征收属于一种事先核定。在一般的申报纳税方式下，申报成为确定税收的第一道程序。只有当纳税人违反了申报义务，或者记账、保存凭证等其他协助义务时，税务机关才会进行税收核定。《企业所得税核定征收办法（试行）》第 3 条第（2）至（6）项，就属于这种税收核定。① 但对于依照法律、行政法规规定可以不设置账簿的纳税人而言，如果不能事先确定一个缴纳标准，他们很难知道如何履行纳税义务。因此，税务机关才会在纳税申报之前，根据核定的应税事实，对纳税人下达税收定额。定额确定之后一段时间之内保持不变，纳税人根据税收定额申报纳税。

准确来说，定额征税并没有直接核定税款，而只是核定纳税人在一定经营期内的应纳税经营额及收益额，并以此为计税依据，确定其应纳税额。或者说，税务机关需要核定的只是纳税事实。纳税事实核定之后，应纳税额自然也就确定了。对个体工商户而言，税收核定的程序包括业户自报、典型调查、定额核定和下达定额四个阶段。此处所谓的典型调查，是指税务机关将定期定额户进行分类，并按行业、地段、规模选择有代表性的典型户，对其生产经营情况进行全面调查分析。因此，定额征税也是基于事实推定。它与一般的推定课税不同之处在于，这主要是一种事先的推定，是对将来可能发生的纳税事实的推定，而不是对已经发生的纳税事实的推定。

按照 1997 年《个体工商户定期定额管理暂行办法》，定期定额管理的纳税人必须如实申报经营情况，报送纳税申报表和其他有关资料，并对申报内容的真实性承担相应的法律责任。从这个意义上说，税收定额并不具有确定税收的效力，只是为纳税人申报纳税提供一个标准。确定纳税义务的方式仍然是纳税申报。不过，税收核定对纳税申报具有一定的约束力。如果纳税人的实际经营额低于定额，必须首先请求调低定额。在税务机关依法调整之前，纳税人申报的税额不得低于定额。但当实际经营额高于核定标准时，纳税人必须据实申报。如果超过的比例达到 20% 至 30%，不及时如实申报调整定额，则对纳税人按偷税处理。《大连市税收征收管理条例》第 41 条也规定，实行定期定额方式缴纳税款的纳税人，在定期内其应纳税额超过核定税额的 30%，不按期申报调整定额的，对其超过核定税额部分的应纳税额按偷税处理。

超过定额不申报是否构成偷税，后文会对此进行专门讨论。我们现在想要

---

① 它们分别是：(2) 依照法律、行政法规的规定应当设置但未设置账簿的；(3) 擅自销毁账簿或者拒不提供纳税资料的；(4) 虽设置账簿，但账目混乱或者成本资料、收入凭证、费用凭证残缺不全，难以查账的；(5) 发生纳税义务，未按照规定的期限办理纳税申报，经税务机关责令限期申报，逾期仍不申报的；(6) 申报的计税依据明显偏低，又无正当理由的。

探讨的问题是,从法律政策的层面看,是否有必要在税收定额之外,仍然要求纳税人据实申报?或者说,除了税务机关核定的标准外,纳税人是不是还负有纳税义务?如果这两个问题的答案为"否",那么,后续的所有问题都迎刃而解。纳税人既然不存在税收定额之外的义务,自然就不存在补缴税款或者据实申报的问题,也不可能构成偷税。既然没有偷税,就不可能构成刑法上的偷税罪。只有当这两个问题的答案为"是"时,才有必要讨论后续的偷税问题。虽然笔者所主张的答案为"否",但这只是一种理论研究层面的选择。在法律解释的层面,这种情形下的纳税人是否构成偷税,仍然需要结合法律、法规作进一步的探讨。

1997年《个体工商户定期定额管理暂行办法》第3条已经说得很清楚,该办法适用于生产经营规模小、又确无建账能力,经主管税务机关严格审核,报经县级以上(含县级)税务机关批准可以不设置账簿或暂缓建账的个体工商户。该办法虽然已于2007年1月1日被《个体工商户税收定期定额征收管理办法》取代,但其适用对象仍然是,经主管税务机关认定和县以上税务机关(含县级)批准的生产、经营规模小,达不到《个体工商户建账管理暂行办法》规定设置账簿标准的个体工商户。在实践中,由于这些纳税人规模过小、管理不规范,查明真实的应纳税额很困难,因此定期定额征收确有存在的必要性。从纳税人的角度看,这也是降低纳税成本、提高纳税效率的有效途径。

根据税收法定主义的要求,税收核定只能确认纳税义务的存在,而不能影响税收法律关系的效力。在税收核定行为之前,只要税收构成要件得以满足,税收债务关系就自动发生。不过,在定额征收的方式下,税务机关只是在推定纳税人的经营额,而不是直接核定应纳税额。所谓税收"定额",实际上是基于经营额推定而计算出的应纳税额,这与税收法定主义并无冲突。既然设计定额征收的目的主要在于,通过节省纳税成本和征税成本,提高税收征收管理的效率,那么,就应当赋予税收定额确定的法律效力。如果纳税人在定额之外仍然负有纳税义务,则意味着其必须确切地记录经营过程,保持簿记的完整性和准确性,这与定额征收的初衷是相悖的。因此,纳税人所负的纳税义务的范围,应当限定在税收定额的范围内。

确实,税务机关通过推定得出的税收定额,并不能完全保证与实际情况相吻合,总是或多或少存在一定的出入。从追求真实的角度看,应当要求纳税人据实申报。但税务机关经过业户自报、典型调查等程序而核定的定额,应当具有较为广泛的代表性,适合于大部分纳税人的经营情况。在这种情况下,即便个别纳税人的信息失真,也不应整体否定税收定额的效力。更何况,在一个定期内,虽然有些纳税人可能少缴税款,但也有些纳税人可能多缴税款。只要多出的部分不退,差额的部分即使不补,综合下来,税收利益也不一定会受到损害。

就具体的时点而言,税收定额所依据的经营额核定,可能与纳税人的实际经营存在出入,但从一个较长的时期来考察,二者差异不会太大。由此导致的结果是,某一阶段中,纳税人的税收定额低于其法定应纳税款,但在另一个阶段中,结果却可能是超出。当不足和超出相抵后,总体上仍然是平衡的。更何况,定额核定之后也并非一成不变。如果发现纳税人的经营情况发生变化,或者原先的核定明显不符合真实情况,税务机关可以采取补充措施,对定额进行调整。事实上,纳税人的定额核定期一般为一个季度或者半年,最多为一年。即便税收定额出现偏差,其有效期也不长。下一次核定时,将定额调整至合适的水平即可。

从另外一个角度看,在税收征管中,真实固然值得追求,但所谓的"真实"总是相对而言的。在许多情况下,为了提高征税的效率,降低行政成本和纳税成本,不得不采取一些简便的办法。例如,现行《个人所得税法》对工资薪金所得确定了 3,500 元的生计费用扣除,但是,难道每一个纳税人的生计费用就真的都是 3,500 元吗?北京市民的生计费用与西部内陆地区居民的生计费用完全相同吗?毫无疑问,这本就是一种简化的做法。3,500 元成为法律所拟制的事实,而不是客观事实。如果硬性追求客观真实,就要收集每一个纳税人的信息,要求纳税人据实申报。不难想象,这种做法不仅成本极其高昂,而且会侵入纳税人的隐私空间,因此是不可取的。

事实上,在税务实践中,事先核定课税的做法并不只限于个体工商户,企业或公司也会遇到同样的问题。国家税务总局 2000 年发布的《核定征收企业所得税暂行办法》[①]规定,对于特定类型的纳税人可以实行核定征收,核定征收方式包括定额征收和核定应税所得率征收两种办法,以及其他合理的办法。无论是定额征收还是核定应税所得率征收,只要是针对依照法律、行政法规可以不设置账簿的纳税人,和定期定额征收一样,都属于对纳税事实的事先推定,它们所追求的都是法律上的真实,而不是客观真实。该《办法》第 11 条特别规定,纳税人年度应纳所得税额或应税所得率一经核定,除发生非常特殊的情况外,一个纳税年度内一般不得调整。这种不得调整,除了不能调低之外,也应该包括不能调高。纳税人按核定税额申报即可,不用担心核定税额与真实不符。既然规模大得多的企业或公司可以做到这样,为什么个体经营户反而不行呢?

当税收定额与真实情况不符时,税务机关有权主动调整税收定额,纳税人也有权申请税务机关调整税收定额。从形式上看,似乎二者具有平等的机会。但从实际情况来看,税务机关更倾向于调高税收定额,纳税人更倾向于申请调

---

① 国税发[2000]第 38 号,已废止。

低税收定额。一旦法定应纳税额高于税收定额,无论税务机关是否及时调高定额,纳税人申报纳税时只能就高,不能就低。但是,当纳税人申请调低税额时,即便申请成功,新的定额也只能从下一期开始执行,这就不是实质上的平等了。① 也许税务机关会认为,"调后不调前"是为了考虑程序便利,降低行政成本,但是,要求纳税人据实申报,而不是按照已经核定的定额申报,这种"就高不就低"的做法不一样也会产生行政和纳税成本吗? 为什么这种有利于政府利益的成本可以接受,而有利于纳税人的成本却避之唯恐不及呢?

有鉴于此,笔者认为,对于个体工商户或者小型企业,如果其确实无力建账,符合定期定额征收、定额征收或者核定所得率征收的条件,即便核定的结果与实际经营情况有出入,为了简化手续、降低税收成本,还是应该维持这种核定的确定力。税务机关可以要求纳税人据实申报,但纳税人按照核定的税额申报,就应该理解为已经据实申报。只要不存在纳税人欺骗、隐瞒或者与税务人员勾结的情况,税收定额一经下达,就具有确定税收的法律效力,纳税人据此申报即可。当然,为了保证税收定额的准确性,税务机关应当深入跟踪调查,及时掌握纳税人经营情况的变化。一旦发现核定经营额与实际经营额不符,就可以在下一期对定额进行适当调整。纳税人如果认为税收定额不当,也可以申请税务机关调整。这样,无论是纳税人还是税务机关,都可以在一定程度上摆脱税收信息不全的困扰。

不过,以上只是笔者的一己之见,它是一种理论主张,从法律解释的角度并不一定能够得出这个结论。就陈德惠律师事务所偷税一案而言,如果税务机关只是要求纳税人补缴税款,笔者在实证法的立场上并不持异议。但是,将其按照偷税行为来处理,甚至进而上升到刑法的层面,对其施加刑罚,笔者就不敢苟同了。这里面最大的一个问题就是,判定陈德惠律师事务所偷税的依据,究竟是《大连市税收征收管理条例》第41条,还是当时的《刑法》第201条,大连市中山区人民法院的立场并不清晰。而这一点正是庭审时控辩双方争辩的焦点。为了澄清这个问题,下文将专门探讨这两者之间的关系,其结论应该同样适用于1997年《个体工商户定期定额管理暂行办法》第15条中关于偷税的规定。

二、地方性法规对偷税要件只能解释不能扩充

陈德惠律师事务所一案涉及定罪量刑,必须坚持罪刑法定原则。按照《立法法》第8条的规定,有关犯罪和刑罚的事项只能由法律加以规定。这里的法

---

① 国家税务总局2007年发布的《个体工商户税收定期定额征收管理办法》第18条规定,定期定额户在定额执行期结束后,应当以该期每月实际发生的经营额、所得额向税务机关申报,申报额超过定额的,按申报额缴纳税款;申报额低于定额的,按定额缴纳税款。既然是按照每月实际发生的经营额、所得额申报,为什么当申报额低于定额时,要按照定额缴纳税款? 这难道不是一种违背客观事实的要求吗?

律是指狭义上的法律,其制定主体仅限于全国人大及其常委会。《刑法》第3条也明确规定:"法律明文规定为犯罪行为的,依照法律定罪处刑;法律没有明文规定为犯罪行为的,不得定罪处刑。"本案一审和二审判决虽然都援引《刑法》第201条、第211条,没有直接援引《大连市税收征收管理条例》第41条,但是通过观察两份判决书的具体内容,对于如何处理地方性法规与刑法的关系,还是可以看出二者间明显的差异。

一审公诉意见认为:"被告人自1995年以来,其应纳税额在大于其核定税额的30%的情况下,不按《大连市税收征收管理条例》的规定,按其申报调整定额,却采用设立账外账,少列收入,不如实申报等手段偷逃税款。"陈德惠的辩护人认为,起诉书将《大连市税收征收管理条例》作为认定被告人构成偷税罪的依据,在适用法律上严重错误。被告人行为是否构成偷税罪,只能依据《刑法》的有关规定来认定。公诉人答辩称,刑法并不排斥行政法规,只是把行政违法严重到一定程度的行为规定为犯罪。辩护人则认为,刑法针对的是犯罪行为,而任何犯罪都有独立的构成,认定犯罪只能依据刑法对每个具体犯罪的独立构成为依据。就偷税罪而言,现行《刑法》第201条作了详尽、具体的规定,从刑法学的角度看是一个"叙明罪状"。认定偷税罪,必须以此规定为依据。

一审法院认为,陈德惠辩护人的这一观点错误理解了如何正确适用法律的问题。"被告单位和被告人陈德惠在实施偷税行为时,首先是故意违反了国家及地方性税收法规,并且达到了《刑法》所规定的处罚标准。"[①]将这句话稍微改造一下,一审法院想要表达的观点是,之所以认定陈德惠律师事务所和陈德惠偷税,首先是因为它们违反了国家及地方性税收法规,构成偷税行为;当这种偷税行为情节严重,达到《刑法》所规定的处罚标准后,就构成了偷税罪。所谓的国家税收法规,应该是指当时的《税收征收管理法》,因为该法第63条规定了偷税行为的构成要件和处罚标准。所谓的地方税收法规,应该是指《大连市税收征收管理条例》,因为该条例第41条规定,实行定期定额方式缴纳税款的纳税人,在定期内其应纳税额超过核定税额的30%,不按期申报调整定额的,对其超过核定税额部分的应纳税额按偷税处理。稍加对比即不难发现,这种观点与一审公诉人的意见别无二致,但是笔者并不认同。

笔者赞同辩护人的意见。引用税收法规处理刑法上的定罪问题,或者说,将税法规定作为定罪的构成要件之一,在法理上不能成立。当时的《刑法》第201条对偷税采叙明罪状的形式,法院或检察院只需援引《刑法》的上述规定,来解决被告的定罪问题。如果《大连市税收征收管理条例》并未扩充《刑法》的

---

① 以上公诉意见、辩护意见及判决意见,参见大连市中山区人民法院中刑初字[2001]第104号刑事判决书,载《中国律师》2001年第7期。

偷税定义,只是对法律进行解释,没有给纳税人创设法律责任,那么,法院虽不能援引其规定,但是参考一下应无大碍。这时,法院或检察院需要重点论证的是,如何在《刑法》文义的范围内理解地方性法规,而不是用地方性法规替代《刑法》的构成要件。但是,如果《大连市税收征收管理条例》第41条是关于偷税的一个独立构成要件,司法机关将其与《刑法》第201条结合起来,作为追究刑事法律责任的依据,这就是另一个性质的问题了,需要从罪刑法定主义的角度进行深究。

一审公诉人显然没有意识到这个问题。他先是直接引用地方性法规指控被告偷税,继而引用《刑法》第201条认定其构成偷税罪。一审法院在观念层面上对此并不反对,但在技术层面上很小心地避开了这个问题。一审法院称,被告故意违反国家税收管理制度,采取另立记账凭证(含未出收据现金账)、少报收入,或进行虚假纳税申报的手段,少缴应纳税款,所偷税数额占应纳税款的30%以上,偷税额达114万元,构成偷税罪。如前所述,从法律解释的角度而言,本案被告少缴税款是真,少缴额超过应纳税款30%也是真。至于其行为是否构成偷税,一审法院和公诉人虽然结论一致,但理由并不相同。一审法院引用的是《刑法》,而不是《大连市税收征收管理条例》。如果按照后者的规定,法院只需要证实:被告实行定期定额方式缴纳税款;在定期内其应纳税额超过核定税额的30%;被告不按期申报调整定额。如果被告满足上述三个条件,其行为就构成偷税。至于被告是否另立记账凭证,是否少报收入,或进行虚假纳税申报,在所不论。

一审法院并没有这样做,案情的焦点变成被告是否另立记账凭证,是否少报收入,或进行虚假纳税申报,而这些都是《刑法》第201条所列举的偷税要件。这无疑是一审法院相对于公诉人的一个最大亮点。一审法院实际上已经确认,犯罪和刑罚的问题,只能由《刑法》来解决,不能求助于地方性法规。虽然一审法院表达过地方性税收法规可以适用的观点,但自己最终并没有这样做,而是将《大连市税收征收管理条例》排除在考虑范围。这实际上也间接说明,一审法院主张,《大连市税收征收管理条例》第41条的规定并不是对《刑法》第201条的解释性规定,对解决陈德惠律师事务所及陈德惠是否构成偷税罪并没有什么帮助。一审法院的判决虽然不令被告满意,但为其上诉改判无罪奠定了一个基础。确实,正是因为回归到了《刑法》的构成要件,被告才有机会在犯罪故意这一点上说服二审法院,成功争取了无罪处理。

《刑法》第201条的结构非常清晰:先界定什么是刑法上的偷税,然后声明,这种偷税行为严重到一定程度,构成偷税罪,最后说明如何对偷税罪进行处罚。那么,《大连市税收征收管理条例》第41条有没有可能被《刑法》201条的偷税定义所包容?我们来对比一下。《刑法》第201条规定,纳税人采取伪造、变造、隐匿、擅自销毁账簿、记账凭证，在账簿上多列支出或者不列、少列收入，经税务机关通知申报而拒不申报或者进行虚假的纳税申报的手段，不缴或者少缴应纳税款，即为偷税。定期定额征收本来就是针对按照法律、法规不需要建账的纳税人，在账上做手脚对纳税人没有任何意义。本案陈德惠律师事务所被控设"账外账"，以及在账簿上少报收入，但对被告来说，这些没有影响到其应纳税额，纳税人只需按税务机关核定的税额纳税即可。从内部管理的角度来看，如何建账、如何记账，与偷税何干？由此可见，从记账的角度很难指控定期定额户偷税。

是否存在经通知申报而拒不申报，导致不缴或少缴应纳税款的情形？笔者认为，这里所谓的通知申报，应该是指申报税款，而不是申报调整定额。纳税人如果不按照定额申报纳税，经税务机关通知申报而拒不申报，不缴或者少缴税款，可以考虑按偷税处理。但《大连市税收征收管理条例》第41条所针对的是实行定期定额方式缴纳税款的纳税人不按期申报调整定额的行为。这其实是一种信息申报，供税务机关核定税额时参考，与《刑法》第201条所说的"缴纳税款"的申报不是同一个含义。如果纳税人申报调整定额而税务机关未予调整，或者调整后的定额仍低于应纳税额的30%，其超过定额部分的应纳税额就不应按偷税处理。即使纳税人没有按期申报调整定额，一直按照税务机关核定的税额纳税，导致事实上少缴税款，超过法定应纳税额的30%以上，这也只是地方性法规所定义的偷税，其在刑法上不应该具有法律效力。

大连市中山区的刑事判决书还提到，陈德惠律师事务所进行虚假的纳税申报，导致少缴税款，这也是一种偷税。然而，何谓虚假，这需要结合定期定额征收具体分析。定期定额征收本来就是一种核定课税，准确来说，是一种推定课税。每一个纳税人的核定税额都可能与应纳税额存在差异，导致或者少缴税款，或者多缴税款。首先，纳税人的应纳税额究竟是多少，这需要很复杂的事实探究过程。考虑到纳税人规模小、无力记账，法律才专门设计出定期定额征收这种方式，将税务机关核定税额视为应纳税额，或者说是将法律事实替代客观事实。如果不考虑这种特殊情况，一味地要求纳税人据实申报，否则就是虚假申报，要按偷税处理，这是不切实际的。按照《刑法》第201条的规定，任何虚假申报导致少缴税款，都是偷税。可是，《大连市税收征收管理条例》第41条却说，只有当应纳税额超过核定税额30%以上时，超过部分才是偷税。应纳税额超过核定税额低于30%时，超过部分不是偷税。难道纳税人是否虚假申报，还与少缴税款的比例有关？这个逻辑明显存在矛盾。

《刑法》上的偷税要求纳税人主观上为故意。2009年2月28日通过的《刑法修正案（七）》修改了《刑法》第201条，偷税概念虽然被逃避追缴税款所取代，但纳税人主观上为故意仍然是构成要件之一。法条中有关虚假、欺骗或者隐瞒的表述,已经将过失的情况排除在外。对于定期定额征收的纳税人,当应纳税额超过核定税额30%时,如果纳税人按照核定税额申报缴纳,客观上是少缴了税款,但其主观上是否具有偷逃税款的故意?笔者以为,在税务机关核定税额时,只要纳税人没有欺骗、隐瞒的情节,或者与税务机关串通一气,纳税人按照定额申报纳税,即使少缴了税款,也不应认定其主观上有偷逃税款的故意,最多只是一种过失。

可见,就偷税定义而言,《大连市税收征收管理条例》与《刑法》并不相容,前者所定义的偷税明显超出了后者的范围,而且内在逻辑严重不统一。在刑事诉讼程序中,即便是对于实行定期定额征收的纳税人,法院也只需要依据《刑法》来定罪量刑,无需考虑《大连市税收征收管理条例》的规定。即使其应纳税额与核定税额相差超过了30%,而纳税人只是按照核定税额缴纳了税款,也不应构成《刑法》第201条意义上的偷税。① 缺乏这个前提之后,无论纳税人的情节如何严重,自然也就不可能构成偷税罪。笔者相信,就陈德惠律师事务所偷税一案而言,二审法院正是因为把握住了这一点,才使被告获得了一次免罪的机会。如果二审法院遵循一审公诉人的思维,先依据《大连市税收征收管理条例》确认被告偷税,再依据《刑法》确认其行为构成偷税罪,被告将无可避免地获刑。

陈德惠律师事务所偷税一案已成往事。虽然此案为我们提供了丰富的素材,但时过境迁,由于法律、法规的修改或废止,其结论已不再具有可复制性。具体而言,随着2009年《刑法修正案(七)》的生效,"偷税"概念在《刑法》中不复存在,取而代之的是"偷逃税款"。另外,在本案二审判决作出前的2002年4月8日,经辽宁省人大常委会批准,大连市人大常委会废止了《大连市税收征收管理条例》。再则,从2007年1月1日起,国家税务总局废止了《个体工商户定期定额管理暂行办法》,代之以《个体工商户税收定期定额征收管理办法》。纳税人的经营额、所得额超过定额一定幅度而未向税务机关进行纳税申报及结清应纳税款的,税务机关虽然仍应追缴税款、加收滞纳金,但该行为并未直接被定性为偷税,而是要求按照法律、行政法规规定予以处理。②

所以,至少经过陈德惠律师事务所偷税一案后,无论是地方立法机关还是最高税务行政当局都认识到,纳税人的行为是否构成犯罪,或者构成行政违法行为,这不是地方性法规和部门规章解决的问题。前文我们已经提到,对定期定额征收的纳税人,当应纳税额超过核定税额一定比率时,如果纳税人只是按

---

① 至于其是否构成《税收征收管理法》第63条意义上的偷税,要根据该条的构成要件来分析。笔者认为,只要纳税人符合定期征收的条件,依照法律、行政法规的规定可以不设置账簿,答案也应该为否,具体理由容另文再叙。

② 参见该《管理办法》第20条。

照核定税额申报纳税,该行为是否构成犯罪,需要根据《刑法》的规定进行独立判断。接下来我们要讨论的问题,如果纳税人的行为不构成偷税罪,也不符合《刑法》第 201 条的偷税定义,其是否仍有可能构成行政法意义上的偷税? 为了回答这个问题,我们必须关注《刑法》所定义的偷税与《税收征收管理法》所定义的偷税在构成要件上是否完全一致。如果完全一致,那么答案就为"是";如果不完全一致,则需要进一步分析才能找到答案。

三、刑法与税法的偷税定义不完全一致

2000 年 12 月 5 日,大连市地税局稽查分局对陈德惠律师事务所下达了《税务处理决定书》,认定该所自 1995 年至 1999 年,采取设立账外账,少列收入,进行虚假的纳税申报,不缴或者少缴应纳税款,具有偷税违法问题。2001 年 9 月 5 日,在该案二审程序中,受大连市中级人民法院的委托,大连市地税局稽查分局两位鉴定人依据稽查资料,对陈德惠律师事务所 1995 年至 1999 年应纳税情况进行了鉴定,再次确认陈德惠律师事务所不仅不缴或少缴税款,而且具有偷税事实。然而,经过二审程序之后,大连市中级人民法院认定,没有充分的证据证明陈德惠律师事务所和陈德惠主观上有偷税故意,因此宣判指控犯罪不能成立,被告无罪。笔者非常感兴趣的问题是,二审判决生效之后,大连市地税局稽查分局关于陈德惠律师事务所偷税的结论还能成立吗? 如果成立,税务机关是否应该对陈德惠律师事务所继续进行行政处罚? 如果不成立,理由又是什么呢?[①]

前文已经提到,《刑法》第 201 条的结构非常清晰:先界定什么是偷税,然后声明,偷税行为严重到一定程度,构成偷税罪,最后说明如何对偷税罪进行处罚。如果纳税人的行为没有严重到犯罪的程度,则只构成一般的偷税行为,不能对其处以刑罚。本案如果是这个结论,二审判决生效之后,司法程序终止,案件应该退回税务机关,由其继续完成行政程序,依《税收征收管理法》第 63 条的规定,对被告的偷税行为进行处罚。但这不过是一个假设而已。事实是,二审法院认定,没有足够的证据认定被告主观上有偷税故意,因而被告的行为不构

---

① 陈德惠入狱在押长达两年零十九天。陈德惠被宣判无罪后,向大连市中级人民法院赔偿委员会提出了国家赔偿申请,大连市中山区检察院和大连市中山区法院被判承担赔偿责任,陈德惠总计得到赔偿金 54,901.7 元。针对大连市地税局稽查分局查封、扣押了陈德惠律师事务所办公写字间等行为,陈德惠认为,自己还遭受了严重的财产损失。而这一切,都是缘于大连市地税局稽查分局错误的《税务处理决定书》。既然法院已经确认陈德惠律师事务所没有偷税,那么该《税务处理决定书》理应依法撤销。鉴于大连市地税局稽查分局已经在 2002 年后,分解成立为第一到第四的四个稽查局,陈德惠遂于 2005 年 1 月,向原稽查分局的上级机关——大连市地税局提出国家行政赔偿。虽然我们无法查到赔偿案的最后结果,但陈德惠的要求本身提示了一个问题,即刑事法院判决偷税不成立后,行政机关的行为是不是也错了? 引自 http://news.sina.com.cn/c/2005-03-24/11395452224s.shtml,2009 年 8 月 27 日访问。

成偷税,自然也就不构成偷税罪。既然如此,我们想知道的是,法院判决对税务机关具有约束力吗？在刑法上不构成偷税,是否在税法上同样不构成偷税？刑法上和税法上对偷税故意的证明责任是否完全一致？税法上关于偷税的定义需要考虑主观过错吗？下文将结合刑法和税法的功能差异,刑事程序与行政程序的衔接,以及《税收征收管理法》的立法沿革,尝试回答上述问题

从文字表达上看,《刑法》第201条和《税收征收管理法》第63条对偷税的定义几乎一模一样。《刑法》上的偷税是指,"纳税人采取伪造、变造、隐匿、擅自销毁账簿、记账凭证,在账簿上多列支出或者不列、少列收入,经税务机关通知申报而拒不申报或者进行虚假的纳税申报的手段,不缴或者少缴应纳税款"的行为。《税收征收管理法》则规定:"纳税人伪造、变造、隐匿、擅自销毁账簿、记账凭证,或者在账簿上多列支出或者不列、少列收入,或者经税务机关通知申报而拒不申报或者进行虚假的纳税申报,不缴或者少缴应纳税款的,是偷税。"二者都是采取列举方式阐述偷税的构成要件。要想认定纳税人的行为构成偷税,首先要满足法律所列明的要件。如果纳税人的行为不在列举的范围内,即便导致不缴或者少缴税款的结果,也不是偷税。不过,陈德惠律师事务所偷税案的结果至少告诉我们,刑法上的偷税还必须考虑主观要件。如果纳税人的行为不是出于故意,则不构成偷税。

税法所定义的偷税也以故意作为前提吗？如果答案为是,那么,当法院判定纳税人不构成刑法上的偷税时,自然也不构成税法上的偷税。假如答案为否,则意味着过失行为也可能构成偷税。果然如此的话,那么,即便纳税人不构成刑法上的偷税,仍然有可能在税法上构成偷税。为了弄清楚《税收征收管理法》第63条对行为人主观状态的要求,我们先来看看这一条文的历史沿革。

《税收征收管理法》于1993年1月1日生效实施,其后经历了1995年和2001年两次修订。该法生效前,税收程序的基本准则是1986年国务院发布的《税收征收管理暂行条例》。该《条例》第37条明确区分偷税和漏税,并为二者设计了不同的法律责任。依其规定,所谓漏税,是指纳税人并非故意未缴或者少缴税款的行为。对漏税者,税务机关应当令其限期照章补缴所漏税款;逾期未缴的,从漏税之日起,按日加收所漏税款5‰的滞纳金。① 所谓偷税,是指纳税人使用欺骗、隐瞒等手段逃避纳税的行为。对偷税者,税务机关除令其限期照章补缴所偷税款外,并处以所偷税款5倍以下的罚款;对直接责任人和指使、

---

① 其实,将所有的并非故意未缴或者少缴税款的行为都归入漏税,并对其进行处罚,这也是不对的。纳税人未缴或者少缴税款有可能是由于对税法的不同理解。只要在申报时对此充分披露,这种行为不应该具有可罚性。

授意、怂恿偷税行为者,可处以1,000元以下的罚款。① 从这种区分可知,偷税是一种故意违法行为,漏税是一种过失违法行为。二者虽然都具有可罚性,但是主观过错程度不一样,法律责任自然有轻有重。

笔者认为,这种区分具有高度合理性,更符合税收征管的实际。但是,由于受当时征管技术和水平的限制,实务中要想区分故意与过失,的确有一定的举证难度,对税务机关的执法能力构成一种挑战。《税收征收管理法》制定时,出于降低执法难度的考虑,漏税行为被取消,偷税行为则从概括变成了列举。这样一来,偷税就只有两个构成要件了。第一,纳税人不缴或者少缴应纳税款。第二,纳税人实施了法律列举的行为。如果纳税人不缴或少缴税款,但不是采取法律所列明的手段,不构成偷税。即使实施了法律列举的行为,只要没有不缴或少缴税款,也不构成偷税。正是因为这种列举,使得税务机关无需考虑主观过错,就可以直接根据客观表现和结果认定偷税。

也正是因为这种列举,事实上将漏税并入了偷税行为。从行为方式看,伪造、变造、隐匿、擅自销毁账簿、记账凭证,一般都是出于故意而违法。但是,纳税人在账簿上多列支出或者不列、少列收入,完全有可能是"纳税人并非故意未缴或者少缴税款的行为"。例如,纳税人的会计人员业务不熟,错误地理解了税法的规定,将应归入当期的收入挂账,一直到下一年度才确认收入,导致当年少缴税款,这就很难说是出于故意,而只能说是一种过失。再如,"虚假申报"本身是一个需要界定的概念。从理论上说,任何不真实的申报都是虚假申报。但造成申报虚假的原因可能是故意,也有可能是过失。会计人员业务不熟悉致使记账错误,进而导致虚假申报,这仍然是一种过失行为,而不是基于故意。

当然,违法行为无论出于故意还是过失,都具有可罚性。只是,将这两种情况等同处理未必合理。从语义上看,偷税强调偷偷摸摸,强调弄虚作假,强调欺骗隐瞒,因此只能是一种故意行为,法律责任设置较重。而漏税行为可能是因为认识错误,可能是因为疏忽大意,是一种过失行为,与弄虚作假有很大的不同,因此,法律责任远比偷税要轻。《税收征收管理法》将二者混合,一律按照偷税进行处理,这固然降低了税务机关的举证负担,可以提高办案效率。但是,这种做法违反了罚过相当的原则,容易受到纳税人的抵制。执法人员一旦认识到这个问题,也会觉得理不直气不壮。只不过,尽管立法本身有缺陷,这已经成为现实。我们分析陈德惠律师事务所偷税一案时,必须将其作为分析的起点。

在陈德惠律师事务所偷税一案中,二审判决认定,没有足够的证据证明被

---

① 尽管《税收征收管理暂行条例》适用范围有限,中外合资经营企业所得税、外国企业所得税、个人所得税、关税、农业税的征收管理都不适用该条例,但是,由于上述税种的立法中都没有关于偷税的界定,因此,《税收征收管理暂行条例》对偷税与漏税的区分以及定义,应该对其他税种也具有重要的参考意义。

告主观上有偷税的故意。但这个结论并不足以让陈德惠律师事务所在税法上当然免责,因为《税收征收管理法》所规定的偷税还包含过失行为在内。况且,税务机关还可以主张,只要纳税人实施了法律规定的行为,导致少缴税款,就可以认定为偷税。如果纳税人认为自己主观上没有过错,应该由纳税人举出证据。由此可知,在陈德惠律师事务所偷税一案中,二审法院的判决对税务机关并没有既判力。纳税人的行为是否构成税法上的偷税,税务机关应根据税法规定独立判断,不受刑事判决书结论的影响。如果税法上的偷税不以故意作为要件,也不考虑实行定额征收的纳税人的特殊情况,那么,陈德惠律师事务所的行为的确很容易被认定为偷税。不过,这种风险不仅仅限于陈德惠律师事务所,所有实行定期定额征收或者事先核定征收的纳税人,都普遍面临这种风险。

如果税务机关仍坚持认为纳税人偷税,此时,它应该考虑的问题是,是直接根据《大连市税收征收管理条例》认定偷税,然后依据《税收征收管理法》进行处罚,还是直接依据《税收征收管理条例》认定偷税并处罚。这个问题和本文第二部分比较相似,我们不准备展开论述。总的看法是,既然《税收征收管理法》于1993年已经对什么是偷税作了界定,地方性法规无权对其进行扩充性解释。对于定期定额征收的纳税人,当其应纳税额超过核定税额30%以上未申报时,《税收征收管理法》第63条未将其视为偷税,1995年的《大连市税收征收管理条例》自然无权这样做,其第41条应属无效。税务机关如果要认定陈德惠律师事务所偷税,也只能依据《税收征收管理法》的偷税定义。大连市地税局稽查分局的《税务处理决定书》认定,陈德惠律师事务所采取设立账外账,少列收入,进行虚假的纳税申报等手段,不缴或少缴应纳税款,因而构成偷税,的确也是在遵循这一思路。

另外一个值得考虑的问题是,如果税法上的偷税也以故意作为要件,当刑事判决书认定,没有足够的证据证明被告主观上有偷税的故意时,纳税人在税法上偷税的故意是否同样被否定?应该说,无论是税法还是刑法,故意都是指明知故犯,希望违法行为发生,或者放任违法行为发生。但是,刑事诉讼程序和行政处罚程序对主观故意的举证,是不是证明责任完全一样呢?在中国法律体系中,举证责任的分担已经受到重视,但是证明责任仍然是一片处女地。从理论上说,对于同一个事实,在不同的程序中,证明责任是可以有区分的。例如,刑事程序涉及到犯罪与刑罚,与人身自由甚至生命权有关,因此证明标准应该慎之又慎。在刑事程序中,一般不能实行过错推定,必须由公诉人举证,而且证明标准要严格得多。而在行政处罚程序中,则可以实行过错推定,证明标准可以宽松一些。

在美国,税务刑事程序结束之后,如果确定纳税人存在欺诈情节,导致纳税人少申报或少缴税款,那么,在后续的行政程序中,这种认定可以成为行政处罚的依据,纳税人不能在行政程序中提出反对。其原因在于,刑事程序的证明标准高于行政程序。刑事程序要求"超出合理怀疑"(beyond a reasonable doubt),而行政程序只要求"清楚且令人信服"(clear and convincing proof)。所以,如果已经证实纳税人刑事欺诈,行政欺诈自然也就无从推脱了。如果税务局的证明不能达到超出合理怀疑的程度,只能达到"清楚且令人信服"的程度,则只能适用税务欺诈的民事罚。如果连"清楚且令人信服"都达不到,只能达到"证据上具有优势的程度"(preponderance of evidence),那么,就只能适用普通的民事处罚,而不能适用税务欺诈罚。①

如果美国的上述规则能够适用于中国,虽然司法机关不能追究陈德惠律师事务所的刑事责任,但是税务机关仍有可能追究其行政责任。具体而言,二审判决书只是认定,没有足够证据证明被告故意偷税,但这个结论是基于高标准而得出的。如果将标准在行政处罚程序中降低,陈德惠律师事务所是否有偷税故意,结论不一定完全一样。我国长期实行法定证据制度,反对自由心证,并将其与意识形态挂钩,导致证明标准的问题无法得到解决。严格来说,证明是一个客观见之于主观的过程,证据的证明力虽然可以类型化,但最终还是得依赖执法人员的确信。中国法律制度虽然不承认这一点,但是司法和执法过程从来就是这样。也许目前我们还无法找到量化的指标,在不同的程序中将证明标准分解,但是,对纳税人是否存在偷税的故意,基于同样的事实,至少刑事程序中的证明标准要高于行政处罚程序。即便刑事法院认为,没有足够证据证明纳税人有偷税的故意,税务机关仍然有机会证明其在税法上有偷税的故意。

如果过失行为也可以构成偷税,当法院根据刑法判决纳税人不构成偷税,因而达不到偷税罪构成要件时,税务机关根据税法认定纳税人构成偷税行为的难度就更小了。就定期定额征收而言,如果税收定额确实不具有最终的确定力,而只是纳税人的最低申报限额,超出限额的部分纳税人必须如实申报,那么,只要纳税人没有做到如实申报,任何超出税收定额的部分都构成偷税。《大连市税收征收管理条例》和国家税务总局《个体工商户定期定额管理暂行办法》中仅规定超过税收定额30%而未申报的构成偷税,这本身就是自相矛盾的表现。难道超过20%未申报属于无过错行为?也许政策制定者是为了照顾纳税人。毕竟,按照这种方式征收的纳税人规模小,建账困难,难以准确计量应纳税额。如果税收定额只是超过法定应纳税额很小的比例,纳税人也许确实对此毫无知觉。而超过30%以后再毫无知觉,从情理上似乎难以成立,因而可以推定纳税人有过失。如果过失行为确实可以构成偷税,那么,纳税人的税法责任确实很容易证成。

---

① 熊伟:《美国联邦税收程序》,北京大学出版社2006年版,第316页。

有鉴于此，即便二审法院判决认定，没有足够的证据证明陈德惠律师事务所及陈德惠有偷税的故意，大连市地税局稽查分局仍然有可能在税法上证明陈德惠律师事务所有偷税的故意，从而继续维持其税务处理决定书中的结论，并据此对纳税人作出相应的行政处罚。纵使无法证明陈德惠律师事务所有偷税的故意，只要可以证明陈德惠律师事务所有偷税的过失，照样可以进行处罚。这种过失可以从正面证明，如陈德惠应该知道定期定额征收的相关规定，应该知道税收定额具有何种法律效力。这种过失也可以从特定的事实中推定，如只要应纳税额超过税收定额30%而未申报，就可以推定纳税人有过失。果然如此的话，陈德惠律师事务所很难逃脱偷税的法律责任。在现实中，二审判决生效之后，大连市地税局的态度如何，笔者没有查到相关资料。不过，从陈德惠本人和律师界额手称庆，以及没有后续新闻报告的情况看，此案应该就此了结了。对于这样的结果，笔者从情理上欣然接受，但在法理上如鲠在喉，并没有感觉到丝毫畅快。

2009年2月28日，《刑法修正案（七）》得以通过生效，偷税罪被逃避缴纳税款罪所替代，相应的，偷税也被逃避缴纳税款所替代。而所谓逃避税款缴纳，是指纳税人采取欺骗、隐瞒手段进行虚假纳税申报或者不申报的行为。从打击犯罪的角度看，逃避税款缴纳的范围比偷税的范围更广，因为它采取概括式而不是列举式。即便不在原先偷税所列举的范围内，只要符合逃避税款缴纳的概括，都有可能被追究刑事责任。与此同时，刑法修正案也再一次确认，逃避缴纳税款只能是故意行为。如果纳税人不采取欺骗、隐瞒手段，即便有虚假申报或者不申报情节，也不构成逃避税款缴纳。

《税收征收管理法》制定于1992年，其中对偷税的定义延续到今天。《刑法》对偷税的定义始于1997年的修订。很明显可以看出，《刑法》中对偷税的定义受到了《税收征收管理法》的影响。如今，《刑法》将偷税改为逃避税款缴纳，《税收征收管理法》又会如何因应？从业界的反应来看，《税收征收管理法》会随之调整，将《刑法》对逃避税款缴纳的构成要件移植到《税收征收管理法》，也就是，将偷税改为逃避税款缴纳。纳税人采取欺骗、隐瞒手段进行虚假纳税申报或者不申报，就构成逃避税款缴纳，而不会像以前那样进行列举。笔者认为，将刑法和税法中有关逃避税款缴纳的概念统一非常有必要。二者不仅表现形式一致，而且都应该是故意违法行为，区别之处仅仅是情节不一样而已。如果逃避税款缴纳没有严重到一定的程度，就是行政违法行为。如果达到《刑法》规定的程度，就构成偷税罪。这样，行政程序就可以和刑事程序顺利衔接，不至于出现二者标准不一致的现象。

至于证明标准的问题，尽管这是一种合理的考虑，并且可以通过个案来积累经验，但在中国实现还需要时日。等到证据法发展到一定的程度，才有可能区分刑事程序和行政处罚程序中的证明标准。如果是这样,当刑事判决认定纳税人不构成逃避税款缴纳时,对税务机关就具有既判力了,税务机关不能继续追究纳税人的行政责任。不过,由此会带来的另外一个问题是,对于过失行为追究法律责任,《税收征收管理法》有必要予以恢复。果然如此的话,不妨将其继续称为漏税行为,这既符合以往的语言习惯,又基本能够概括其特征。对漏税行为的证明标准可以降低,甚至实行推定过失原则。只要发生特定的情事,就推定纳税人漏税。如果纳税人不认可,可以举反证推翻。

再回到定期定额征收或者其他的事先核定制度。笔者以为,对于这种事先核定,首先要规定严格的适用条件,不符合适用条件的一律不予适用。其次,只要符合适用条件,税收定额对征纳双方都具有约束力,无论是超过还是低于应纳税额,征纳双方都不得异议。高于应纳税额的,纳税人有权申请调整,但在调整之前,纳税人必须按照定额申报纳税。低于应纳税额的,税务机关有权调整。但是调整不具有溯及力,只能对以后的征期有效。对于已经经过的征期,应纳税额超过税收定额的部分,税务机关无权请求,更不能追究纳税人的责任。假如目前的政策选择做不到这样,当应纳税额超过税收定额时,仍然要求纳税人据实缴纳,否则就要追究法律责任,那么,最多只能按照过失行为来处理,不能适用逃避缴纳税款的规则。而过失行为不可能上升到追究刑事责任的高度。因此,笔者最后的结论就是,对于定期定额征收的纳税人,以及其他实行事先核定纳税的纳税人,即便应纳税额超过税收定额,无论超过多大的比例,都不可能构成犯罪,最多是一种漏税行为。

四、刑事诉讼程序中税务机关的法律地位

在陈德惠律师事务所偷税一案的审理过程中,主管税务机关作为鉴定人参与了刑事诉讼程序,引起了被告及其辩护人的强烈抗议。在笔者所了解的其他涉及偷税的刑事案件中,由于案情涉及非常专业的税法规则,司法机关的工作人员通常不是很擅长,因此,他们往往也与税务机关联系,要求其就案情出具税务认定结论,以供司法机关办案参考,甚至作为定案的依据。除此之外,笔者还意识到,税务刑事案件往往源于税务机关的移送。税务机关移送涉嫌犯罪的税务案件时,必须附税务处理决定书、税务行政处罚决定书以及主要相关证据材料的复制件。这些行政决定书以及相关证据材料如何与刑事程序相契合,也是一个需要考虑的问题。凡此种种,可以用本节的标题来概括,即刑事程序中税务机关的法律地位。针对上述三个问题,下文将逐一予以分析和解答。

在陈德惠律师事务所偷税一案中,先是大连市地税局稽查分局出具了一份鉴定意见。因为该意见在庭审中遭到被告及其辩护人的多方质疑,法院后又另行委托辽宁省地税局稽查局重新鉴定。对于辽宁省地税局稽查局出具的鉴定意见,当事人只是要求法院提供质证所需要的时间,对其内容未过多质疑。而对于大连市地税局稽查分局的鉴定意见,辩护人对鉴定人的资格、鉴定人的中立性,以及鉴定意见的内容等,提出了诸多疑问。

被告人陈德惠的辩护人顾永忠认为,大连市地税局稽查分局的鉴定意见无效,主要理由如下①:第一,鉴定人不能自行收集证据,只能根据委托人提供的证据作出结论。但大连市地税局稽查分局没有做到这一点。第二,本案在进入刑事诉讼前就是由大连市税务局稽查分局进行行政查处并移送公安机关立案侦查的,现在又由它进行鉴定,难以保证鉴定的客观性、真实性和中立性。第三,《鉴定意见》中多处得出被告人偷税的结论,这超越了鉴定人的职责和权限。

笔者同意辩护人的上述意见。确实,作为鉴定机构和鉴定人,它只能依据委托人提供的材料作出结论,不能自行收集材料;它不能与案件有利害关系,这样会影响其公正客观的进行鉴定;它只能运用自己的专长就事实部分进行鉴定,不能越俎代庖替司法机关进行法律判断。大连市地税局稽查分局触犯了上述禁忌,其鉴定意见在庭审中自然会受到被告方的激烈反对。与此形成对比的是,对于辽宁省地税局稽查局作出的鉴定意见,由于不存在上述三个问题,被告方只是就其内容和结论提出了异议,别的方面并未如此对立。

其实,除了上面三个方面,鉴定人的资质也应该是一个重要问题。《刑事诉讼法》第 119 条规定,为了查明案情,需要解决案件中某些专门性问题的时候,应当指派、聘请有专门知识的人进行鉴定。但什么样的人可以充当鉴定人,并不是司法机关可以随心所欲的。虽然在 2005 年全国人大常委会《关于司法鉴定管理问题的规定》出台前,国内司法鉴定机构的管理并不统一,但是,鉴定人必须取得鉴定人资格,鉴定人必须在鉴定机构工作,鉴定机构必须取得鉴定许可证,这基本上都不存在争议。② 当税务机关接受法院的委托,安排税务人员为其出具鉴定意见时,税务机关是合法的司法鉴定机构吗?税务机关工作人员具备司法鉴定人资格吗?这些都是我们不得不提出的问题。事实上,税务机关是国家行政机关,行使着政府的税收征管职权,不能成为司法鉴定机构。而税务人员是国家公务员,自然也不能成为司法鉴定人。因此,它们所提供鉴定意见不应该具有证据效力。

可能正是因为考虑到上述弊端,在一些税务刑事案件中,司法机关并没有要求税务机关提供鉴定意见,而只是要求其就案情提供税务认定意见。精明的

---

① 参见顾永忠对陈德惠案的二审辩护词,引自 http://www.chinabianhu.com/show.aspx?id=2079,2009 年 8 月 26 日访问。

② 例如,2000 年《司法鉴定机构登记管理办法》第 2 条就规定,司法鉴定机构应当具备本办法规定的条件,经司法行政机关核准登记,取得司法鉴定许可证,方可从事面向社会服务的司法鉴定活动。司法鉴定机构是司法鉴定人的执业机构。司法鉴定机构统一接受委托,依法收取费用。

税务机关也会有意规避上述风险,而只愿提供一份工作意见或者类似文件,不提供正式的鉴定意见,尽管二者的内容可能一模一样。如果税务机关提供鉴定意见是无效的,那么,这份税务认定书或者工作意见的效力又如何呢?

税务认定书之所以存在,反映了我国税务司法实践中一个非常严峻的问题:无论是公安机关、检查机关还是法院,同时精通税法、会计的人才少之又少。当他们遇到税务案件时,由于把握不准纳税人的税务信息,不能从税法上进行准确定性,因此不得不求助于专业行政机关。从这个角度而言,税务机关应司法机关之请提供税务认定书并不为过。它可以帮助司法机关迅速厘清思路,澄清事实,得出准确的法律结论。但是,如果司法机关放弃自己的职责,将发掘事实、适用法律的重任转交给税务机关,使税务机关成为类似公诉人的角色,甚至分享国家审判权,笔者认为就大错特错了。

《刑事诉讼法》第42条规定,证明案件真实情况的一切事实,都是证据。证据有下列七种:(1)物证、书证;(2)证人证言;(3)被害人陈述;(4)犯罪嫌疑人、被告人供述和辩解;(5)鉴定结论;(6)勘验、检查笔录;(7)视听资料。可见,所有的证据都只能用于证明案件事实,而不涉及如何适用法律。陈德惠的辩护人顾永忠律师之所以对大连市地税局稽查分局出具的鉴定意见提出异议,正是因为该鉴定意见从法律上得出了陈德惠律师事务所偷税的结论。但是不是偷税,当然不是一个事实问题,而是一个通过适用法律才能得出的结论。如果税务机关提供的税务认定书不涉及当事人是否偷税,而是像辽宁省地税局稽查局那样,仅就纳税人是否少缴了税款出具意见,这是否属于刑事诉讼法上的证据?如果是,又应该属于哪一类证据?

笔者以为,税务认定书既不是物证、书证、证人证言,更不是被害人陈述,犯罪嫌疑人、被告人供述和辩解,也不是勘验、检查笔录和视听资料,唯一比较接近的仍然是鉴定结论。但是,如前所述,税务机关不是合格的司法鉴定机构,税务机关工作人员也不具备司法鉴定人资格,因此,鉴定结论也不能成立。从这个角度而言,税务认定书作为税务行政执法机关对案件的认识,在刑事司法程序中不具备证据效力,仅对司法机关办案具有参考作用。

从另外一个角度而言,只要不涉及偷税与否,而只涉及是否少缴税款的税务认定书,真的只是在进行事实评价吗?笔者对此不以为然。事实上,应纳税款的计算过程,本身就是一个复杂的法律适用过程,绝不是一个简单的事实发掘过程。例如,在计算企业所得税时,公益捐赠款能否全额抵扣,工程款收入应该何时入账,这需要进行法律判断;在计算增值税时,什么样的凭证可以申请抵扣增值税,哪些农产品属于免税农产品,这也需要进行法律判断;在计算印花税时,房屋预售合同是按产权转移书据税目征税,还是销售合同税目征税,这更需要进行法律判断。这一个个的细节,往往成为案件争议的焦点,必须由法院认真审理、审慎判断,而不能将其作为事实问题委由司法鉴定人代劳。

　　承办案件的法官不懂税法,不得不求助于税务行政机关,这本身是一个巨大的讽刺。这个过程私底下做做也就罢了,权当是学习型社会中法官勤奋好学的表现。可是,在审理案件的过程中,法院堂而皇之地将税务机关提供的意见作为定案依据,这就令人匪夷所思了。如果依据税务机关的结论就可以定案,税务机关不就成为法院了吗?果然如此的话,作为最后正义守护神的法院还有什么必要存在?万一承担税务行政诉讼案件的法官也不懂税法,真不知道他该依据什么来断案。难道也要税务机关出具一份税务认定书?

　　因此,笔者以为,在刑事诉讼程序中,税务认定书不能作为证据。税务认定书中所涉及的每一个事实,公诉人都必须重新调查取证。税务认定书中的每一个法律结论,法院都要重新审查其是否正确合法。为了促进法治的进步,不妨让税务认定书成为历史,别让它再在司法程序中出现。法官办案只认证据,至于如何适用法律,这是个光荣而艰巨的任务,责无旁贷只能由法院来做,任何国家机关、社会组织或者个人都不能越位。

　　无论是税务鉴定意见或是税务认定书,都是税务机关应司法机关要求而出具的材料。对于税务机关移送侦查的刑事案件,税务机关移送时也得提供必要的材料,供刑事侦查机关参考,以便尽快确定是否立案。《行政执法机关移送涉嫌犯罪案件的规定》第6条规定,行政执法机关向公安机关移送涉嫌犯罪案件,应当附有下列材料:(1)涉嫌犯罪案件移送书;(2)涉嫌犯罪案件情况的调查报告;(3)涉案物品清单;(4)有关检验报告或者鉴定结论;(5)其他有关涉嫌犯罪的材料。税务机关移送涉嫌犯罪案件时,一般应附有税务处理决定书、税务处罚决定书、以及主要相关证据材料的复制件。在刑事诉讼程序中,这些材料又是否具有证据效力呢?

　　以陈德惠律师事务所偷税一案为例。2000年12月5日,大连市地税局稽查分局已经对该律师事务所下达了《税务处理决定书》,认定该所具有偷税违法问题。当年12月9日,大连市地税局稽查分局又将案件移送大连市公安局。笔者相信,《税务处理决定书》一定在所附材料之列。但是,无论是《税务处理决定书》还是《税务行政处罚决定书》,其结论只是行政机关作出的法律判断,不能作为刑事诉讼程序中的证据。即便这两份决定书经过了行政诉讼,而其中的事实又经过了法院的确认,也不足以作为证明刑事犯罪的证据。其原因在于,行政诉讼程序不同于刑事诉讼程序,其对调查和质证的要求远比后者宽松。所以,行政诉讼程序确认的事实,在刑事诉讼程序中不一定能够得到支持。特别是这两份决定书中的法律结论,更不能直接作为法院定案的依据。毕竟,行政执法文书最多只是确认行政违法行为,至于是否构成犯罪,需要法院通过刑事诉讼程序独立判断。

再来看税务机关移送的证据材料,如账本、会计报表、纳税申报书、询问笔录、证人证言等。尽管税务机关不一定移送所有的证据,而只是提供主要证据材料的复制件,但是,只要税务机关将其提供给了司法机关,就有必要思考它们的证据效力。笔者认为,账本、会计报表、纳税申报书等,司法机关需要从中发现事实,只要其与原件核对无异,当然可以将之作为刑事诉讼的证据。但询问笔录、证人证言等不能直接作为证据,而只能作为案件的侦查线索,由司法机关根据刑事诉讼法重新处理。例如,司法机关应当重新询问被询问人,告知被询问人在刑事诉讼中的权利和义务,重新制作询问笔录。证人证言也需要重新质证。毕竟,在行政程序中做假证和在刑事程序中做假证,其对当事人的影响相差很大,法律责任当然也就不一样。只有这样,才能体现刑事诉讼程序的特点,最大限度地维护被告人的利益。

笔者以为,为了保证刑事诉讼证据取得的合法性,将税务机关所提供的材料逐一甄别,并分门别类的加以处理,应该是有必要的。即便是税务机关移送的涉税刑事案件,税务机关也只是相当于一个举报人的角色。公安机关对税务机关移送的案件是否立案,需要根据自己的判断才能作出决定。毕竟,在刑事诉讼程序中,税务机关既不是司法机关,也不是诉讼参加人,因此,它所提供的材料并不当然具有证据效力。

综上所述,对于定期定额征收或者事先核定征收的纳税人,不妨赋予税收定额最终的法律确定力。尽管国家税务总局2006年发布的《个体工商户税收定期定额征收管理办法》和2008年发布的《企业所得税核定征收办法(试行)》仍然不承认这一点,继续要求应纳税额超过核定税额的纳税人据实申报,但笔者认为,这个方向非常值得我们努力,以节约行政和纳税成本,提高税收征收管理的效率。

对于本案所涉的偷税构成要件,由于事关定罪量刑,只能由司法机关根据刑法独立判断,不能援引《大连市税收征收管理条例》关于偷税的规定。不过,刑法的偷税要件如何契合定期定额征收或者事先核定征收的实际情况,这仍然是一个有待解决的问题。对于应纳税额超过定额而未据实缴纳的行为,笔者主张将其作为过失行为处理,从而彻底排除刑法对其究责的可能性。

如果司法机关不能证明纳税人存在偷税故意,按照目前《税收征收管理法》对偷税的定义,税务机关其实还有机会证明纳税人在税法上构成偷税,因为作为过失行为的漏税其实已经被偷税概念所包括。另外,从证明标准上看,刑事诉讼程序不能证明纳税人有偷税的故意,并不意味着行政处罚程序中税务机关不能证明纳税人有偷税的故意,因为两套程序对证明标准的要求应该不一样。

最后,笔者认为,在刑事诉讼程序中,税务机关提供的鉴定意见不应具有证据效力。即便是税务认定书,也只能供司法机关办案时参考,不能作为定案的依据。至于税务机关移送侦查时附送的材料,则需要分门别类具体分析。除账本、报表、纳税申报书等原始证据之外,其余的都不应具有证据效力。司法机关需要依据刑事诉讼法的要求独立收集证据。

(熊 伟)

11. 北京光辉纪元公司涉嫌偷税案

企业银行账户的资金往来信息是反映其经营状况的重要证据,正因为如此,在《税收征收管理法》中也有关于银行账户资料取得的相关规定。光辉纪元公司开立多个银行账户,而因申报其中一个账户中汇入的资金,被税务机关认定为隐匿应税收入。但银行账户的汇入资金能否直接认定为企业的经营收入,隐匿银行账户是否足以认定为偷税行为,不无疑问。此外,本案的终审审判发生于《刑法修正案(七)》生效实施之后,法院却仍以原《刑法》第201条的规定进行定罪量刑,同样使得本案的定罪量刑并不恰当。本案应当根据新《刑法》第201条关于逃税罪的规定,判断光辉纪元公司是否符合逃税罪的构成要件。

案情简介

北京光辉纪元贸易有限责任公司成立于1997年10月17日,住所地为北京市石景山区模式口大街1号,法定代表人为阙继龙。北京光辉纪元贸易有限公司主要以电视电话购物的形式销售化妆品、减肥产品、内衣、小家电等。公司销售产品由快递公司和宅急送把货物送到顾客手中并代收货款,由快递公司把货款汇到公司指定账户。该公司货物的销售流程是公司热线部先接订单,由巫朝明按照订单进货,货物直接到物流部,然后由其将货物给配送公司,配送公司将收回的货款直接打到公司的账号上。

光辉纪元公司和上海隽邦公司、中硕阳光贸易公司、中硕阳光信息咨询公司为实现销售资源共享,共同组建了中硕购物这一包括仓库、订货网络、信息管理和呼叫中心及送货等在内的销售网络平台。四家公司分别根据经营范围,与各自供应商签订相应的货物买卖合同,再分别由供应商运入中硕购物的仓库中。中硕购物为光辉纪元等四家公司共同销售网络平台,其销售的货物共同库存于中硕购物的仓库中。中硕购物再根据客户的订单,将光辉纪元等四家公司库存于其仓库中的商品交付给客户,实现商品所有权的转移。根据这一经营模式,中硕购物为光辉纪元等四家公司的销售平台,其销售的货物由四家公司所共同提供。四家合作公司能够充分利用中硕购物这一现有的电视购物和网络销售平台,通过四家公司的共同合作减少经营成本、降低商业风险。由于中硕购物这一网络销售平台无法经过工商注册登记而取得市场主体资格,也无法以中硕购物的名义单独开立账户。为单独核算由中硕购物进行销售的货物的销售额,便于及时将归属于上海隽邦等三家公司的货款及时划入此三家公司的账户,使中硕购物统一销售货物收入与本公司收入适当分离,光辉纪元公司因此在中国民生银行北京紫竹支行设立账号为2210201008653的账户,为中硕购物所销售的货物,统一收取货款。

上海森果商贸有限公司以电视购物形式销售化妆品、减肥产品和保健品等,该公司为北京光辉纪元贸易有限公司伏梅和赵洁英控制,由北京光辉纪元投资在江苏卫视做广告,每天分公司的订单由李长盈以电子邮件的形式传给北京光辉纪元贸易有限公司的赵洁英,由赵洁英给光辉纪元下货单,结算由光辉纪元贸易有限公司与中国速递公司、宅急送结算,上海物流由马青云负责与北京光辉纪元贸易有限公司伏梅结算,由马青云把应结货款打到伏梅在北京的个人账号上。

北京光辉纪元贸易有限责任公司在中国民生银行北京紫竹支行的账号为

2210201008653 的账户是其货款结算的主要账户。从资金运动的来源发现该账户中资金主要来源为三家速递公司,分别为:中国速递服务公司、北京邮政速递公司、北京宅急送快运有限公司北京分公司。中国速递服务公司关于对北京光辉纪元贸易有限公司结算款及划拨情况说明、合同书等证据证明:北京光辉纪元贸易有限公司为其公司代收货款业务签约客户。其公司于 2005 年 3 月 1 日至 2006 年 12 月 11 日间向该公司结算并支付货款累计 97,583,459.84 元,结算款为已扣减过有关结算费用的实收货款。自首次结付款以来,其公司一直将货款拨付于该公司指定账户。该公司账户明细:账户名称北京光辉纪元贸易有限责任公司,账户号码 2210201008653,开户银行北京民生银行紫竹支行。北京宅急送快运有限公司北京分公司关于对北京光辉纪元贸易有限公司结算款的情况说明、合同书等证据证明:北京宅急送快运有限公司北京分公司为北京光辉纪元贸易有限责任公司提供货物承运服务,并替其代收货款,但双方签订的代收货运输合同丢失。北京宅急送快运有限公司北京分公司从 2004 年 8 月 3 日到 2005 年 8 月 2 日共为北京光辉纪元贸易有限责任公司代收货款 8,868,577 元,扣除其公司应收取的运费、手续费后,实际支付给该公司货币资金 8,152,560.65 元,支付到民生银行紫竹支行,账号为 2210201008653,此账号为其单位与其结算的唯一账号。公司收取的运费、手续费未给北京光辉纪元有限公司开具发票,原因是该公司不要发票。北京光辉纪元贸易有限责任公司与北京邮政速递局签订的代收货款协议书及关于对结算款划拨情况说明等证据证明:北京光辉纪元贸易有限责任公司是其单位的协议用户之一。其单位与该公司只有代收货款的结算。该公司向其单位提供的用于划拨货款的银行账号为 2210201008653,民生银行紫竹支行。其单位划往该公司的代收货款,自 2003 年 7 月至 2006 年 1 月期间共划出 20,142,714.16 元,全部来自中国速递服务部公司划拨给其单位的货款。经其单位查询,"北京中硕阳光贸易有限公司"及"北京中硕信息咨询有限公司"与其单位没有业务往来。

北京光辉纪元贸易有限公司每月以北京商业银行翠微支行的账户到国税局报税,民生银行紫竹支行的账户并未报税,并未向国税局申报该账户。此外,2006 年 4 月,伏梅使用巫朝明的银行卡让客户汇款,巫朝明当时给伏梅提供了其个人的交通银行卡号和农业银行卡号,后来又办了一张建设银行的卡,公司就开始用巫朝明的卡收客户的汇款,巫朝明根据伏梅的要求去银行提款和转账,卡由其保管,伏梅有密码。巫朝明名下一共有 5 张银行卡给公司使用。公司从货运公司收款由伏梅负责,公司的会计是窦月琴。窦月琴按照伏梅的交代去银行取钱或转账,提的现金都交给伏梅,窦月琴把这些钱都记在本上,之后让伏梅签字确认。公司的账号都是伏梅和会计处理。

北京光辉纪元贸易有限责任公司在中国民生银行北京紫竹支行的账号为

2210201008653 的账户为隐匿账户。北京光辉纪元贸易有限责任公司利用隐匿账户的方式,进行账外经营不申报销售收入,偷逃国家税款。从 2003 年 1 月 1 日至 2006 年 12 月 31 日,上述 3 家速递公司共为北京光辉纪元贸易有限责任公司代收货款 131,843,657.16 元,未申报销售收入 112,686,886.46 元(不含税),应调增销项税额 19,156,770.70 元,其中:(1) 中国速递服务公司 2005 年度为其代收货款 44,436,361 元,2006 年度为其代收货款 57,531,304 元,总计 101,967,665 元,未申报销售收入 87,151,850.43 元(不含税),应调增销项税额 14,815,814.57 元;(2) 北京邮政速递局 2003 年度为其代收货款 2,081,290.52 元,2004 年度为其代收货款 14,906,580.10 元,2005 年度为其代收货款 4,015,723.74 元,2006 年度为其代收货款 3820.80 元,总计 21,007,415.16 元,未申报销售收入 17,955,055.69 元(不含税),应调增销项税额 3,052,359.47 元;(3) 北京宅急送快运有限公司北京分公司 2004 年度为其代收货款 2,611,749 元,2005 年为其代收货款 6,256,828 元,总计 8,868,577 元,未申报销售收入 7,579,980.34 元(不含税),应调增销项税额 1,288,596.66 元。北京光辉贸易有限责任公司偷税数额总计 19,144,862.59 元,其中 2003 年偷税 243,394.34 元,占同期应纳税额的 46.50%;2004 年偷税 2 604,413.65 元,占同期应纳税额的 88.21%;2005 年偷税 7,949,158.28 元,占同期应纳税额的 98.40%;2006 年偷税 8,337,637.06 元,占同期应纳税额 99.15%;2007 年 1 月至 2 月偷税额 10,259.26 元。巫朝明自 2006 年 12 月至 2007 年 7 月,使用个人账户提供给公司收取货款,涉及金额为人民币 3,303,257 元,应补缴增值税 479,960.42 元。

2007 年 3 月 22 日,北京市石景山国家税务局将北京光辉纪元贸易有限责任公司偷税案移送公安机关。北京市石景山区人民检察院指控被告单位北京光辉纪元贸易有限责任公司、被告人伏梅、窦月琴、巫朝明犯偷税罪,向北京市石景山区人民法院对其提起刑事诉讼。北京市石景山区人民法院于 2008 年 12 月 9 日作出(2008)石刑初字第 336 号刑事判决。

一审法院认为,被告单位北京光辉纪元贸易有限责任公司注册地为北京市石景山区,纳税账户在北京市商业银行。被告人伏梅在任该公司经理期间,以公司的名义在中国民生银行北京分行紫竹支行设立账户用于收取公司销售货款,为达到为本公司偷税目的,该账户的销售收入不记账,不向税务机构申报。被告人窦月琴自 2004 年起任该公司会计,负责纳税申报工作,其明知公司存在隐匿账户,仍在纳税时隐瞒该账户情况,进行虚假纳税申报以帮助公司偷税。被告人巫朝明明知本公司有偷税行为,仍在被告人伏梅的授意下自 2006 起至 2007 年 7 月提供个人银行账户代收公司货款不进行申报以帮助公司偷税。经北京市石景山区国家税务局认定,被告单位北京光辉纪元贸易有限责任公司自

2003年至2007年7月间,在委托中国速递服务公司、北京邮政速递局、北京宅急送快运有限公司北京分公司承担邮件及物品的运递、配送和货到付款服务中代收的货款共131,843,657.16元,未申报销售收入112,686,886.46元(不含税)偷逃增值税人民币1900余万元,其中2006年度偷税比例占同期应纳税总额99.15%。经北京市石景山区地方税务局认定,被告单位北京光辉纪元贸易有限责任公司自2003年至2006年,偷逃城市建设税、企业所得税等税款人民币290余万元。被告单位北京光辉纪元贸易有限责任公司犯偷税罪,被判处罚金人民币3,000万元。被告人伏梅犯偷税罪,被判处有期徒刑5年,并处罚金人民币3,000万元。被告人窦月琴犯偷税罪,判处有期徒刑3年,并处罚金人民币1,000万元。被告人巫朝明犯偷税罪,被判处有期徒刑1年6个月,并处罚金人民币100万元。

伏梅、窦月琴对一审判决不服,向北京市中级人民法院提出上诉。伏梅认为:原审判决书认定的1.3亿元收入中的部分收入已完税;光辉纪元公司在民生银行的账户中的钱款实际上不是该公司的收入;一审判决将民生银行紫竹支行账户中的1.3亿元货款全部认定为光辉纪元公司的销售收入是错误的;一审判决将1.12亿元未申报收入作为计税基础是错误的;国税局计算偷税数额的计算方法有误。原审判决书适用的偷税计税方法有误;原判对其量刑过重。窦月琴认为:公司非法经营行为隐瞒着窦月琴,窦月琴不应对公司偷税犯罪承担罪责,其没有帮助单位偷税的犯罪故意,不具有偷税罪的主观故意和共同犯罪的主观故意;不应对偷税的全部数额承担刑事责任;其不是本案的直接责任人员;一审判决书认定的事实不清、证据不足,原判对其量刑过重。

二审法院认为,北京光辉纪元贸易有限责任公司采取少列收入,不申报纳税的手段偷税,偷税数额占应纳税额的30%以上且偷税数额在10万元人民币以上,其行为已构成偷税罪,依法应予惩处。上诉人(原审被告人)伏梅作为被告单位直接负责的主管人员,上诉人(原审被告人)窦月琴、原审被告人巫朝明作为被告单位的直接责任人员帮助单位偷税,其行为均已构成偷税罪,依法亦应惩处。伏梅在共同犯罪中起主要作用,系主犯;窦月琴、巫朝明在共同犯罪中起次要辅助作用,系从犯,依法可对二人减轻处罚。一审法院根据原审被告单位北京光辉纪元贸易有限责任公司、上诉人(原审被告人)伏梅、原审被告人巫朝明犯罪的事实、犯罪的性质、情节,所作出的判决,定罪准确、量刑适当。但鉴于窦月琴参与犯罪的数额及其在共同犯罪中的地位、作用,原判对窦月琴的量刑不当,二审法院予以改判,判处有期徒刑2年6个月,并处罚金人民币500万元。

争议焦点

1. 未申报银行账户的收入是否全部构成应税收入？
2. 未申报销售收入的增值税纳税义务是否根据销项税额确定？
3. 企业以未申报银行账户收取销售收入是否构成逃税行为？

 法理评析

一、逃税罪的构成要件

本案的主要事实发生于2002—2006年，但生效判决则在2009年4月作出。在2009年2月28日，《刑法修正案（七）》由第十一届全国人民代表大会常务委员会第七次会议通过，自公布之日起施行。《刑法》第12条规定了刑法适用的从旧兼从轻原则，即如适用新的刑法更有利于被告人，如新刑法不认为是犯罪或是新刑法处罚较轻，则应当对被告适用新刑法。既然该案生效判决作出之前更有利于被告人的刑法已经开始实施，本案应当适用新的《刑法》第201条的规定，即应按是否构成逃税罪追究刑事责任，而非偷税罪。本案在定罪量刑方面显然有误。

根据2009年2月28日正式实施的《刑法》第201条的规定，逃税罪，是指纳税人采取欺骗、隐瞒手段进行虚假纳税申报或者不申报，逃避缴纳税款数额较大，达到法定定量标准的行为。逃税罪的构成要件如下：

（1）在犯罪主体方面

逃税罪的犯罪主体是特殊主体，只有我国税法所明确规定的纳税人和扣缴义务人才构成逃税罪的主体，非纳税人和非扣缴义务人均不成为逃税罪的主体。

（2）在犯罪客体方面

逃税罪的犯罪对象是国家开征的各个税种，无论纳税人逃避缴纳的应纳税款是增值税、消费税、营业税、企业所得税、个人所得税或是房地产税、土地增值税，只要纳税人实施了不申报或者进行虚假的纳税申报等方式，不履行其纳税义务达到法定的标准，即可构成逃税罪。因此，逃税罪可能违反任何一单行税种法的法律规定，侵害任何一税种的税收征管秩序。

（3）在犯罪的主观方面

实施逃税罪的主体必须存在故意的主观状态，实施逃税罪是以不履行其纳税义务为其主观故意的内容的。

（4）在犯罪的客观方面

逃税罪表现为纳税人采取欺骗、隐瞒手段进行虚假纳税申报或者不申报的行为。"纳税人采取欺骗、隐瞒手段进行虚假纳税申报"，主要是指纳税人或者扣缴义务人向税务机关报送虚假的纳税申报表、财务报表、代扣代缴、代收代缴税款报告表或者其他纳税申报资料，如提供虚假申请，编造减税、免税、抵税、先征收后退还税款等虚假资料等，如设立虚假的账簿、记账凭证；对账簿、记账凭证进行涂改等；未经税务主管机关批准而擅自将正在使用中或尚未过期的账簿、记账凭证销毁处理等；在账簿上多列支出或者不列、少列收入、缴纳税款后，以假报出口或者其他欺骗手段，骗取所缴纳的税款等行为。"不申报"则是指不向税务机关进行纳税申报的行为。这也是纳税人逃避纳税义务的一种常用手法，主要表现为已经领取工商营业执照的法人实体不到税务机关办理纳税登记，或者已经办理纳税登记的法人实体有经营活动，却不向税务机关申报或者经税务机关通知申报而拒不申报的行为等。

（5）在犯罪的结果方面

逃税罪所取得到税款通常以依照税法规定所计算出来的该纳税人所应当缴纳的税额为限，逃税数额小于或等于其纳税义务的范围。逃税罪的犯罪对象应当是纳税人应当缴纳或已经缴纳的税款。纳税人所逃避缴纳的税款还应当达到法定的标准，才能构成逃税罪。《刑法修正案（七）》正式实施后，司法机关尚未对逃税数额、逃税数额占应纳数额百分比、以及"数额较大"、"数额巨大"标准等作出司法解释，应当根据最高人民法院《关于审理偷税抗税刑事案件具体应用法律若干问题的解释》规定执行。根据该解释第1条的规定，纳税人不缴或者少缴应纳税款，逃税数额占应纳税额的10%以上且逃税数额在1万元以上，可以认定为偷税数额巨大。逃税数额，是指在确定的纳税期间，不缴或者少缴各税种税款的总额。逃税数额占应纳税额的百分比，是指一个纳税年度中的各税种逃税总额与该纳税年度应纳税总额的比例。逃税行为跨越若干个纳税年度，只要其中一个纳税年度的逃税数额及百分比达到《刑法》第201条第1款规定的标准，即构成逃税罪。各纳税年度的逃税数额应当累计计算，逃税百分比应当按照最高的百分比确定。

就本案而言，光辉纪元公司和上海隽邦公司、中硕阳光贸易公司、中硕阳光信息咨询公司共同成立了中硕购物这一包括仓库、订货网络、信息管理和呼叫中心及送货等在内的销售网络平台。这一销售网络平台根据当前的法律规定并不能进行工商登记而取得市场主体资格，因此并不具备独立的法律人格。就此而言，由中硕购物仅仅是光辉纪元等四家公司共同使用的销售渠道，通过该销售平台发生的销售行为应当分别归属于光辉纪元等四家公司。因此，中硕购物本身并非纳税主体,并不能作为偷税行为的犯罪主体。光辉纪元等四家公司则完成了公司的注册登记,具备独立法人资格,根据《增值税暂行条例》的规定对其销售货物的行为承担增值税的纳税义务。因此,光辉纪元公司是否构成偷税行为,必须具体考察其是否实施了"采取欺骗、隐瞒手段进行虚假纳税申报或不申报"的逃税行为,并客观上造成少缴税款达到法定标准。

二、光辉纪元公司存在虚假纳税申报行为

税务机关认为,光辉纪元公司以公司的名义在中国民生银行北京分行紫竹支行设立账户用于收入公司销售货款,并未向税务机关申报,因此认定该账户所收取的款项并未如实入账,构成偷税行为。那么,关键的问题在于,公司以未经申报的银行账户取得收入,是否构成偷税罪的客观行为?

根据税务机关查明的事实,光辉纪元公司分别在北京市商业银行翠微支行和中国民生银行北京紫竹支行开立了两个银行账户。根据《人民币银行结算账户管理办法》(中国人民银行令〔2003〕第5号)第3条的规定,单位银行结算账户按用途分为基本存款账户、一般存款账户、专用存款账户、临时存款账户。其中,单位仅能开立一个基本账户,而对一般存款账户则并不予以限制。根据该《管理办法》第12条、34条的规定,一般存款账户是存款人因借款或其他结算需要,在基本存款账户开户银行以外的银行营业机构开立的银行结算账户。一般存款账户用于办理存款人借款转存、借款归还和其他结算的资金收付。《税收征收管理法》第17条也肯定了从事生产、经营的纳税人可以开立基本存款账户和其他存款账户。因此,光辉纪元公司开立两个银行账户本身并非违反法律的规定。光辉纪元公司在税务机关登记备案的开户银行北京市商业银行翠微支行的账号为9001201020639-17的账户为其基本账户,而在中国民生银行北京紫竹支行的账号为2210201008653的账户则为其一般存款账户。

但《税收征收管理法》第17条规定,从事生产、经营的纳税人应当按照国家有关规定,持税务登记证件,在银行或者其他金融机构开立基本存款账户和其他存款账户,并将其全部账号向税务机关报告。《税收征收管理法实施细则》第17条进一步规定,从事生产、经营的纳税人应当自开立基本存款账户或者其他存款账户之日起15日内,向主管税务机关书面报告其全部账号;发生变化的,应当自变化之日起15日内,向主管税务机关书面报告。光辉纪元公司开立北京市商业银行和中国民生银行北京紫竹支行两个银行账户,只向税务机关申报北京市商业银行的账户,已经违反了上述规定,构成违法行为。根据《税收征收管理法》第60条的规定,未按照规定将其全部银行账号向税务机关报告的,必须承担相应的行政责任。

但光辉纪元公司未将其开设的银行账户向税务机关申报并不必然构成逃

税行为,《税收征收管理法》第 60 条的规定实际上也肯定了该行为并不必然包含于第 63 条所规定的逃税行为中。只有当纳税人以未开设的银行账户为手段,达到在账簿中少列或不列收入或进行虚假申报或不申报的目的时,该行为才可以认定为逃税行为。在本案中,光辉纪元公司使用巫朝明等人的个人账户收入货款,在 2006 年底则将对完账的汇款凭证全部销毁,不再保留银行汇款凭证。在进行纳税申报时,光辉纪元等公司仅就已开具发票的销售收入进行了纳税申报,而隐匿了其未开具发票部分的收入,已经实施了"伪造、变造、隐匿、擅自销毁账簿、记账凭证,或者在账簿上多列支出或者不列、少列收入"的虚假纳税行为。但税务机关单纯以光辉纪元公司未申报全部银行账户而认定其构成逃税行为,在北京市石景山区人民检察院起诉书中,将汇入中国民生银行北京紫竹支行的账号为 2210201008653 账户中的款项直接认定为"未在账簿中列支的收入",从而得出光辉纪元公司实施逃税行为的结论,而未具体查明该账户的使用是否合法、是否与光辉纪元公司的基本存款账户存在资金往来,更未查明该账户中的资金是否完全归属于光辉纪元公司,也未进一步查明该款项是否包括光辉纪元公司账簿中已经登记的销售收入,是否已经由光辉纪元公司进行了纳税申报等客观事实,在认定光辉纪元公司的行为性质上,缺乏必要的事实基础。而在主观故意方面,公诉机关也并未进一步查明当事人是否明知其行为足以逃避缴纳税款而实施该行为的主观故意。因此,起诉书中认为光辉纪元公司构成逃税罪,在事实认定方面仍存在诸多的疑点。

三、光辉纪元公司应纳税额的认定

(一)光辉纪元公司民生银行账户取得的款项并不能直接全部认定为应纳税额

在税务稽查报告中尽管已经查明光辉纪元公司在其基本存款账户外还存在另一银行账户,且在该账户中发生资金往来的事实。税务机关以此直接认定,汇入民生银行账户的款项全额构成增值税应纳税额。但银行账户中汇入款项,仅仅表明光辉纪元公司与其存在经济往来的公司之间发生资金往来关系,该款项并不必然为光辉纪元公司的销售收入。税务机关并未进一步查明款项汇入该账户的基础原因,也仅仅根据光辉纪元公司持有该账户的事实直接推定汇入该账户的款项全部归属于光辉纪元公司,对 1.3 亿元的资金的所有权归属并未进一步予以查明。税务机关基于光辉纪元公司持有两个账户的事实,认为这两个账户所取得的款项相互独立,并未查明两个账户之间是否存在资金的往来。更为重要的是,税务机关也并未查明汇入中国民生银行北京紫竹支行的账号为 2210201008653 账户中的款项是否已在光辉纪元公司的账簿中进行了登记和确认。在上述事实尚未查明的情况下,税务机关径行认定该账户中的款项构成应税的销售收入,必然导致光辉纪元公司应纳税额的虚增,使其承担额外的纳税义务。正是基于上述事实并未查明,税务稽查报告所得出的光辉纪元公司未申报销售收入112,686,886.46元的稽查结论,仍缺乏必要的事实支撑,有必要予以进一步的查明。

(二)税务机关应当核定光辉纪元公司的应纳税额

光辉纪元公司以两个银行账户从事经营活动,对购入和售出的商品也并未如实登记入账,2006年底甚至销毁相关的记账凭证,这确实使得税务机关难以查明光辉纪元公司真实的销售情况,从而确定其应当承担的纳税义务。即使如此,税务机关仍不能直接将汇入其民生银行账户中的款项直接全额认定为销售收入。根据《税收征收管理法》第35条的规定,擅自销毁账簿或者拒不提供纳税资料的或虽设置账簿,但账目混乱或者成本资料、收入凭证、费用凭证残缺不全,难以查账的,税务机关有权核定其应纳税额。同时《税收征收管理法》第47条规定,纳税人存在上述情形的,税务机关可以采取如下方法核定其应纳税额:(1)参照当地同类行业或者类似行业中经营规模和收入水平相近的纳税人的税负水平核定;(2)按照营业收入或者成本加合理的费用和利润的方法核定;(3)按照耗用的原材料、燃料、动力等推算或者测算核定;(4)按照其他合理方法核定。如采用上述一种方法不足以正确核定应纳税所得额或应纳税额的,可以同时采用两种以上的方法核定。采用两种以上方法测算的应纳税额不一致时,可按测算的应纳税额从高核定。因此,在光辉纪元公司存在账簿不全、销毁记账凭证的情况下,税务机关应当依照法定方法核定其应纳税款,而不是直接将其银行账户所汇入的款项直接认定为应纳税额。

四、光辉纪元公司逃税数额的认定

如前所述,逃税行为是结果犯,是否构成逃税罪取决于纳税人少缴或不缴的税款数额是否达到法定标准。本案中光辉纪元公司进行虚假纳税申报所少缴的税款数额的认定,对最终确定是否成立逃税罪及其量刑有着决定性的意义。

(一)光辉纪元公司的逃税数额的计算不应包括已经申报纳税的部分

税务机关认为,光辉纪元公司利用隐匿账户的方式,进行账外经营不申报销售收入,偷逃国家税款,从而确认其未申报销售收入为112,686,886.46元。光辉纪元公司主要以电视电话购物的形式销售化妆品、减肥产品、内衣、小家电等。公司销售产品由快递公司和宅急送把货物送到顾客手中并代收货款。根据税务机关查明的事实,中国速递服务公司、宅急送快运公司和邮政速递局与光辉纪元公司的货款结算,都是通过民生银行紫竹支行完成的,该银行账户中的货款全部来自三家快递公司划拨给该公司的货款。如果光辉纪元公司的全部收入均来自以中硕购物这一销售平台完成的商品销售,那么,在其账簿中所确认的销售收入也应当是包含在三家快递公司汇入在中国民生银行北京紫竹支行的账户的货款中的。而这部分账面列支的销售收入已进行了纳税申报。亦即光辉纪元公司所取得的销售收入是通过其一般存款账户进行结算的,其已申报的销售收入是光辉纪元公司在中国民生银行北京紫竹支行账户中汇入货款其中的一部分,税务机关确认了光辉纪元公司已申报的销售收入80,644,223.93元,但还有必要进一步查明该笔已申报的销售收入是否为汇入一般存款账户的款项的一部分,可能造成对光辉纪元公司销售收入的重复认定。因此,在认定光辉纪元公司未缴纳税款的数额,不应当以汇入光辉纪元公司民生银行账户的所有货款作为计税依据,而应当扣除其中光辉纪元已经申报纳税的部分,仅以未申报的收入部分作为计算未缴纳税款的计税依据。

(二)光辉纪元公司少缴税款应当予以核定

税务机关确认了2003年1月1日至2006年12月31日,上述3家速递公司共为北京光辉纪元贸易有限责任公司代收货款131,843,657.16元,未申报销售收入112,686,886.46元(不含税),应调增销项税额19,156,770.70元,但对相应的进项税额并未作相应的调整。法院则认为,光辉纪元公司为具有一般纳税人资格的纳税主体,该公司在民生银行账户内的资金,作为账外经营部分的收入,在提供不出经认证有效的进项税额发票的情况下,不能进行进项税额的抵扣。

光辉纪元公司为增值税一般纳税人,根据《增值税暂行条例》第4条及第13条的规定,其销售货物,应纳税额为当期销项税额抵扣当期进项税额后的余额。国家税务总局《关于增值税一般纳税人取得的账外经营部分防伪税控增值税专用发票进项税额抵扣问题的批复》(国税函[2005]763号)中所指不得抵扣其账外经营部分的销项税额的进项税额,仅限于纳税人采用账外经营方式且取得账外经营部分防伪税控专用发票,而该发票未进行认证或未在认证通过的当月按照增值税有关规定核算当期进项税额并申报抵扣的情况。该规定的目的在于保证所抵扣的增值税专用发票的真实性。但在本案中,光辉纪元公司并未就未申报的销售收入取得增值税专用发票,也无法根据专用发票上记载的进项税额抵扣。因此,不能适用国家税务总局《关于增值税一般纳税人取得的账外经营部分防伪税控增值税专用发票进项税额抵扣问题的批复》(国税函[2005]763号)的规定,其进项税额只能由税务机关予以核定。

国家税务总局《关于增值税一般纳税人发生偷税行为如何确定偷税数额和补税罚款的通知》(国税发[1998]066号)和国家税务总局《关于修改〈国家税务总局关于增值税一般纳税人发生偷税行为如何确定偷税数额和补税罚款的通知〉的通知》(国税函[1999]739号)中明确规定,一般纳税人的偷税手段如属账外经营,即购销活动均不入账,其不缴或少缴的应纳增值税额即偷税额,为账外经营部分的销项税额抵扣账外经营部分中已销货物进项税额后的余额。已销货物的进项税额按下列公式计算:已销货物进项税额＝账外经营部分购货的进项税额－账外经营部分存货的进项税额。纳税人账外经营部分的销售额(计税价格)难以核实的,应根据《增值税暂行条例实施细则》第16条(三)项规定按组成计税价格核定其销售额,即组成计税价格＝成本×(1＋成本利润率)。光辉纪元公司采用仓储保管与货物销售相分离的经营模式,加上物流业在我国刚刚发展起步,相应的会计管理制度并不健全,这些均导致部分货物的购买和销售并未在其账簿中予以记载,并进而导致部分销售收入并未进行申报。因此,光辉纪元公司应当由税务机关根据国税发[1998]066号和国税函[1999]739号的规定,分别核定已销货物的销售额和进项税额,最终确定其应纳税额。

因此,汇入光辉纪元公司账户的1.3亿元中,应当扣除已经申报的销售收入的数额,在此基础上,对作为增值税一般纳税人的光辉纪元公司,依照抵扣法确定其所逃避缴纳的税款。

综上所述,由于光辉纪元公司主要以一般存款账户结算货款,并仅对开出发票而销售的货物进行登记入账,而不列其未开发票而销售的部分的收入,造成实际少缴税款的结果。但在少缴税款数额的确定上,税务机关并未查明在汇入一般存款账户中的1.3亿元中包含了光辉纪元公司已经申报纳税的部分销售额,造成可能重复认定销售收入的情况,这必然造成对光辉纪元公司所认定的逃税数额过高。在逃税比例的确定上,税务机关则未将光辉纪元公司已缴纳的税款部分计入其当前应纳税额的部分,造成不合理的逃税比例的计算。同时,光辉纪元公司在基本存款账户外开立一般存款账户,目的仅在于方便与速递公司及其他合作的三家公司之间的货款结算,目的并不在于隐匿收入并逃避缴纳税款。且其已补缴452万元的税款,根据定罪量刑与主观恶性相一致的原则,光辉纪元公司未申报销售收入的社会危害性已经有所减轻,在定罪量刑时应当酌情予以考虑。

(汤洁茵)

12. 北京天富房地产公司涉嫌偷税案

在2008年《企业所得税法》实施以前,对于虚假的经济活动如何进行税法处理并无明确的税法规定。在北京天富房地产开发有限公司的涉税案件中,税务机关力图主张一项建筑项目的交易安排无效,并以此为基础对相关当事人进行逃避缴纳税款罪的刑事责任的追究。本案的审判发生于2009年,《企业所得税法》关于一般反避税的条款能否在本案中适用值得关注,而在该条中规定的"合理商业目的"如何在实践中进行具体的判断同样存在一定的难度。本案的核心问题在于纳税义务归属,即最终承担纳税义务的主体的确认,如何以交易的经济实质,依照法律的规定予以判定,是本案的关键所在。此外,本案中税收行政处罚的追诉时效、补税免责条款的适用等问题也值得关注。

案情简介

北京天富房地产开发有限公司(以下简称天富公司)成立于1995年1月24日,是由北京全联房地产开发公司、美国天成国际投资有限公司和香港利丽投资有限公司共同投资设立的中外合资经营企业,主要从事在规划范围内进行房屋及附属配套设施的开发、建设及物业管理,包括写字楼和公寓的出售、商业设施的租售、餐饮和娱乐设施的经营等。

天富公司开发美惠大厦,该项目于1996年动工,1998年竣工,2001年完成汇算清缴。由于天富公司不具备建筑资质,特与具有该资质的中大实业有限公司(2003年改名为中建—大成建筑有限公司,以下简称中大公司)于1996年8月20日签订了关于美惠大厦施工的合作协议。协议的主要内容是,天富公司出资200万元购买中大公司美惠大厦项目的施工经营管理权,天富公司以中大公司名义对工程实行全面管理,中大公司不参与该项目的任何经营及管理。根据该合作协议,以中大公司的名义成立美惠大厦的项目部,项目部人员由天富公司委派,项目经理则由中大公司委派,但该项目经理授权天富公司所委派的人员全面管理和负责经营,项目部全权负责美惠大厦的经营活动。该项目的施工管理、分包商、供应商的选择、合同定价及竣工结算等工作都由项目部进行管理。

项目部有其独立的银行账户,由中大公司出具手续,天富公司办理开户手续,该账户属于中大名下,但由项目部控制,对美惠大厦项目进行独立核算。该项目的账簿及原始凭证也由项目部负责,仅在工程结束后有关项目报表报交中大公司,与中大公司其他项目一起,以合并报表的方式并入公司的财务决算当年度的报表中。实际上天富公司购买了美惠大厦项目部的经营权,挂靠于中大公司,利用该项目部进行美惠大厦的工程施工。此外,天富公司与中大公司还签订了两份总承包合同,一份地上施工合同,一份地下施工合同,合同标的总额2.3亿元,该合同经北京市政府招标办审核批准。

根据合作协议,天富公司分4次向中大公司支付了200万元的管理费。中大公司美惠大厦项目部独立核算,天富公司根据美惠大厦工程进度,分别向项目部支付相应的款项,中大公司则按支付金额开具相应的工程款发票交由天富公司,所开发票对应的营业税税款也由项目部转交中大公司向税务机关缴纳。在工程施工期间,一共开出67张发票,涉及金额2.3亿元。

中大公司成立美惠大厦项目部后,为完成美惠大厦的建设施工,中大公司以美惠大厦项目部的名义与江苏省苏中建筑集团公司驻北京分公司(以下简称苏中公司）签订了美惠大厦项目的分包协议,总承包方和费用支付方均为中大公司美惠大厦项目部,合同标的总额也是2.3亿元。苏中公司在北京没有总承包资质,不具备总承包条件,所以都是由北京有资质的建筑企业将项目总承包下来后,再将项目分包给苏中公司具体进行施工。总承包企业从中抽取施工费用差价及管理费用。

苏中公司承揽美惠大厦项目后,成立了美惠大厦项目部,由该项目部实际承担美惠大厦的建筑施工。苏中公司美惠项目部挂靠于苏中公司,不具备独立法人资格,没有独立进行核算。该项目部对美惠大厦自行施工,苏中公司负责监管。该项目部没有独立的账户,其资金往来和款项结算完全通过苏中公司的账户完成的。项目部的人员隶属于苏中公司,由于项目部没有施工资质,必须挂靠于苏中公司,为此,项目部按年度根据结算金额支付苏中集团2%的管理费用。

施工过程中的有关费用与中大公司美惠大厦项目部进行结算。具体的付款过程是由天富公司首先将款项汇入中大公司美惠大厦项目部,再由中大公司美惠大厦项目部汇入苏中公司在朝阳支所开立的账户上,账户名称为"苏中北分公司"。中大公司美惠大厦项目部按照工程进度支付了全部款项,苏中公司收到款项后如实记入账簿,并逐笔开出相应的发票。

税务机关于2007年对天富公司进行了税务检查,在检查中发现苏中公司最后结算的建筑费用总金额为1.3亿元,且实际支付人为天富公司,但中大公司为天富公司开具了67份外商投资企业经营(服务)发票,金额合计2.3亿元,天富公司据此列支了建筑开发成本。天富公司支付给中大公司费用只有876万元,其中包括180万元的管理费和2.3亿元发票所应缴的营业税、印花税税款696万。税务机关认为,天富公司与中大公司虚构经济业务情况,所取得的67份发票不予列支建筑成本。而苏中公司承建的美惠大厦的结算金额为美惠大厦项目的真实建筑安装结算成本,则可作为建筑开发成本予以列支。由于天富公司实际上控制了美惠大厦项目部的全部经济活动,人、财、物全部由天富公司控制,该公司实际上是购买了中大公司的建筑开发资质进行房地产项目开发活动,天富公司应为实际上的纳税人。税务机关据此认定天富公司虚列建筑成本,应调增应纳税所得额7,810万元,补缴外商投资企业和外国企业所得税2,577万元,并处以5,154万元罚款。

从2007年7月起,到2008年12月,天富公司补缴企业所得税税款共计25,771,908.85元,滞纳金30,988,078.98元、罚款3,500,000元,目前尚欠缴罚款48,043,817.70元。

北京市国家税务局认定天富公司虚构经营业务,在账簿上虚列成本,客观上存在偷税事实,该公司在虚构经济业务的情况下取得的67份外商投资企业经营发票,金额合计232,162,770元,不予列支建筑开发成本,该公司偷漏外商投资企业和外国企业所得税25,771,908.85元,应补缴外商投资企业和外国企业所得税25,771,908.85元,该公司偷税比例为34.53%。税务机关同时对该公司加收滞纳金。北京市国家税务局稽查局接举报后于2007年6月29日将天富公司涉嫌偷税一案移送至公安机关。

北京市东城区人民检察院认为,北京天富房地产开发有限公司采取欺骗、隐瞒手段进行虚假纳税申报,逃避缴纳税款,数额巨大,对该公司向北京市东城区人民法院提起诉讼,要求以逃避缴纳税款罪追究其刑事责任。北京市东城区人民法院于2010年8月4日作出(2009)东刑初字第86号刑事判决。

一审法院认为:被告单位北京天富房地产开发有限公司进行虚假纳税申报,逃避缴纳税款数额巨大且占应纳税额30%以上,侵犯了国家的税收管理制度,已构成逃税罪,依法应予刑罚处罚;被告人张秀珍、郭先辉具体实施天富公司逃避缴纳税款的行为,亦构成逃税罪,依法均应承担相应刑事责任。鉴于本案审理期间,最高人民法院、最高人民检察院《关于执行〈中华人民共和国刑法〉确定罪名的补充规定(四)》公布施行,其中将《刑法》第201条的罪名修改为逃税罪,故被告单位天富公司及被告人张秀珍、郭先辉的行为应构成逃税罪。故判决:(1)被告单位北京天富房地产开发有限公司犯逃税罪,判处罚金人民币三千万元(已缴纳的行政罚款折抵罚金)。(2)被告人张秀珍犯逃税罪,判处有期徒刑三年,并处罚金人民币三万元(已缴纳)。(3)被告人郭先辉犯逃税罪,判处有期徒刑三年,并处罚金人民币三万元(已缴纳)。

北京天富房地产开发有限公司对一审判决不服,提出上诉。其上诉理由是:自税务机关依法下达追缴通知后,公司积极补偿应纳税款、缴纳滞纳金、行政罚款,已受行政处罚,应不予追究刑事责任。二审法院不予认可,维持了一审法院的判决。

争议焦点

1. 天富公司与中大公司是否存在真实的经济业务往来?

2. 中大公司美惠大厦项目部独立管理美惠大厦项目、独立进行核算,是否构成总承包合同的履行?相关的费用是否能够作为建筑费用列支?

3. 中大公司美惠大厦项目部所产生的收入的纳税主体如何确定?相关费用应当如何予以列支?

4. 税务机关对天富公司是否享有处罚权?

5. 天富公司将中大美惠大厦项目部的费用列为本公司支出是否构成以欺

骗、隐瞒手段进行虚假纳税申报？天富公司是否具有逃避缴纳税款的故意？是否造成少缴税款的后果？是否构成逃避缴纳税款罪？补缴税款、滞纳金和罚款的行为是否可以适用《刑法》第201条补税免责的规定？

6. 本案是否能够适用新《刑法》第201条的规定？

 法理评析

一、美惠大厦项目的实施是否为虚构的经济业务情况？

在本案中，天富公司开发美惠大厦，由于其不具备建筑资质，特与具有该资质的中大实业有限公司签订关于美惠大厦施工的合作协议。中大公司为此成立了美惠大厦项目部，该项目部根据天富公司与美惠公司之间的合作协议，实际上是由天富公司购买了美惠大厦项目的经营权，挂靠于中大公司进行经营。税务机关认为，天富公司与中大公司虚构了经济业务情况，因此对天富公司从中大公司所取得的67份发票不予列支。因此，美惠大厦项目是否为虚构经济业务，是解决本案争议的基础问题。

美惠大厦项目发生于1996—1998年，2001年完成汇算清缴，因此，其纳税义务的确定应当适用《外商投资企业和外国企业所得税法》或《企业所得税暂行条例》。在上述规范性法律文件中，并未对如何认定一项经济业务为虚假予以规定。如根据《企业所得税法》第47条所规定的一般反避税条款以及《特别纳税调整实施办法》第92—97条的规定，一项在税法上应当予以忽视的虚假交易，应当是"不具有合理商业目的的安排而减少其应纳税收入或者所得额"，而"以减少、免除或者推迟缴纳税款为主要目的"，即可认定为不具有合理商业目的。也就是说，应以该行为的整体目的性或目标体系予以判断，税收意图并不占有主导或构成该行为的唯一目的，税负最小化的目标完全服从、服务于该经济行为的商业目的的实现。如果说交易的法律形式的安排与交易的特定经济目的不相符合，采取不具有商业合理性的异常的、迂回的行为，无视甚至完全忽视该交易的经济效果，则可以判定该行为尽管具有经济交易的外观，但并无经济交易的实质，该经济行为的实施意图并不包含商业目的，税收利益的取得是该经济安排的主导或唯一的目的，如果不存在这些税收利益该经济交易便不会产生或不会以此种形式产生，在此经济行为的效果意思与表示行为之间相背离的情况下，该行为可以认定为虚假。

从各国司法实践所认定的商业目的来看，商业目的并不必然是指以取得财务上的利益为目标。在美国，法院所认定的商业目的，主要存在两种形式。一种为文本形式上的商业目的,即要求纳税人采用交易形式的商业目的应当与条文所规定的目的一致。另一种则是纯粹的主观商业目的的判断,只要具有非税的目的,均认为构成商业目的。① 在一项交易中,交易是否具有合理的商业目的,应当根据纳税人所实施的行为等外部事实予以客观的评价,如交易是否具有盈利的可能性、是否真正将资金投入于交易中、各个交易步骤是否真正发生、交易所涉及的主体是否相互独立且在交易前后从事合法的商业活动等。利润动机并非唯一的"非税目的"。以实现利润以外的其他商业利益为目的,同样可以构成"商业目的"。在 *TIFD III-E inc.* 案[②]中,纳税人"缔结合伙协议以筹集资金,且更重要的是,向投资者、信用评级机构和其高级管理人员证明其可以筹集资金",被法院认为构成"商业目的"。"履行除纳税义务以外的其他法定义务"可以认定为"非税的商业目的",如美国法院在 *Frank Lyon Co.* 一案中认为,满足监管义务应该构成一项商业目的。[③]

尽管《企业所得税法》及其实施条例规定,如税收目的构成交易的主要目的,该交易即可能被认定为不具有合理商业目的。但如何判定"税收目的构成交易的主要目的",在相关法规中并未有所规定。由于纳税人从事经济交易的目的在于取得直接的经济利益或未来取得经济利益的机会,如果与可预期取得的税收利益相比,该经济利益显著轻微或并无可预期经济利益的取得,则税收目的应当构成交易的主要目的,该交易不具有合理的商业目的。在非税目的与税收目的同时并存的情况下,则必须判断是否因税收目的的追求而采用更加迂回、复杂的不必要交易形式,以确定该形式是否为虚假。

在本案中,天富公司并未直接开发美惠大厦,而是由中大实业公司进行总承包,再分包给苏中公司进行具体施工。这一形式安排,与直接开发或直接由苏中公司承包的方式相比,显然更为迂回和复杂。但天富公司采取这一方式,其原因在于,其一,天富公司并无建筑资质,不具有直接开发房地产的法定资格,这决定了天富公司不能直接开发美惠大厦。其二,苏中公司在北京并无总承包资质,天富公司不能直接与苏中公司直接签订总承包合同。这一房地产开发与承包资格的限制是决定天富公司采取现有交易模式的根本原因。如不采取这一方式,天富公司不具备美惠大厦招标投标的资格,根本无法取得美惠大厦的开发权。采取这一形式安排,才使得天富公司最终取得美惠大厦的开发权,天富公司与中大公司的承包合同也得到北京市政府招标办审核批准。因此,天富公司与中大公司之间的这一安排是美惠大厦开发交易得以进行的基本

---

① Allen D. Madison,"The Tension between Textualism and Substance-over-form Doctrine in Tax Law", *Santa Clara Law Review*, 2003, Vol. 43, p. 729.
② *TIFD III-E inc.*, 342 F. Supp. 2d at 109.
③ *Frank Lyon Co.*, 435 U.S. at 583—584.

前提,是基于满足招标投标资格要求的必然选择,应当认为是具备税收以外的商业目的的。税务机关认为天富公司与中大公司之间的经济业务情况是虚构的,显然是值得商榷的。

二、美惠大厦项目部的纳税主体资格

在认定天富公司与中大公司之间的安排构成真实的经济业务的前提下,美惠大厦项目所发生的经济业务如何确定纳税义务的承担主体,则是应当重点予以关注的问题。

(一)美惠大厦项目部与中大公司存在挂靠关系

尽管美惠大厦项目部以中大公司的名义成立,项目经理也由中大公司委派,项目部的账户也属于中大公司名下,但项目的施工管理、分包商、供应商的选择、合同定价及竣工结算等均由项目部进行管理,银行账户也由项目部进行控制。因此,美惠大厦项目部并非中大公司的内部职能部门,而只是在美惠大厦施工与经营期间使用中大公司的名义对外从事经营活动。美惠大厦项目部与中大公司之间的法律关系,不仅直接决定美惠大厦的法律地位,也将影响美惠大厦项目相关经济收益的纳税主体,有必要予以厘清。

根据《清理甄别"挂靠"集体企业工作的意见》,可以根据如下的标准来判定是否构成"挂靠"企业:

(1)明析挂靠企业的设立主体

设立主体是认定挂靠企业的重要法律标准。某企业的分支机构或内部职能部门,其设立主体即为该企业,而如果由该企业以外的其他单位或个人设立,则可以认定该机构或部门为挂靠企业。但在认定设立主体时,应当将名义上或法律形式上的设立主体与实质设立主体相区别。在实践中,往往存在由被挂靠单位出具材料申办该分支机构或职能部门,而其资金实际由个人投入或由申报单位假投资,财产实际归其他主体占有的情况。在这种情况下,该实际出资人为该挂靠企业的设立主体,仍应当认为该机构为挂靠企业。

(2)明晰挂靠企业的财产归属

该机构的财产实际归属是认定是否构成挂靠企业的重要经济标准。一般说来,挂靠企业的财产由被挂靠企业以外的其他单位和个人投入,其利润由投入资金的单位和个人享有,经营风险由其分担。而被挂靠单位则只收取经营者的一定数额的费用,不参与利润的分配,在该机构发生亏损或发生民事纠纷时,被挂靠单位不承担相应的经营风险和民事责任。在挂靠企业解散或清算时,被挂靠企业也不参与剩余财产的分配。

(3)明晰挂靠企业的管理关系

挂靠企业在经济上一般独立于被挂靠企业,独立经营、独立纳税、自主支配利润,设立独立的账簿,其经济活动单独核算。被挂靠企业不介入挂靠企业的经营决策,不直接派人员参与挂靠企业的经营,被挂靠企业与挂靠企业之间不存在人事和工资关系,则可以认定为挂靠企业。

(4) 明晰挂靠企业的利润分享形式

一般来说,企业设立分支机构或内部职能部门,该分支机构或职能部门所产生的经营收益应当归该企业所有;而在存在挂靠关系的情况下,被挂靠企业仅仅取得管理费、租金,而不取得该机构的收益。该机构所有的经济收益直接归该机构的真正设立人所有,则可以认定为挂靠企业。

(5) 明晰挂靠企业的责任承担

对企业的分支机构或内部职能部门,由于不具有独立的法律资格,其民事责任和纳税义务等必须由设立企业来承担。而对挂靠企业,由于与被挂靠企业之间不存在真正的投资和设立关系,挂靠企业的民事责任和纳税义务完全由其自身负责,被挂靠企业不承担挂靠企业的任何民事责任和纳税义务。

根据上述标准,尽管美惠大厦项目部设于中大公司名下,但实际上由天富公司所委派的人员全面管理和负责经营,美惠大厦项目发生的费用由天富公司支付。中大公司并不对项目部所发生的费用负责,而仅在工程结束后将有关项目报表报交中大公司,与中大公司其他项目一起,以合并报表的方式并入公司的财务决算中。项目部拥有独立的银行账户,由项目部予以控制。因此,美惠大厦项目部仅是挂靠于中大公司经营的项目,并非中大公司的职能部门或内部机构,中大公司无需就美惠大厦所产生的收益承担纳税义务。

(二) 美惠大厦项目部应为天富公司的分支机构

美惠大厦项目部与中大公司之间仅存在挂靠关系,因此,应当是作为两个不同的经济主体而存在的。但从项目部的财产归属来看,项目部本身并无独立于天富公司的财产,其所发生的费用均由天富公司根据美惠大厦工程进度交付相应的款项。在管理关系上,中大公司设立美惠大厦项目部后,美惠大厦项目的施工经营管理权实际上由天富公司控制,由天富公司所委派的人员进行大厦的施工,项目所涉及的重大决策事项,包括施工管理、分包商、供应商的选择、合同定价以及竣工结算等工作也由天富公司实际控制。在责任承担上,项目部所发生的费用由天富公司最终承担。因此,天富公司对美惠大厦项目部存在一定的财产与经营的控制关系,两者并非两个独立的民事主体。

但应当注意的是,美惠大厦项目部具有独立的银行账户,美惠大厦项目部进行独立结算。该项目的账簿和原始凭证也由项目部负责,以项目部的名义与苏中公司签订分包协议。因此,尽管美惠大厦项目部不构成独立的民事主体,但经济独立性则高于一般企业的职能部门和内部机构,而应当被视为天富公司的分支机构。

(三) 美惠大厦项目部作为分支机构不能作为企业所得税的纳税人

美惠大厦项目部为不具有法人资格的分支机构，能否为其发生的经济业务活动承担相应的纳税义务，是本案争议的焦点。一般说来，在私法上享有完全权利能力的主体，在税法上也享有完全权利能力，如自然人和法人。他们的权利能力自其民事主体资格确立时而当然享有，如自然人自出生时取得民事权利能力，也相应取得税收权利能力，法人自登记成立之日起取得民事权利能力，也相应取得税收权利能力。① 但税法与私法同样有着不同的价值追求，其权利能力的设定也必然与私法上的权利能力有所差别。民法所关注的是在自由市场经济下各个经济主体的平等地位、意志的自由表达以及市场的自由交易秩序和交易安全，因此，对私法主体的权利能力的设定更多的是从主体的行为及承担责任的可能性予以考量的。而税法所关注的是市场经济下主体承担税收负担的可能性，其权利能力的设定更多的是从主体取得收益的可能性以及税收负担能力予以考量的。在税法上，应当以具有经济上的负担能力（例如所得税）或在技术上可把握的经济上的负担能力的对象（例如营业税）作为税收权利能力的享有者。② 因此，在私法上不享有权利能力或享有部分权利能力的主体，在税法上出于把握经济上负担能力之技术上需要，则有可能赋予其完全权利能力或部分权利能力，如非法人团体、个人独资企业、合伙企业。但对于那些在私法上不具备权利能力或仅具备部分权利能力的主体，其税收权利能力的取得则要根据税法的具体规定而定。由于税法是根据负担能力来分配纳税义务的，因此，一般来讲，只要具备税收负担能力的主体，无论其在私法上的地位如何，都可以取得税收权利能力。

根据税收法定原则，某单位和个人要成为纳税主体，在形式上必须有法律的明确规定。只有在税法上明确规定某一主体为该税种的纳税人，该主体才具有相应的纳税主体资格。纳税主体应当是税收法律或税收行政法规所明确规定的主体，税法未明确规定的主体不能成为纳税主体。如尽管个人独资企业和合伙企业同样为从事生产经营活动的企业，但根据2000年9月19日财政部和国家税务总局联合发布的《关于个人独资企业和合伙企业投资者征收个人所得税的通知》，对个人独资企业和合伙企业停征企业所得税，只对其投资者的经营所得征收个人所得税，则个人独资企业和合伙企业不具备企业所得税的纳税主体资格。

就本案而言，天富公司为中外合资经营企业，其分支机构能否作为独立的

---

① 这并不表明法人登记或法人取得民事权利能力是法人取得税收权利能力的必备要件，非法成立或依法尚未成立的"法人"，只要其进行了经营活动或有所得，同样可以成为税法主体，即具备税收权利能力。

② 参见陈清秀：《税法总论》（第2版），台湾翰芦图书出版有限公司2001年版，第293页。

纳税主体进行纳税,必须根据有效的税法予以确定。本案发生于1995—2001年期间,应当适用《外商投资企业和外国企业所得税法》、《税收征收管理法》等税收法律规范。根据《外商投资企业和外国企业所得税法实施细则》第5条的规定,外商投资企业在中国境内或者境外分支机构的生产、经营所得和其他所得,由总机构汇总缴纳所得税。因此,分支机构不能作为独立的外商投资企业和外国企业所得税的纳税主体。

因此,美惠大厦项目部所发生的经济收益,其纳税主体应当为天富公司。尽管北京市国家税务局稽查局认为,美惠大厦项目部的所有经营活动都应当归属于天富公司,由天富公司作为实际纳税人,却仅允许天富公司实际支付给苏中公司的工程建设款可予以支出,美惠大厦项目部从事美惠大厦工程建设所发生的支出却不允许作任何费用扣除,这必然大大减少了天富公司可税前扣除的成本、费用的数额,进而增加其应纳税所得额,其纳税义务也因此而加重,对天富公司显然有失公平。因此,税务机关应有义务查明美惠大厦项目部在开发和经营管理美惠大厦项目过程中所发生的实际支出成本,包括由天富公司直接支付给苏中公司的建设工程款和其他实际发生的支出,如项目部工作人员所发生的工资、薪金等管理费用,从而认定天富公司的实际应纳税额。

三、税务机关对天富公司作出的行政处罚具有明显的违法性

(一)税务机关对天富公司的行政处罚权已超过追诉时效

《税收征收管理法》第86条规定,违反税收法律、行政法规应当给予行政处罚的行为,在5年内未被发现的,不再给予行政处罚。根据《行政处罚法》第29条第2款的规定,税务违法行为的追诉时效期间,从违法行为发生之日起计算,违法行为有连续或者继续状态的,从行为终了之日起计算。天富公司以中大公司虚开的67张发票虚增建筑成本发生于美惠大厦项目建筑施工期间,即1996年—1998年之间,于2001年以此虚增的建筑成本进行项目竣工结算申报并取得北京市国家税务局涉外税收管理分局的完税证明,其虚假申报纳税的行为到此实施终了。因此,天富公司逃避缴纳税款的行为的追诉时效期间应当自2001年取得税务机关的完税证明之日起算。到2007年税务机关对天富公司进行税务检查,已经6年的时间,超出了《税收征收管理法》所规定的税收违法行为的追诉时效期间,已无权对天富公司进行税收行政处罚。因此,2007年7月税务机关对天富公司作出处予51,543,817元的罚款的处罚决定,是无效的行政行为。

(二)税务机关对已移送司法机关处理的案件不应作出处罚决定

根据《行政处罚法》第22条的规定,"违法行为构成犯罪的,行政机关必须将案件移送司法机关,依法追究刑事责任"。其第7条第2款同时规定,违法行为构成犯罪,应当依法追究刑事责任,不得以行政处罚代替刑事处罚。《税收征

收管理法》第77条也有类似的规定。因此,如纳税人逃避缴纳税款的行为构成犯罪,税务机关应当立即移送司法机关追究刑事责任,而非对其实施行政处罚后移交司法机关或在移交司法机关的同时作出行政处罚。根据《全国人民代表大会常务委员会关于惩治偷税抗税犯罪的补充规定》第7条的规定,对犯偷税罪的,由税务机关追缴不缴、少缴、欠缴、拒缴或者骗取的税款。对依法免于刑事处罚的,除由税务机关追缴不缴、少缴、拒缴或者骗取的税款外,处不缴、少缴、拒缴或者骗取的税款5倍以下的罚款。可见,税务机关可以对部分免于刑事处罚的涉税犯罪行为实施税务行政处罚。对涉嫌涉税犯罪的行为应当遵循"刑罚优先、避免多重处罚"的原则予以处理,当税务机关认为税务违法行为已构成犯罪的,税务机关应当本着"刑罚优先"的原则,积极主动移送涉税犯罪案件,对已构成犯罪并被处予刑罚的行为,则不再处予行政处罚,对不构成涉税犯罪或虽构成犯罪但免于刑事处罚的行为,税务机关才能处予行政处罚。

就本案而言,税务机关在2007年5月23日作出的《税务稽查报告》中认为天富公司的逃避缴纳税款的行为已经构成犯罪,建议移送公安机关处理,并于2007年6月27日向北京市公安局经济犯罪侦查处移送了天富公司涉嫌偷税的案件。此时,天富公司涉嫌犯罪一案已进入司法程序,税务机关无权于2007年7月18日对天富公司作出行政处罚的决定。

因此,天富公司实施虚开发票入账并进行纳税申报的行为实施完成于2001年,到2007年已经超过《税收征收管理法》所规定的5年的追诉时效期间,税务机关已无行政处罚权。而在税务机关已作出移送本案的情况下,仍作出处罚决定,显然已违背"刑罚优先"的原则。因此,税务机关对天富公司作出的行政处罚决定具有明显的违法性。

四、补税免责规则在本案中的适用

(一)本案可适用2009年修改后的《刑法》第201条的规定

天富公司开发美惠大厦项目建设发生于1995—2001年,由于《刑法》第201条关于偷税行为的规定在2009年2月作了重大修改,新刑法的规定能否溯及适用于天富公司开发美惠大厦项目的行为,对天富公司刑事责任的承担具有重要的意义。

《刑法》第12条规定了刑法适用的从旧兼从轻原则,即如适用新的刑法更有利于被告人,如新刑法不认为是犯罪或是新刑法处罚较轻,则应当对被告适用新刑法。《刑法修正案(七)》对《刑法》第201条的规定进行了修改,增加逃税罪的初犯补税不予追究刑事责任的规定。这一规定使得纳税人在满足逃税罪的构成要件后,如能够意识到行为对社会和国家的危害性,积极履行其纳税义务和采取积极的补救措施,确保国家税收收入不因其逃税行为有所减少,减轻其行为所造成的损害后果,在对其处以行政处罚足以形成惩罚的情况下,可免受追究刑事责任,这一规定大大减轻了逃税罪的惩罚性,适用这一规定对被告人显然更为有利。因此,天富公司可以适用新修改后的《刑法》第201条。

(二)补税免责的适用条件

逃税行为之所以具有刑事上的可罚性,是基于税收在国家政治体制中的重要性所决定的。税收不仅是保证国家提供公共产品的物质基础,更是保证纳税人基本权利实现的基础。逃税行为不仅直接损害了国家财政收入的取得,更将损害实现普适、公平课征的税收制度。如果纳税人在实施逃避缴纳税款行为之后,基于某种原因而补缴应纳税款,则国家财政收入得以实现,普适、公平课征的税收制度也得以维护。因此,纳税人的补税行为将大大降低其逃避缴纳税款行为的社会危害性,对其不予追究刑事责任正是对其采取措施积极减轻社会危害的肯定,体现了定罪量刑应考虑犯罪主观恶性的原则,同时更体现了从犯罪的实质危害性定罪量刑的原则,不仅能够减少刑事犯罪的追诉成本,也能够积极促使逃避缴纳税款的纳税人积极进行补税。因此,是否造成国家财政损失以及损失的程度,是逃税罪定罪量刑的法定情节。这一思路也为2009年的《刑法修正案(七)》对《刑法》第201条进行修改时接受,从而确立了逃税罪的初犯补税不予追究刑事责任的规定。根据这一规定,纳税人如已补缴税款和滞纳金,对其逃税行为给予行政处罚已足以对其进行惩戒,则可以不予追究其刑事责任。

根据《刑法》第201条的规定,纳税人存在逃税行为的,经税务机关依法下达追缴通知后,补缴应纳税款,缴纳滞纳金,已受行政处罚的,不予追究刑事责任;但是,5年内因逃避缴纳税款受过刑事处罚或者被税务机关给予二次以上行政处罚的除外。因此,适用补税免责的规定,必须满足以下要件:(1)存在逃税行为;(2)税务机关下达追缴通知;(3)纳税人补缴税款和滞纳金;(4)纳税人已受到行政处罚。对于"已受行政处罚"这一要件,目前并无司法解释对其予以明确的规定,学界对此也存在巨大的争议。有学者认为,"已受行政处罚"应当认定为税务机关已对该行为作出行政处罚决定,无需行为人主观上接受并积极履行该处罚决定,即可认为纳税人满足"已受行政处罚"这一要件。设立逃税罪初犯免责的目的,在于体现行为对犯罪行为的主动补救与悔改,如"已受行政处罚"仅仅表明行政处罚决定的客观作出,则无法体现行为人对其逃税行为的悔改和已受惩罚。因此,有学者认为,"已受行政处罚",不仅是指行为人客观上受到行政处罚,还应包括行为人主观上认可并愿意履行行政处罚的内容,在客观上在规定的期限内积极主动履行相关行政行为规定的义务。但这一规定对纳税人而言显然过于苛责。尤其在罚款数额巨大的情况下,纳税人如无法全额缴纳罚款,则可能因此承担刑事责任。因此,"已受行政处罚"应当是指在案件移送司法机关前纳税人客观上已接受处罚,"主观上认可并愿意接受行政处罚的内容,并已积极着手履行行政处罚的内容"。

此外,"补缴税款和滞纳金"这一要件是否指全额的税款和滞纳金的补缴,同样存在一定的争议。根据《税收征收管理法》第32条的规定,纳税人未按照规定期限缴纳税款的,税务机关除责令限期缴纳外,从滞纳税款之日起,按日加收滞纳税款万分之五的滞纳金。这意味着滞纳税款期限越长,加收滞纳税款数额越大,甚至远远超过所欠缴的税款本身的数额。如纳税人穷尽其所有财产仍无法补缴税款和滞纳金,尽管该纳税人对其逃税行为有所悔改并积极恢复国家因其逃税行为所流失的税收,其社会危害性显然也已经大为降低,如仍对其追究刑事责任,显然是违背补税免责这一制度的设定初衷的。此外,即使纳税人对其逃税行为应承担一定的法律责任,如税款的补缴和滞纳金的缴纳将导致纳税人赖以生存或持续经营的财产的完全丧失,似乎有违生存权的实现。因此,如纳税人已积极补缴部分税款和滞纳金,并对未补缴的部分与税务机关达成定期还款协议,则可以认为满足"补缴税款和滞纳金"这一要件。

在本案中,在北京市国税局作出税务处理决定和处罚决定后,到2008年12月,天富公司已补缴北京市国税局认定其少缴的25,771,908.85元税款和滞纳金30,988,078.98元。尽管对北京市国税局所作出的行政处罚决定仍有异议,天富公司仍通过变卖房地产等方式和渠道,筹集资金缴纳罚款3,500,000元。由于天富公司已无可供缴纳税款的财产,天富公司正在积极与北京市国税局协商,希望能够就对未缴纳的罚款部分达成分期缴纳税款的和解协议。因此,天富公司已认识到其实施虚开发票进行虚假纳税申报行为的社会危害性,并积极补缴税款和滞纳金来减轻其行为对社会和国家所造成的损害,其行为的主观恶性和社会危害性已经大大减轻,这应当可以作为对其从轻处罚的量刑情节。

然而,税务机关作出罚款的处罚决定是在2007年7月18日,而案件已于6月27日移送,天富公司客观上已无法满足这一免责要件。另一方面,由于税务机关对天富公司处予罚款金额高达5,154万元,数额巨大,已经超过了天富公司的实际承受能力。尽管天富公司有意接受税务机关处罚,但由于补缴税款和滞纳金已高达5,675万元,于短期内确实无法筹集数额如此庞大的资金缴纳罚款,且已与北京市国税局协商达成分期缴纳的协议。以上因素都应当在认定天富公司是否构成"已接受行政处罚"时予以考虑,进而斟酌决定天富公司是否能够适用初犯补税不予追究刑事责任的规定。

综上所述,在本案中,美惠大厦项目部挂靠于大中公司,但实际上应为天富公司的分支机构。根据《外商投资企业和外国企业所得税法》的规定,该分支机构所发生的收入和费用应当归属于天富公司。2009年《刑法》肯定补税能够减轻逃避缴纳税款行为的社会危害性,在符合条件的情况下还能够使行为人免予追究刑事责任,天富公司积极补缴税款和滞纳金的行为应当成为对逃避缴纳税款行为定罪量刑的重要情节。而税务机关在天富公司实施的纳税申报行为已超过税收行政处罚的追诉时效且已移交税务机关的情况下,仍作出税收行政处罚决定,显然具有明显的违法性。这些因素都应当成为在确定天富公司能否适用《刑法》第201条第4款关于补税不予追究刑事责任之规定的重要酌定情节。

(汤洁茵)

13. 场地租金还是销售收入：台湾合作店模式营业税争议案

商业经营经常会出现营销模式创新。例如，生产厂家可能与零售商场合作，由商场提供场地和物业，并负责对外收款或开具发票。商场按厂家销售额收取一定比例作为收入，具体的销售和管理仍然由厂家自己负责。在这种商业形态下，从税法的角度看，商场究竟是销售商，还是仅仅出租了场地？商场获取的收入究竟是销售差价，还是场地租金？商业发票究竟应该如何开具才是正确的？这些问题不仅值得大陆地区税法界和实务界重视，在台湾地区也引起了业界和社会的广泛关注，本文介绍的几个案例就与这个主题相关。税捐稽征机关确认商场是场地提供者，所获取的收益是租金。纳税人历经复议、诉讼，乃至申请大法官会议释宪，均未能撼动这个结论。[1]

---

[1] 参见黄俊杰：《阶段课税之营业税法问题》，载台湾《月旦财经法杂志》第24期；另见柯格钟：《合作店营业税之争议——兼评大法官释字第685号解释》，载台湾《月旦法学杂志》2011年第6期。

案情介绍

香港 GIORDANO 有限公司台湾分公司、英属维京群岛 BALENO 有限公司台湾分公司、英属维京群岛 HANGTEN 有限公司台湾分公司及台湾 THEME 有限公司均为自有品牌成衣商①，长期与台湾岛内各合作店合作销售其自有品牌成衣。

其合作契约的基本内容为：各合作店提供营业场所给成衣商销售其自有品牌服装，店面经营由成衣商直接管理，包括负责提供所有销售商品、销售人员及相关广告、给付受雇人员薪资且保有销售商品的所有权。各合作店则负责店内的装潢、保全、水电费用以及后续管理与维修费用，并负责向税务机关申报营业税②等。依其合约书记载，成衣商与各合作店均在一定营业期间经过（例如每月）后于特定期日（例如次月10日）对账并结账一次，由成衣商将依照约定每期营业额的一定比例作为利润，汇入各合作店所指定的账户，并由成衣商依照其实付金额开立销售商品的发票给各合作店。双方约定，依照卖场实际销售额分配利润比例（例如20%或23%），若当期实际销售额超过一定比例，合作店则对超过部分取得较低的固定比例（例如18%）。如果销售收入未达到一定的数额，合作店还会要求固定数额的收益。所销售商品均由成衣商直接交付给消费者，并由合作店以自己的名义开具发票给消费者作为凭证，再由各合作店依照约定，向"国税局"按期申报营业税。

2003年，民众甲到成衣商所在合作店消费，拿到合作店开立的发票，向"国税局"检举该成衣商涉逃漏税捐。"国税局"回溯四成衣商以往报税记录，确定其逃漏营业税，裁定补税 0.59 亿元，罚锾 4.70 亿元（漏税罚 1.80 亿元、行为罚 2.90 亿元），合计 5.29 亿元。

成衣商与合作店均认为，其合作契约可比照"财政部"1988年4月2日台财

---

① 四家成衣商两岸三地称谓各异，为简而划一，下文均使用其英文指称。
② 此处的营业税是指台湾的加值型营业税，相当于大陆地区的增值税。

税字第761126555号函①针对百货公司采用专柜销售货物模式所作的解释,亦即其属成衣商(比照专柜商)与合作店(比照百货公司),及合作店与消费者间所成立的买卖关系。其在1999年至2002年间,均依照此模式申报营业税,都未发生问题。但税务机关依据"财政部"2002年6月21日台财税字第910453902号函释②认为,成衣商与合作店属租赁关系,成衣商应为直接销售商品给消费者的营业人,合作店仅仅收取成衣商的租金,相关营业税应由成衣商开立统一发票交付予消费者,另由各合作店就其租赁服务开立统一发票交付予成衣商。在此基础上,税务机关以台湾地区行政法院(现已改制为"最高行政法院")1998年7月份第一次庭长评事联席会议决议为据,对成衣商补征营业税,并对其处以漏税罚及依照我国台湾地区"税捐稽征法"第44条未依法开立、取得统一发票的罚锾处分。成衣商对此结果不服,提起诉愿、行政诉讼,均遭驳回。

四成衣商申请台湾"司法院"大法官会议"释宪",对"财政部"1988年4月2日台财税字第761126555号函、2002年6月21日台财税字第910453902号函、"财政部赋税署"2003年1月28日台税二发字第920450761号函③、行政法院1998年7月份第1次庭长评事联席会议决议及1990年1月24日修正公布的"税捐稽征法"第44条有关未给与凭证及未取得凭证部分规定,提出"违宪"

---

① "财政部"1988年4月2日台财税字第761126555号函(2009年3月19日废止):
主旨:规定百货公司采用专柜销售营业,适用结账时取具进货凭证之条件及应办理之事项。
说明:二、百货公司采用专柜销售货物者,如符合左列条件,对于供货商提供陈列销售之货物,得向主管稽征机关申请依照与供货商约定每次结账(算)之次日取具进货统一发票列账。
(一)股份有限公组织。
(二)经核准使用蓝色申报书或委托会计师查核签证申报营利事业所得税。
(三)申请前一年度未经查获短、漏开统一发票。
三、兹将百货公司及专柜厂商应办理事项规定如次:
(一)百货公司应与专柜货物供货商就有关专柜货物之交易,明定结账期间及抽成百分比,订立书面契约,其结账期间以不超过一个月为限。
(二)百货公司对于采专柜销售之货物,应于销售时依法开立统一发票,并于每次结账(算)日开立填列销货日期、品名、数量、规格、单价、税额、总额金及结账(算)日期之销货清单(一式两联)交付供货商,据以汇总开立统一发票。
(三)专柜货物供货商收受前项清单后,应实时开立统一发票,将该项清单(两联)分别粘贴于所开立之统一发票收执联及存根联背面、于骑缝处加盖统一发票专用章,将收执联交付百货公司作为进项凭证列账,存根联依照规定妥慎保管备查。
四、百货公司应提供其与专柜供货商间之合约,销售金额,销售清单等资料,以供稽征机关查核其营利事业所得税。
② "财政部"2002年6月21日台财税字第910453902号函称:"○○公司於合作店销售之经营型态虽与于百货公司设专柜销售之型态类似,且均以合约约定按销售额之一定比率支付佣金,唯该公司于合作店销售货物所得之货款,系由该公司自行收取,其交易性质应认属该公司之销货,应由该公司依规定开立统一发票交付买受人。"
③ 2003年1月28日台税二发字第0920450761号函释:"……至营业人与另一营业人签订合作合约书,合作经营销售货物之案例,如其合作双方无进销货关系,仅单纯为租赁关系,则与百货公司采专柜销售货物之型态不同,自不宜比照百货公司采专柜型态之方式开立统一发票。"

疑义。英属维尔京群岛 HANGTEN 有限公司台湾分公司另就释字第 660 号解释,声请补充解释。"司法院"大法官于 2011 年 3 月 4 日举行第 1370 次会议,就该申请作成释字第 685 号解释,裁定上述文件均未违背租税法定主义,符合法律的一般解释原则,没有增加纳税人的负担。

争议焦点

1. 成衣商与合作店之间的关系如何,是买卖、租赁还是其他合作?在这种销售模式中,真正的销售者是谁?

2. 在租税法律主义框架下,营业税的纳税主体是谁?由营业者交税是稽征目的还是手段?营业者归属界定有无意义?

3. 成衣商与合作店的行为是否具有可责难性?

法理评析

一、成衣商与合作店之间的关系名为买卖实为租赁

在这件争议案件中,成衣商与合作店之间法律关系的认定最为关键,会进一步影响征纳双方对于此争议案件其他焦点的判断。是租赁、买卖抑或其他?不仅当事人与税务机关各执一词,释字 685 号解释中也出现意见分歧。在许玉秀大法官提出,林子仪、许宗力大法官加入的部分不同意见书第 12 页标题三以下之"二、合作店提供厂商不能是营业人?"中,虽未明确指出声请人与合作店间所签订的合作契约性质为何,但仍然质疑"财政部"的认定欠缺依据,"已涉及过度限制人民的营业自由";同样,叶百修大法官在其部分不同意见书第 3 页中,也质疑税务机关对于系争法律关系属租赁契约的判断,认为其与民法上租赁或第三人清偿之要件不合,其所根据的"财政部"2002 年 6 月 21 日台财税字第 910453902 号函令"已过度侵害营业人就其货物销售采取方式之营业经营",与"宪法"保障人民财产权与比例原则之意旨有违;黄茂荣大法官在其部分不同意见书第 1 页以下,质疑税务机关"不应以金流为证据方法认定销售营业人",否定成衣商与合作店间的协议,属于限制类型自由,亦即限制当事人之间约定契约类型的(行为)自由。

的确,现金流动或者物的移转都不能绝对表征法律关系。根据成衣商与合作店所订立的合作契约,可以这样理解成衣商、合作店与消费者三方的交易过程:在成衣交付给消费者之前,成衣商一直保有所销售商品的所有权,在消费者购买行为发生时,在成衣交付给消费者的一刹那,成衣商先将货物所有权转移给合作店,再由合作店以自己的名义移转给消费者,金钱的流转则反之。这种指示交付的方式在民法上业已肯认。不过,依照税务机关的理解,认定该法律关系为租赁关系似乎也并无不当。合作店所收取的租金虽因按销售金额一定比例计算,金额多寡并不固定,但此乃双方契约约定的特性,并不影响其租金本质,在成衣所有权并未移转予合作店的前提下,不能以此浮动型态的租金,断言合作店对成衣销售有自负盈亏的情形。

进一步而言,成衣商与合作店之间的内部法律关系是否有区分的必要,也值得考量。作为一种商品销售渠道组合,成衣商与合作店协力销售商品,其在对消费者销售货物阶段,与民法规定的买卖契约相符;而在内部关系中,它们更多的是商业共同体,各自贡献其货物优势和渠道优势,达到销售货物的目的。合作店、大卖场及百货公司等"销售通路"并非法律专门术语,也非限制性概念,其间关系不易区分,强行定性,必会招致异议与分歧。实际上,成衣商与合作店及百货公司间经营模式上的差异并不明显。

两种模式均具备同样类似的分工:百货公司或合作店均提供卖场内部分店面供成衣商使用,由成衣商负责店内商品与销售人员的薪资,并在将商品销售给消费者以前,同样保有店内全部商品所有权,而店外相关卖场的规划、保全与水电设备,包括账务设备,都归百货公司或其合作店所负责。只不过,百货公司通常比合作店甚至成衣商具有更强大的品牌形象。但是,这种品牌形象不仅相当抽象,也不易量化,消费者亦未必真正注意到发票上究竟谁才是销售的营业人,更何况实务上也经常会有品牌形象强大的合作店。

两者真正的差异其实在于,设柜于百货公司的成衣商,在消费者购买商品时,会由其销售人员将商品与消费者所支付的现金或信用卡,拿到百货公司在卖场内所设立的柜台前结账并交付现款或信用卡,结账后才由成衣商的销售人员将商品、账单与发票交还给消费者,而合作店中并没有这样的账务设置与结账步骤,全系由成衣店内销售人员直接向消费者收账并交付商品,只是开立以合作店为名义人的发票给消费者而已。可以看出,两种经营模式没有本质上的不同,通过双方合意进行形式增减,即可相互转化。而且,本案中成衣商与合作店之间的合约处理,有其合理的商业目的,适当放松管束,对于市场竞争、税务机关以及消费者均不会产生消极影响。

成衣商与合作店如此处理的优势在于:

第一,降低定期定额租金成本。对成衣商而言,可以避免定期定额租金的成本压力,尤其是在新店面开设初期,如果营业额不高,却必须负担高额租金,必然增加营运困难,提高营运失败的风险。

第二，提高获利可能。对合作店而言，虽然获利可能随营业额高低起伏，但如果确实是黄金店面，一旦渡过开店初期难关，甚至建立忠实顾客群后，随营业额提高，合作店的获利亦可以不受限于定额租金，而真正地分享到店面销售所带来的丰沛利润。

第三，降低营运风险。对成衣商而言，如果只是单纯出货给合作店，既无从知悉合作店营运状况，更不易察知合作店财务能力是否足以负担货款，再加上出货给大盘商或零售商，一般多采先出货后收款方式，如果合作店经营不当，成衣商的风险也随之增加。为降低风险，成衣商选择以自己所培训的商品销售人员，进驻合作店，作为实质上的管理人，以便确实掌握销售状况，并且同时可以维持品牌一贯的服务水平。"财政部"所认可的百货公司设立专柜销售货物的模式，也是由成衣商直接派遣人员进驻管理货品销售。

第四，节省更换发票、调整会计及税务的营运费用。对双方而言，如果成衣商每次出货给合作店，就必须提供发票，则在货品未完全销售，或有瑕疵时，合作店必须退货给成衣商。因为通常尚未给付货款，因此极可能产生退货后，必须修改发票的情形；而且在成衣商及合作店的会计账上，原本所列应收账款、应付账款也必须随之变动；更可能因为合作店已经将发票申报营业税，导致有溢缴税款，或申请扣减营业税问题。对于成衣商与合作店而言，利用合作店经营，即可在事后确认进出货的状况，再开立发票，确实可有效节省费用。而且，通过此种方式，合作店可以确切了解掌握成衣商具体的销售状况，只要每笔销售均确实开出发票，则契约双方均不用再花费时间与人力去查核月的营业销售额。

前述"财政部"1988年函许可百货公司先销后进，以及"财政部"2009年3月19日台财税字第9804521880号函①，认可大卖场设立专柜销售货物，可采先销后

---

① 一、营业人采专柜销售货物，如符合下列条件，对于专柜货物供货商提供陈列销售之货物，得向主管稽征机关申请核准依照与专柜货物供货商约定每次结账（算）之次日取具进货统一发票列账：

(一) 经核准使用蓝色申报书或委托会计师查核签证申报营利事业所得税。

(二) 无积欠已确定之营业税及罚锾。

二、前开营业人及专柜货物供货商应办理下列事项：

(一) 营业人应与专柜货物供货商就有关专柜货物之交易，明定结账期间及抽成百分比，订立书面契约，其结账期间以不超过1个月为限。

(二) 营业人采专柜销售货物，应于销售时依法开立统一发票，并于每次结账（算）日开立填列销货日期、品名、数量、规格、单价、税额、总金额及结账（算）日期之销货清单（一式两联）交付专柜货物供货商，据以汇总开立统一发票。

(三) 专柜货物供货商收受前项清单后，应即按货物销售价格扣除抽成金额后所实收之金额，开立统一发票，将该项清单（两联）分别粘贴于所开立之统一发票收执联及存根联背面，于骑缝处加盖统一发票专用章，将收执联交付营业人作为进项凭证列账，存根联依照规定妥慎保管备查。

(四) 营业人应提供其与专柜货物供货商间之合约、销售金额、销货清单等资料，以供稽征机关查核其营利事业所得税。

三、本部1988年4月2日台财税第761126555号函、1997年2月20日台财税第861885178号函及2005年10月3日台财税字第号令，自即日起废止。

进方式，估计也是基于此种考虑。

加值型营业税的进销货勾稽制度，要求以营业人的当期销项税额扣减进项税额，得出当期应纳税额。而如果欠缺进项，则会变成直接以销项计算税额，又会回复旧法的销售总额型营业税，因此理论上应该是先有进项，之后再有销项（先进后销），才可能"加减"得出增值的部分，也才能就增值部分计算应纳税额。不过，上述有进项才有销项的勾稽模式，在营业实务上并非理所当然。某些类型的营业，特别是销售所谓的当季商品，营业人虽然有进货，但若货品没有售罄，多数情形会退还给出货人，以至于实际上的进货数量，取决于销售数量。因此，等到每期决算后，营业人交付货款或票款时，才同时由出货人交付进项发票，也是交易实务上的常态。

对这种先销后进的情形，一般营业人都会自行将之后所取得的进项凭证，于下一期申报营业税时扣抵，也就是无法扣抵当期的销项税额。没有进项税额扣抵不会使得营业税短收，反而有溢缴税款的问题，而如果不准营业人以之后取得的进项税款进行扣抵，则必然造成营业人不能将营业税转嫁，而必须自行负担，最终经常导致营业困难。这种租税勾稽的限制所造成的营业困境长期存在，经百货公司与大卖场等大型的商业经营业揭露之后，"财政部"提出兼顾实务、简政便民的解决方案，促成了"财政部"1988年函以及"财政部"2009年函的出台。

依据前述两份函令，"财政部"对于先销后进的申报方式并不完全排斥，反而能够予以配合，只是要求上述的百货公司、大卖场与货物供货商双方先行通报契约内容，并提供比对数据等。足见"财政部"虽然主张这种解决方式只是"发货时开立发票"的例外，但就实务作业而言，采行先销后进的开立发票方式，并不会产生进销项勾稽的困难。

再观察合作店经营模式，成衣商与合作店提供厂商约定分配利润的方式，每月营业额于次月五日核算，并于十日完成汇款且开立发票，可以认为目的就是希望符合税法规定的申报日期。因此，容许合作店为营业人，且于次月上旬完成进项凭证的取得，其实没有勾稽上的困难。因此，约定利润分成、场地提供、专职人员管理货品贩卖的合作店经营模式，不会破坏营业税进销项勾稽制度。

对于消费者而言，成衣商和合作店的关系如何，既无从得知，也不重要，特别是消费者保护法已经规定商品制造人责任，消费者并不会因出卖人不同而无从请求成衣商负责，因此谁是发票开立人，谁就是与他交易的营业人。当消费者付出营业税接过发票之后，究竟谁负责把他所缴纳的营业税转交给税务机关，对他而言并不重要。

不过，尽管实务上存在上述种种便利，税务勾稽的问题也不是不能解决，就上文描述的成衣店与合作店的交易模式而言,将合作店定性为面向消费者的销售商,在法理上仍有难以自圆其说之处。事实上,"财政部"1988年财税字第761126555号函针对百货公司采用专柜销售货物模式所给出的结论就有问题,本案当事人要求同等对待的主张自然难以成立。其原因在于,无论是百货商场、卖场还是专卖店,不管其是否参与收取货款或开具发票,在整个交易流程中其风险是可控的,并没有与成衣商真正做到共负盈亏、共担风险,成衣销售的整个过程都在成衣商的控制之下,合作店只是提供场地及物业服务。合作店的保底收益要求就是一个很好的例证。即便出现了代成衣商收款或开具发票的情形,也只是为了更好地了解和监督成衣商的营业状态,防止自己的利益受到损害,并不能完全据此认定,合作店才是面对消费者的销售商。更何况,合作店对外开具发票是否合法,需要根据对经营业态的判断是否正确而定,不能反过来,根据发票开具的情况,判断这是一种什么样的经营业态。另外,在商业经营过程中,浮动租金也并非不可能存在。不能因为租金获取具有一定的不确定性,就断言其不可能是租金。综合上述因素,笔者以为,本案的结论并无可指责之处。

二、在租税法律主义框架下,营业税的纳税主体是营业者

前述大法官释字685号解释指出:"租税义务之履行,首应依法认定租税主体、租税客体及租税客体对租税主体之归属,始得论断法定纳税义务人是否已依法纳税或违法漏税。第三人固非不得依法以纳税义务人之名义,代为履行纳税义务,但除法律有特别规定外,不得以契约改变法律明定之纳税义务人之地位,而自为纳税义务人。"大法官会议据此认为,成衣商与合作店的合作契约,更改了法定的营业税纳税义务人,违反了租税法律主义对税收要素法定的要求。确实,将交易模式从租赁改造为销售,必然会导致纳税主体发生变化,与税法的强制性相抵触。不过,源于加值型营业税多阶段课税的特点,上述变化未必会导致政府税收利益的损失。因此,探究其所侵犯的法益,需要从别的角度进行分析。

我国台湾地区营业税本质上是一种消费税,课税基础即为消费者的消费行为。消费行为如同所得一样体现税收负担能力,有能力消费高额消费品的人,比一般消费者更具有税收负担能力。然而,从稽征实务角度来看,税务机关并没有足够的人力与资源,对每个消费者的每次消费行为实地查核。基于实用性原则,立法者才将消费税改为向营业人课征的营业税,使营业人成为形式上的纳税义务人,并允许营业人将此税透过价格转嫁给消费者。为消除销售阶段多寡不同所造成的税收负担差异,基于竞争中立性原则,对于一般销售行为的营业税课征,台湾地区采取"加值型营业税"方式,将税额与销售额分而列之,各阶

段税额只与各该阶段的销售额亦即增值额有关,与其交易次数多寡无关。每个阶段的加值销售额,都有进项与销项税额可为扣抵并相互勾稽。商品销售不论是一个阶段即从制造者直接到达消费者,还是分数个阶段才到达消费者,只要其最后的销售额相同,消费者的税收负担均属相同。

事实上,"阶段划分"只是基于稽征技术上的便利,加值型营业税真正目的是对消费者本身课征消费税。目前台湾加值型营业税的规则设计,是将各阶段进、销项税额互抵以计算税额。营业人只就销项税额扣减进项税额后的余额负缴纳义务,且将法定纳税义务人(各阶段营业人)应纳税额转嫁给终端消费者,终端消费者才是真正的纳税义务人。此外,所谓"多阶段课税",是指货物或劳务销售过程可分之各阶段而言。有学者认为,如果基于税收征管技术上的原因,这种阶段(过程)不可分或难以区分,出于稽征便利原则或效率原则的考虑,就没有必要强制区分不同阶段。① 例如,台湾地区"财政部"2002年3月21日台财税第0910451521号的解释函令确认,买方因故无法取得卖方开立的统一发票,但只要卖方确实有报缴该笔营业税款,稽征机关就应出具证明文件给买方作为扣抵凭证,如此才符合加值型营业税法理,避免造成买方重复纳税。

的确,只要买受人取得发票支付价款和税款,而这部分税款已经实际上缴"国库",不论成衣商与合作店之间如何分工,政府的财政收入并未受到损失。不过,在实务中,严格按照这个思路操作难度可能很大。无论是大陆的增值税,还是台湾地区的加值型营业税,既然已经被划分为不同的阶段,那么,营业人的纳税义务就只能分阶段确认,如果没有特殊情况,不宜轻易受前后阶段纳税情况的影响。假设零售商A从批发商B处进货,但没有拿到可供抵扣的发票。A为了弥补自己的损失,在报税时将零售额等额压低。从税款安全的角度看,只要B如实申报销项税额,A的行为并未给政府造成实际损失,但是,A虚报零售额的行为仍然构成偷税。增值税或加值型营业税分阶段设计的目的,本来就有分阶段控制税款安全的考虑。如果在定性税收违法行为时,需要考虑全部各阶段的税款是否实际遭受损失,规则设计就会过于复杂,税收执法的成本也会大大升高。

所以,尽管分阶段课税只是营业税的一种技术手段,最根本的目的还是在于实现对消费额的课税,但是,这个制度定型化之后,本身就具有了独立的价值。特别是,不同的应税行为有不同的性质,对应不同的税收后果。不能用税款可同等足额征收为由,混淆不同事务的法律性质。本案例中,对于成衣商与合作店的交易,无论是按照租赁的方式征税,还是按照销售的方式征税,政府所

---

① 参见黄俊杰:《阶段课税之营业税法问题》,载台湾《月旦财经法杂志》第24期。

能得到的税款别无二致,但是,建立在形式主义基础上的税法还是必须有所选择,而不能无可无不可。

三、成衣商与合作店行为的可责难性较小

本案例中,合作店与成衣商的契约如此安排有其合理的商业目的,不是以逃避、减少或推迟纳税为目的。而税务机关认为两者之间是租赁关系,而不是购销关系,也无可非议。如果基于维护现有法律制度的考虑,要求成衣商以自己的名义补缴营业税,则合作店会被退回溢缴的相同额度的营业税款,这种"拨乱反正"难度不大。只是,税务机关是否可以基于此对成衣商处以漏税罚?如果是,其据以责罚的理由必须恰当,否则,行政权力越界泛滥,将造成企业的行为紧张,无所适从。从公开披露的案情来看,笔者以为,似乎没有必要对成衣商的行为施加处罚。

首先,成衣商无违法的故意。在上述争议案件中,合作店与成衣商间均依照实际销售给消费者的数额,按时进行相关营业税的申报。纳税义务人只是出于"误认",以为自己可以适用"财政部"1988年解释函中对百货公司与专柜商间的营业税申报模式进行申报,作了错误的营业税申报,也使得应申报营业税的纳税主体因此有所不同,合作店未开立租金发票凭证、成衣商未收取租金发票凭证、成衣商未开立销货发票凭证给消费者,并不具有违反行为时台湾地区"税捐稽征法"第44条规定的"故意"。换言之,上述合作店与其专柜商误将"租金"以"价金"申报营业税,同时改变其销售商品给消费者时纳税主体的认定,欠缺对于纳税义务人地位的认识,属于阻却故意的构成要件错误。

其次,该行为的过失不可责难。本案原审判决"最高行政法院"2007年判字第851号中认为,"上诉人于当期申报营业税时,对应如何申报,理应参照相关法令规定办理;若对法令之适用及解释产生疑义时,上诉人亦非不可向相关专业机构及人员查询,于获得正确及充分之资讯后申报;且上诉人因适用法令错误或计算错误而有溢缴税款之情形,亦可依'税捐稽征法'第28条规定,自缴纳之日起五年内提出具体证明,申请退还,然上诉人舍此不由,犹有上开漏开统一发票及漏报销货金额之情形,自难谓其主观上无违反行为时'营业税法'第51条第3款及'税捐稽征法'第44条规定之过失责任",认定纳税人具有"过失"的可非难事由存在。的确,营业税申报采用自动报缴制,其申报行为无需税务机关核实即可确定。在法定的五年或七年的核课期间,税务机关有权对其所申报的内容进行调查,责令补正,不存在信赖利益的保护问题。但是,自1999年至2002年的三年期间,成衣商每两个月进行一次申报,均未受到税务机关的异议。税务机关的不作为,可以成为无期待可能性的阻却事由,使得该行为不具有可责难性。本案的成衣商虽然是营业专家,但并不是税收专家。税务主管

机关对于营业税法销售行为的认定,与一般商业常规不同,也与民法及营业税法有所不符,自然难以期待成衣商可以理解而避免。错误如属不能避免,自然连过失责任也能排除。因此,即便真的认定成衣商短漏税,也不宜认定其有逃漏税捐的故意或过失。

　　台湾合作店营业税争议案历经十几年,终于以"司法院"大法官会议"释宪"的方式尘埃落定,大法官会议最终支持了税务当局的立场。这一案件一经产生即引发了各界的普遍关注,不仅影响到了台湾商界的国际声誉,也引发了财税法学者关于商业自主行为税务认定的再思考。期间,学术文章汗牛充栋,观点各异,铺陈深广,值得细细研讨。本书在写作过程中,收集到的资料相对有限,观点和事实恐有以讹传讹之处,尚待在今后研究中继续确证,请读者明察。

(刘剑文　熊　伟)

14. 非居民滥用税收协定避税典型案例

截至2011年5月底,我国已对外正式签署96个避免双重征税协定,其中93个协定已生效,并和香港、澳门两个特别行政区签署了税收安排。① 根据税收协定的安排,缔约国一方往往对缔约国另一方居民提供一些优惠性税收待遇,或者对本国的税收管辖权施加一定程度的限制。例如,针对股息、利息、特许权使用费所得,协定税率往往低于内国法上的税率;针对股权转让所得,有时会将管辖权分配给转让人的居民国,而不是收入来源国。这些条款很容易被跨国投资人滥用,成为免除、减轻或推迟纳税义务的手段。中国《企业所得税法》生效之后,随着外商投资税收优惠的逐步取消,滥用税收协定避税越来越为外国投资者所看重。与之相适应,中国税务机关也加大了反避税的力度,近年来相关案例不断呈现在公众面前,引起了实务界和学术界的高度关注。下文所介绍的案例就是例证。

---

① 参见:http://www.chinatax.gov.cn/n8136506/n8136593/n8137537/n8687294/8688432.html,2012年2月1日访问。

案情简介

案例一：新疆乌鲁木齐案①

2003年3月，新疆维吾尔自治区某公司（以下简称B公司）与乌鲁木齐市某公司（以下简称C公司）共同出资成立液化天然气生产和销售的公司（以下简称A公司）。注册资金8亿元人民币，其中B公司为主要投资方，出资7.8亿，占注册资金的97.5%，C公司出资2,000万元，占注册资金的2.5%。

2006年7月，A公司出资方B公司和C公司与某巴巴多斯的公司（以下简称D公司）签署了合资协议，巴巴多斯D公司通过向B公司购买其在A公司所占股份方式参股A公司。巴巴多斯D公司支付给B公司3,380万美元，占有了A公司33.32%的股份。此次股权转让后，A公司的投资比例变更为：B公司占64.18%、C公司占2.5%、巴巴多斯D公司占33.32%。合资协议签署27天后，投资三方签署增资协议，B公司增加投资2.66亿元人民币（即B公司出售其股权所得3,380万美元）。增资后，A公司的注册资本变更为10.66亿人民币，各公司相应持股比例再次发生变化。其中：B公司占73.13%、巴巴多斯D公司占24.99%、C公司占1.88%。

2007年6月，巴巴多斯D公司决定将其所持有的A公司24.99%的股权以4,596.8万美元的价格转让给B公司，并与B公司签署了股权转让协议，由B公司支付巴巴多斯D公司股权转让款4,596.8万美元。至此，巴巴多斯D公司从2006年6月与中方签订3,380万美元的投资协议到2007年6月转让股权撤出投资（均向中方同一家公司买卖股份），仅一年的时间取得收益1,217万美元。

在为转让股权所得款项汇出境外开具售付汇证明时，付款单位代收款方D公司向主管税务机关提出要求开具不征税证明。理由是：根据《中巴税收协定》第13条"财产收益"的规定，该笔股权转让款4,596.8万美元应仅在巴巴多斯征税。乌鲁木齐市国税局及时对此项不征税申请进行了研究，并将情况反映到新疆维吾尔自治区国税局，引起了上级机关的重视，围绕居民身份的确定及税收协定条款的适用问题开展了调查，发现了种种疑点。

疑点一：巴巴多斯D公司是美国NB投资集团于2006年5月在巴巴多斯注册成立的企业。在其注册一个月后即与中方签订投资合资协议，而投入的资金又是从开曼开户的银行汇入中国的。该公司投资仅一年就将股份转让，其转让

---

① 参见国家税务总局《关于印发新疆维吾尔自治区国家税务局正确处理滥用税收协定案例的通知》（国税函[2008]1076号）。

收益高达 1,217 万美元,折合人民币 9,272 万元,收益率 36%,且不是企业实际经营成果,而是按事前的合同约定的。

疑点二:关于巴巴多斯 D 公司的居民身份问题,税务机关提出了疑问。为此,D 公司提供了由中国驻巴巴多斯大使馆为其提供的相关证明,称其为巴巴多斯居民。但该证明文件只提到 D 公司是按巴巴多斯法律注册的,证明该法律的签署人是真实的;同时该公司还出具了巴巴多斯某律师证明文件,证明 D 公司是依照"巴巴多斯法律"注册成立的企业,成立日期为 2006 年 5 月 10 日(同年 7 月即与我国公司签署合资协议),公司地址位于巴巴多斯××大街××花园。但公司登记的三位董事都是美国籍,家庭住址均为美国××州××镇××街××号。

疑点三:巴巴多斯 D 公司作为合资企业的外方,并未按共同投资、共同经营、风险共担、利益共享的原则进行投资,而是只完成了组建我国中外合资企业的有关法律程序,便获取了一笔巨额收益。从形式上看是投资,而实际上却很难判断是投资、借款或是融资,还是仅仅帮助国内企业完成变更手续,或者还有更深层次的其他经济问题。

根据中巴税收协定,此项发生在我国的股权转让收益我国没有征税权,征税权在巴方。在 D 公司是否构成巴巴多斯居民的身份尚未明确的情况下,付款方——股权回购公司——多次催促税务部门尽快答复是否征税,并希望税务部门配合办理付汇手续。根据付款协议,如果付款方不按时汇款,将额外支付高额的利息。为了避免中方企业遭受不必要的经济损失,新疆维吾尔自治区国税局同意乌鲁木齐市国税局及付款方提议,对股权转让款先行汇出,但扣留相当于应纳税款部分的款项,余额部分待确定 D 公司能否享受税收协定待遇后再作决定。

乌鲁木齐市国税局一方面进行调查了解,开展对 D 公司居民身份的取证工作,判定是否可以执行中巴税收协定;另一方面将案情进展情况及具体做法向新疆维吾尔自治区国税局汇报并通过新疆维吾尔自治区国税局向国家税务总局报告。国家税务总局启动了税收情报交换机制,最终确认 D 公司不属于巴巴多斯的税收居民,不能享受中巴税收协定的有关规定,对其在华投资活动中的所得应按国内法规定处理。2008 年 7 月完成了该项 9,163,728 元税款的入库工作。至此,此项工作顺利结束。

案例二:江苏徐州案[①]

在巴巴多斯注册的 X 公司与我国境内 Y 公司合资成立了徐州 A 房地产公

---

① 参见徐州市政府网站:http://www.xz.gov.cn/zwgk/bmxx/20100223/09194237285.html,2012 年 2 月 1 日访问;另见宋雁、蔡贺、徐云翔:《徐州首次驳回滥用税收协定申请》,载《中国税务报》2010 年 2 月 24 日。

司，共同开发徐州某楼盘，后因合作不愉快，2009年10月，X公司撤股，并将所有股权溢价转让给了Y公司。依据《中巴税收协定》，巴巴多斯居民纳税人在我国境内发生的股权转让收益，我国不具有管辖权。X公司聘请了安永公司作为咨询机构，向徐州市国税局提交了巴巴多斯政府为X公司出具的居民身份证明和双边税收协定复印件，并提出了享受税收协定待遇的申请。该局经办人员认为X公司有导管公司嫌疑，依据《企业所得税法》关于企业居民身份判定的实际管理机构原则和国税函[2009]601号文关于受益所有人的规定，要求X公司提供其作为巴巴多斯居民公司，且实际管理机构在该国的证据。X公司无法提供真实合法有效的充分证据，证明其实际管理机构在巴巴多斯，最后表示放弃享受税收协定的要求，并由Y公司代扣代缴了该笔股权转让溢价应该缴纳的非居民企业所得税350万元。

案例三：天津塘沽案①

天津某制造公司是一家中外合资企业，注册资金5,600万美元。该公司的2个外国公司股东（注册地分别为百慕大群岛和毛里求斯共和国）签署了一份《股权出售与购买协议》，由百慕大控股公司购买毛里求斯控股公司持有的天津制造公司的股权，此项交易在境外完成。根据该协议，这项股权转让将产生收益813万美元。

《企业所得税法》第3条第3款规定："非居民企业在中国境内未设立机构、场所的，或者虽设立机构、场所但取得的所得与其所设机构、场所没有实际联系的，应当就其来源于中国境内的所得缴纳企业所得税。"该公司虽然转让股权的2家企业均为外国非居民企业，而且转让行为发生在境外，但因为转让的是我国境内居民企业的股份，境外企业取得的该项来源于中国境内的权益性投资资产转让所得应在被投资企业所在地缴纳，即在天津市塘沽区国税局缴纳。

然而，作为转让方的外国企业提出，其注册地是毛里求斯共和国，根据中国与毛里求斯共和国的《税收协定》第13条关于"财产转让收益"的内容，此项财产转让收益应适用第5款"转让第1款至第4款所述财产以外的其他财产取得的收益，应仅在转让者为其居民的缔约国征税"，即在毛里求斯共和国完税，并提交了毛里求斯共和国的居民身份证明，要求享受协定待遇。

塘沽区国税局仔细研究中毛协定后，认为先要确认外国投资者在持有该公司股份期间账面上的不动产占全部资产的比例是否达到50%，如果达到50%，适用协定第13条第4款"转让一个公司财产股份的股票取得的收益，该公司的财产又主要直接或者间接由位于缔约国一方的不动产所组成，可以在该缔约国

---

① 参见天津市国家税务局网站：http://www.tjsat.gov.cn/old/100/20100301144613171.html，2012年2月1日访问。

一方征税",中国拥有征税权。如果达不到50%,才适用协定第5款,由毛里求斯共和国征税。调查人员详细计算了该公司账面上的不动产比例,计算出的结果是49.8%,未达到50%。

就在税务局即将作出不予征税的判断时,调查人员发现,天津制造公司自成立以来关联交易频繁,不但使用美国总部的技术并支付特许权使用费,其材料、设备的采购以及产品销售大都通过美国总部进行。调查人员首先调取了该公司的售付汇资料,发现该公司分别与2家设立在美国的总部签订了《技术支持和许可协议》,根据协议条款,该公司分别按照出售许可产品的净销售额的1%和0.5%向2家美国总部支付特许权使用费。不仅如此,该协议还要求该公司按照美国的工时标准生产,且在2家美国总部派遣技术人员的监督下进行,产品还需美国总部测试合格后认可。接着,调查人员又对该公司历年的汇算清缴资料申报的关联交易进行了核对,发现其购销业务大部分由美国总部安排,交易频繁而且金额巨大。透过这一系列关联交易,调查人员发现注册在毛里求斯的控股公司仅仅是名义上的出资方,而该公司的生产、经营、资金等都控制在美国总部手中。

调查人员通过对关联交易的调查,能够确定美国总部对天津制造公司的实际管理和控制权,但仍不能直接作出不适用《中毛税收协定》的判断,还需证明注册在毛里求斯共和国的控股公司也实际受控于美国母公司,即是为获取协定利益的"管道公司"。由于该合资企业已经变更了税务登记,正式的股权交割已经开始,如果仍采用情报交换的手段,等待结果需要很长时间,调查人员通过对该公司的税收档案进行全面清理,发现该公司成立之初提交的《合资经营企业合同》第一页写道:"合资企业的外方股东,毛里求斯的控股公司是一家由美国某公司独资,依毛里求斯共和国法律设立的公司。"调查人员根据这个记录认定,美国总部对毛里求斯控股公司拥有绝对控制权,此项财产转让的收益最终受益人是美国总部。

调查人员通知美方,虽然该公司的原股东是注册在百慕大的控股公司和注册在毛里求斯共和国的控股公司,但是作为全资子公司的他们,其实际管理机构和利益中心均在美国,此项股权转让交易的实质是两家美国母公司之间的交易,因而不能享受《中毛税收协定》待遇,而应适用《中美税收协定》。根据《中美税收协定》第12条第5款的规定,中国政府对这笔股权交易拥有税收管辖权,请两家企业在股权交割支付款项时,由转让方纳税或支付方代扣代缴。美方最终接受了这个结论,同意由受让股份的一方在支付款项时代扣代缴税款。

案例四:福建福清案①

福耀玻璃是一家在上海证券交易所挂牌上市的公司。2009年10月9日至27日期间,福耀玻璃第二大股东鸿侨海外通过上交所以竞价交易方式累计出售1,982.96万股福耀玻璃,交易的平均价格为11.16元/股。鸿侨海外是一家在香港注册依据香港法律成立的有限责任公司,由香港籍人士曹德旺100%控股,经营范围是非业务经营性投资控股。

鸿侨海外在2009年10月减持股份期间,向主管的福清市国税局要求享受免税待遇。理由是:根据2008年1月内地和香港签订的《关于避免双重征税和防止偷漏税的安排第二议定书》第5条,"一方居民转让其在另一方居民公司资本中的股份或其他权利取得的收益,如果该收益人在转让行为前的12个月内,曾经直接或间接参与该公司至少25%的资本,可以在另一方征税"。由于鸿侨海外占该福耀玻璃的股份未达到25%,因此鸿侨海外认为,内地对上述股权交易没有征税权。

福州市和福清市两级国税局认为,上述股权转让并不符合免税待遇的条件。虽然鸿侨海外转让股票前的12个月内只占福耀玻璃股份的15.60%,但福耀玻璃的第一大股东三益发展与鸿侨海外是"行动一致人",其均由香港居民曹德旺个人100%投资,且都在香港依据香港法律注册成立。鸿侨海外的实际控股人、转让股票的最终收益人是香港居民曹德旺,他间接拥有该上市公司38.09%的股份。同时,福耀玻璃2008年年报披露,香港的这两家股东公司都是非业务经营性投资控股公司。按照内地与香港签订的税收安排和《第二议定书》以及国家税务总局有关规定,内地上述股权交易有权征税。

经过税企双方多次磋商,最终鸿侨海外同意就其股票出售收益在内地缴纳非居民企业所得税。2009年10月,福耀玻璃作为香港股东鸿侨海外的代理人,到福清市国税局申报扣缴了2,210万元非居民企业所得税。福州市国税局随后密切跟踪其关于股东减持的公告。2009年11月和2010年4月,鸿侨海外先后6次减持福耀玻璃股票2.6亿股,取得股权转让金额33亿多元。福耀玻璃在主管税务机关的要求下,比照前例代鸿侨海外缴纳了非居民企业所得税3.57亿元。

 争议焦点

1. 如何判断外国企业的居民身份?

---

① 参见傅硕:《福耀玻璃间接股权转让被征税,地税执法惹争议》,载《证券市场周刊》2011年1月11日。

另见苏磊、魏文忠、陈光平:《香港一公司减持A股在闽缴非居民企业所得税3.79亿》,载《中国税务报》2010年6月30日。

2. "受益所有人"概念可否适用于股权转让所得？
3. 如何看待"一致行动人"理论在税法上的运用？

法理评析

一、判断外国企业居民身份的法律标准

在中国与外国签订的双边税收协定中，其第1条"人的范围"无一例外地规定，协定仅适用于缔约国一方的居民或同时为双方居民的人。中国内地与香港、澳门特别行政区的税收安排也不例外。另外，虽然《经合组织税收协定范本》与《联合国税收协定范本》在立场上有所差别，但其第1条关于"人的范围"的界定也完全一致。这说明，要想享受税收协定提供的优惠待遇，必须成为协定缔约国一方的居民。而缔约国一方否定某个纳税人享受税收协定待遇的理由，也往往是因为其不是协定缔约国另一方的居民，新疆乌鲁木齐案和江苏徐州案就属于这种类型。

上述两个案例都涉及中国与巴巴多斯的税收协定，而且争议的纳税人都是公司，不是个人。《中巴税收协定》第1条"人的范围"规定："本协定适用于缔约国一方或者同时为双方居民的人。"至于何谓居民，协定和国内法都有相应的定义。《中巴税收协定》第4条第1款规定，"在本协定中，'缔约国一方居民'一语是指，按照该缔约国法律，由于住所、居所、成立地、实际管理机构所在地或任何其他类似标准，在该缔约国负有纳税义务的人"。《企业所得税法》第2条第2款则规定，"本法所称居民企业，是指依法在中国境内成立，或者依照外国（地区）法律成立但实际管理机构在中国境内的企业"。

上述两个案例争议的焦点，不是关于某个公司的中国居民身份，而是对其巴巴多斯居民身份的质疑。在这一点上，中国《企业所得税法》并无适用余地，巴巴多斯税法以及《中巴税收协定》才是需要考虑的准据法。尽管我们没有检索到巴巴多斯的税法，但是，根据条约法的一般原则，国内法的规定不能与条约内容相冲突。既然《中巴税收协定》对判断居民的标准作出了明确规定，就应该成为中国政府处理涉巴巴多斯税务案件的依据。

在新疆乌鲁木齐案中，尽管税务机关对巴巴多斯D公司转让股权的交易在定性上存在重重疑虑，但是，最终处理该案的落脚点还是在于，这个公司是否真正具有巴巴多斯居民身份。D公司提供了由中国驻巴巴多斯大使馆为其提供的文件，证明其为巴巴多斯居民。但该证明文件只提到，D公司是按巴巴多斯法律注册的，证明该法律的签署人是真实的；同时该公司还出具了巴巴多斯某

律师的证明文件,证明D公司是依照"巴巴多斯法律"注册成立的企业,公司地址位于巴巴多斯某地。但公司登记的三位董事都是美国籍,家庭住址均在美国。由于以上材料均未能说服乌鲁木齐国税局,其通过新疆国税局层报国家税务总局,由总局启动了税收情报交换机制,最终确认D公司不属于巴巴多斯的税收居民,不能享受中巴税收协定的有关规定,对其在华投资活动中的所得应按国内法规定处理。

在新疆乌鲁木齐案中,国家税务总局如何通过情报交换确认巴巴多斯D公司不具有巴巴多斯居民身份,我们无从知道细节,也不知道其判断标准为何。可是,一旦确定该公司不具有巴巴多斯居民身份,对于上述股权交易,中国的税收管辖权不受《中巴税收协定》影响,这一点是毫无疑问的。但在江苏徐州案中,我们知道了税务局办案更多的细节,由此引发了对居民身份判断标准的疑问。

如前所述,在江苏徐州案中,巴巴多斯X公司向徐州国税局提交了巴巴多斯国政府为该公司出具的居民身份证明,但徐州国税局办案人员认为X公司有导管公司嫌疑,遂依据中国《企业所得税法》关于企业身份判定的实际管理机构原则和国家税务总局《关于如何理解和认定税收协定中"受益所有人"的通知》(国税函[2009]601号,以下简称601号文)关于受益所有人的规定,要求X公司举证其作为巴巴多斯居民,且实际管理机构在该国的证据。从案情报道来看,徐州国税局并没有否认巴巴多斯政府所提供证明的真实性,只是认为,该公司还必须证明,其实际管理机构所在地也在巴巴多斯,才能够享受《中巴税收协定》所提供的待遇。由于X公司没有提供相关材料证明,且放弃了申请《中巴税收协定》待遇,此案才得以顺利结案。

在判断公司是否具有居民身份方面,《企业所得税法》之所以兼采注册地和实际管理机构所在地标准,是希望尽可能将更多的公司界定为中国居民,以扩大中国税收管辖权的范围,维护中国的税收利益。基于这个目的,一个公司只要满足其中的一个条件,就是中国的居民纳税人,需要就来源于境内、境外的全部收入向中国纳税。可是,这个标准只能用于判断一个公司是否是中国的居民纳税人,而不能用于判断一个公司是否为某一个特定外国的居民纳税人。例如,依据美国法律注册在美国成立的公司,其是否为美国居民纳税人,不能根据中国《企业所得税法》来判断,而只能遵循美国税法确定的标准。

就江苏徐州案而言,抛开反避税的因素不谈,在证明居民身份方面,在巴巴多斯X公司已经提供巴巴多斯政府证明的前提下,徐州国税局仍然要求该公司继续举证,证明其实际经营管理机构也在巴巴多斯境内,其法律依据在哪里,确实值得进一步的探究。《中巴税收协定》第4条第1款规定,"在本协定中,'缔约国一方居民'一语是指,按照该缔约国法律,由于住所、居所、成立地、实际管理机构所在地或任何其他类似标准,在该缔约国负有纳税义务的人"。这里所谓的"住所、居所、成立地、实际管理机构所在地或任何类似标准",都是选择性标准,满足了其中任何一项,就可以成为缔约国一方的居民。

徐州国税局怀疑巴巴多斯 X 公司是一个管道公司,仅仅是为了享受《中巴税收协定》的待遇而存在,本身并不从事任何实质性的生产经营活动,所以要求其提供实际经营管理机构在巴巴多斯的证明。如果其一直不能提供这个证明,税务机关就会否定其巴巴多斯居民身份,拒绝对该案适用《中巴税收协定》第 13 条第 4 款[①],而改为适用《企业所得税法》第 3 条第 3 款:"非居民企业在中国境内未设立机构、场所的,或者虽设立机构、场所但取得的所得与其所设机构、场所没有实际联系的,应当就其来源于中国境内的所得缴纳企业所得税。"由于该公司主动放弃税收协定待遇,实际的结果最终也是如此。

不过,即便要从反避税的角度认定巴巴多斯 X 公司为一个管道公司,否定其享受税收协定待遇的资格,也不宜引用《企业所得税法》中关于居民身份标准的条款,而应该利用一般反避税条款,直接否定该公司的存在,认定其实际投资人为纳税人,并根据其实际投资人的身份判断是否适用以及适用哪一个双边税收协定。其实,要证明企业的实际经营管理机构在巴巴多斯并不是一个很难的事情,因为这个标准本身就非常灵活、多样化。对于一个非生产性投资公司而言,将总机构所在地、董事会开会地、公司办公场所设在巴巴多斯,成本并不高。即便成功做到了,该公司仍然可以没有任何经营活动。

所以,笔者以为,如果巴巴多斯 X 公司真的是一个管道公司,即便巴巴多斯政府出具文件,证明其为巴巴多斯居民;即便该公司提供材料,证明其实际经营管理机构在巴巴多斯,中国政府也可以否定其适用税收协定待遇。由于目前中国缺乏这方面的具体规则,在实务中,税务机关不妨考虑适用一般反避税条款。《企业所得税法》第 47 条规定:"企业实施其他不具有合理商业目的的安排而减少其应纳税收入或者所得额的,税务机关有权按照合理方法调整。"管道公司的存在本来就没有合理的商业目的,只是为了套取税收协定的好处。鉴于这种情

---

① 此次股权转让的时间为 2009 年 10 月。此时,《中巴税收协定》尚未修改,如果 X 公司确定为巴巴公司居民纳税人,就只能由巴巴多斯行使税收管辖权。2010 年 2 月 10 日,中巴签署了税收协定议定书,增加了反避税的内容。
据此,《协定》第 13 条第 4 款被删除,在《协定》第 13 条中增加下列规定作为第 4 款、第 5 款和第 6 款:
"四、缔约国一方居民转让股份取得的收益,如果该股份价值的 50%(不含)以上直接或间接来自位于缔约国另一方的不动产,可以在该缔约国另一方征税。
五、缔约国一方居民转让其在缔约国另一方居民公司资本中的股份、参股或其他权利取得的收益,如果取得该收益的人在转让行为前 12 个月的任何时间内,曾经直接或间接参与拥有该公司至少 25% 的资本,可以在该缔约国另一方征税。
六、转让以上各款所述财产以外的其他财产取得的收益,应仅在转让者为其居民的缔约国征税。"
如果江苏徐州案能够适用修改后的《中巴税收协定》,则需要斟酌第 13 条第 4 款和第 5 款的内容,重新考虑中国的税收管辖权。只有当这两款的条件都无法满足时,才能适用第 6 款的规定。鉴于这种情

况,中国政府当然可以否定其存在,拒绝向其提供税收协定待遇。[①]

在天津塘沽案中,办案人员的思维更进了一步。在确认两个外国股东的美国母公司对天津制造公司实际行使管理和控制权,毛里求斯公司也实际受控于其美国母公司后,塘沽国税局认定,毛里求斯公司是一个为获取协定利益的"管道公司"。不仅如此,其甚至认为,此项股权转让交易的实质是两家美国母公司之间的交易,而不是毛里求斯公司与百慕大公司之间的交易,不能享受《中毛税收协定》待遇,而应适用《中美税收协定》。这个结论确实引发我们思考,当管道公司被否认之后,是仅仅否认其享受协定待遇的资格,还是彻底否定其存在,直接以其实际控制人作为纳税人?新疆乌鲁木齐案和江苏徐州案选择了前者,而天津塘沽案似乎选择了后者,否则,就不会有适用《中美税收协定》的判断了。

二、"受益所有人"概念不宜直接适用于股权转让所得

在江苏徐州案中,有一个特殊的情节值得注意。该案经办人员引用了601号文中关于受益所有人的规定,要求 X 公司举证其是巴巴多斯居民公司,且实际管理机构在该国。既然如此,我们有必要探究,税收协定中哪些条款涉及受益所有人?受益所有人的要求能否适用于股权转让所得?这个问题在实践中已经引发了争论,是本案不得不说的一个关键点。

"受益所有人"是在税收协定中针对股息、利息和特许权使用费课税而提出的平衡来源国与居民国利益的一个概念。通常情况下,对于股息、利息、特许权使用费等消极性所得,纳税人的居民国可以行使税收管辖权。但有些国家,特别是发展中国家,也会努力争取对这部分收入的管辖权。在这种情况下,协定在赋予来源国对股息、利息和特许权使用费的税收管辖权的同时,往往会规定,如果作为缔约国一方居民的收款人是受益所有人,针对这部分收入的税率不能超过某个比例。按照国际法高于国内法的原理,如果国内法规定的税率高于协定税率,则适用协定税率;当国内法规定的税率低于协定税率时,纳税人仍然可以选择使用国内法规定的税率。

例如,《中美税收协定》第10条第1款规定,缔约国一方居民公司支付给缔约国另一方居民的股息,可以在该缔约国另一方征税。第2款又规定,这些股息也可以按照支付股息的公司是其居民的缔约国的法律,在该缔约国征税。但是,如果收款人是该股息受益人,则所征税款不应超过该股息总额的10%。由

[①] 《中巴税收协定议定书》生效后,上述结论在法理上将获得更大支撑。该《议定书》第4条规定:"本协定并不妨碍缔约国一方实施其旨在防止逃税和避税的国内法律规定,但以其不导致与本协定冲突的税收为限。"对于非缔约国企业恶意利用税收协定,套取税收协定优惠待遇的行为,中国有权实施防止逃税和避税的国内法律规定。

于中国税法对非居民取得的股息同样适用10%的税率,这条规定对纳税人没有影响,但是,中国的税收管辖权却通过协定加以确立。否则,假如仅仅按照第1款的内容,即便《企业所得税法》已经规定,中国对非居民来源于中国的股息有管辖权,根据条约优先的原则,美国居民来源于中国企业的股息,也只有美国政府才有税收管辖权。

《内地与香港税收安排》稍有不同,其第10条规定,一方居民公司支付给另一方居民的股息,可以在该另一方征税。然而,这些股息也可以在支付股息的公司是其居民的一方,按照该一方法律征税。但是,如果股息受益所有人是另一方的居民,则所征税款不应超过:(1)如果受益所有人是直接拥有支付股息公司至少25%资本的公司,为股息总额的5%;(2)在其他情况下,为股息总额的10%。双方主管当局应协商确定实施限制税率的方式。据此,当受益所有人直接拥有支付股息公司25%的资本时,内地只能针对股息适用5%的税率,比内地税法规定的税率降低一半,这对内地的税收管辖权无疑是一种限制。

601号文起首即开宗明义地写道,"根据中华人民共和国政府对外签署的避免双重征税协定(含内地与香港、澳门签署的税收安排,以下统称税收协定)的有关规定,现就缔约对方居民申请享受股息、利息和特许权使用费等条款规定的税收协定待遇时,如何认定申请人的'受益所有人'身份的问题通知如下:……"这充分说明,这份文件旨在解释中国对外缔结的税收协定中涉及股息、利息和特许权使用费的"受益所有人"概念,进一步堵塞国际避税的空间,同时规范税务机关的反避税行为,为纳税人策划交易行为提供明确指引。尽管在文字表述上,股息、利息和特许权使用费之后还有一个"等"字,但在中国的文字习惯中,"等"字有时候也可以作为结束词,而不一定表示"还有未列举的其他"。更何况,除了股息、利息、特许权使用费之外,在我国对外缔结税收协定的其他条文中,并不存在必须是受益所有人才能享受协定待遇的情况。

和中国对外签订的其他税收协定一样,中国与巴巴多斯的协定也只是在股息、利息和特许权使用费部分提到了"受益所有人",这一方面是为了限制来源国的税收管辖权,另一方面是为了防止纳税人滥用税收协定。在第13条"财产收益"部分,针对大多数股权转让行为,协定只是按"居民"身份划分税收管辖权,没有要求"居民"必须是"受益所有人"。对于如何解释"居民",《协定》第4条第1款也规定了明确的标准,无需援用受益所有人概念。所以,笔者认为,在江苏徐州案中,税务机关引用601号文,要求纳税人证明其实际管理机构在巴巴多斯,在解释和适用税收协定方面存在明显的瑕疵。

当然,就股权转让所得(包括其他财产收益)而言,也存在名义所有人与受益所有人不一致的问题,因此,如何防止纳税人滥用税收协定同样值得关注。对此,前文已经提到,适用一般反避税条款是一种可以考虑的思路。不过,一般反避税条款如此宽泛和抽象,必须借助于操作性的标准和细则,才能让纳税人和基层税务机关得到明确的指引。鉴于目前针对跨国财产收益如何进行反避税缺乏对应的规定,笔者以为,601号文关于受益所有人所规定的判断标准,可以为股权转让所得等财产收益的反避税所参考。一旦确定财产收益的实际受益人不是收款人,而是协定缔约国之外的第三国的居民,则可以依据《企业所得税法》第47条及其相关规定,对收款人享受协定待遇的申请不予批准。

根据601号文的规定,"受益所有人"是指对所得或所得据以产生的权利或财产具有所有权和支配权的人。"受益所有人"一般从事实质性的经营活动,可以是个人、公司或其他任何团体。代理人、导管公司等不属于"受益所有人"。导管公司是指通常以逃避或减少税收、转移或累积利润等为目的而设立的公司。这类公司仅在所在国登记注册,以满足法律所要求的组织形式,而不从事制造、经销、管理等实质性经营活动。

在判定"受益所有人"身份时,该文件要求,不能仅从技术层面或国内法的角度理解,还应该从税收协定的目的(即避免双重征税和防止偷漏税)出发,按照"实质重于形式"的原则,结合具体案例的实际情况进行分析和判定。一般来说,下列因素不利于对申请人"受益所有人"身份的认定:

(1)申请人有义务在规定时间(比如在收到所得的12个月)内将所得的全部或绝大部分(比如60%以上)支付或派发给第三国(地区)居民。

(2)除持有所得据以产生的财产或权利外,申请人没有或几乎没有其他经营活动。

(3)在申请人是公司等实体的情况下,申请人的资产、规模和人员配置较小(或少),与所得数额难以匹配。

(4)对于所得或所得据以产生的财产或权利,申请人没有或几乎没有控制权或处置权,也不承担或很少承担风险。

(5)缔约对方国家(地区)对有关所得不征税或免税,或征税但实际税率极低。

(6)在利息据以产生和支付的贷款合同之外,存在债权人与第三人之间在数额、利率和签订时间等方面相近的其他贷款或存款合同。

(7)在特许权使用费据以产生和支付的版权、专利、技术等使用权转让合同之外,存在申请人与第三人之间在有关版权、专利、技术等的使用权或所有权方面的转让合同。

纳税人在申请享受税收协定待遇时,应提供能证明其具有"受益所有人"身份的资料,税务机关必要时可通过信息交换机制确认相关资料。针对不同性质的所得,税务机关通过对上述因素的综合分析,认为申请人不符合本通知规定的受益所有人条件的,不应将申请人认定为"受益所有人"。对于股息、利息、特许权使用费而言,一旦收款人不被认定为受益所有人,对照协定条款一般就可以断定,收款人不能享受协定提供的优惠待遇。对于财产收益而言,审查收款人是否为受益所有人的过程,对税务机关判断纳税人是否以避税为目的也大有帮助。只不过,这个过程最好理解为适用一般反避税条款的过程,而不是在解释和适用税收协定。

三、"一致行动人"理论在税法上缺乏法律依据

在福建福清案中,出现了一个陌生而又熟悉的名词:一致行动人。说其陌生,是因为税法中从没出现过这个概念;说其熟悉,是因为它在证券法中广泛应用。将证券法上的"一致行动人"理论在具体案例中直接搬到税法中来,究竟是一个值得提倡的创新之作,还是一个值得警惕的越权行为?

2008年《上市公司收购管理办法》第83条规定,所谓一致行动,是指投资者通过协议、其他安排,与其他投资者共同扩大其所能够支配的一个上市公司股份表决权数量的行为或者事实。在上市公司的收购及相关股份权益变动活动中有一致行动情形的投资者,互为一致行动人。如无相反证据,投资者有下列情形之一的,为一致行动人:

(1)投资者之间有股权控制关系;

(2)投资者受同一主体控制;

(3)投资者的董事、监事或者高级管理人员中的主要成员,同时在另一个投资者担任董事、监事或者高级管理人员;

(4)投资者参股另一投资者,可以对参股公司的重大决策产生重大影响;

(5)银行以外的其他法人、其他组织和自然人为投资者取得相关股份提供融资安排;

(6)投资者之间存在合伙、合作、联营等其他经济利益关系;

(7)持有投资者30%以上股份的自然人,与投资者持有同一上市公司股份;

(8)在投资者任职的董事、监事及高级管理人员,与投资者持有同一上市公司股份;

(9)持有投资者30%以上股份的自然人和在投资者任职的董事、监事及高级管理人员,其父母、配偶、子女及其配偶、配偶的父母、兄弟姐妹及其配偶、配偶的兄弟姐妹及其配偶等亲属,与投资者持有同一上市公司股份;

(10)在上市公司任职的董事、监事、高级管理人员及其前项所述亲属同时持有本公司股份的,或者与其自己或者其前项所述亲属直接或者间接控制的企业同时持有本公司股份;

(11)上市公司董事、监事、高级管理人员和员工与其所控制或者委托的法

人或者其他组织持有本公司股份；

（12）投资者之间具有其他关联关系。

一致行动人应当合并计算其所持有的股份。投资者计算其所持有的股份，应当包括登记在其名下的股份，也包括登记在其一致行动人名下的股份。这一点会切实贯穿在上市公司收购的程序中，对信息披露、收购类型、收购要件等都会产生影响。例如，2005年《证券法》第88条规定："通过证券交易所的证券交易，投资者持有或者通过协议、其他安排与他人共同持有一个上市公司已发行的股份达到30%时，继续进行收购的，应当依法向该上市公司所有股东发出收购上市公司全部或者部分股份的要约。"这里"通过协议、其他安排与他人共同持有"的规定就属于对一致行动人的规定。

福建福清案涉及内地与香港《关于避免双重征税和防止偷漏税的安排第二议定书》。该《议定书》第5条规定："一方居民转让其在另一方居民公司资本中的股份或其他权利取得的收益，如果该收益人在转让行为前的12个月内，曾经直接或间接参与该公司至少25%的资本，可以在另一方征税。"鸿侨海外直接占福耀玻璃的股份未达到25%，这是毋需置疑的事实。但是，是否存在间接持股的情况呢？比如，既然鸿侨海外和三益发展同是曹德旺的全资子公司，能否将三益发展持有的股份视为鸿侨海外的间接持股？就公司法和证券法的常识而言，既然鸿侨海外并不是三益发展的股东，哪怕间接股东也不是，那么，三益发展对福耀玻璃所持的股份，不应视为鸿侨海外的间接股份。

估计正是因为此路不通，福清国税局才会想到"一致行动人"。的确，按照《上市公司收购管理办法》的规定，鸿侨海外与三益发展是一致行动人，它们同属香港居民曹德旺所控制。如果也如该办法所规定的那样，在确定股权转让收益的税收管辖权时，将行动一致人所持股份合并计算，那么，鸿侨海外对福耀玻璃所持股份就超过了25%，内地据此可以享受税收管辖权。事实上，福清国税局的确依据"一致行动人"理论，合并计算它们所持有的股份，而且最终被纳税人及其控制股东所认同，尽管这样做在税法和条约上都缺乏规则支持。从这个角度而言，这无疑也是中国反避税的一个重大突破。

在这个案例中，股权转让的出让方实际上只有一个，那就是鸿侨海外，而不是三益发展，也不是曹德旺。虽然鸿侨海外和三益发展的股权被合并计算，但最终的纳税人还是鸿侨海外。有专家对福清国税局的做法持不同看法，认为三益发展本身不是鸿侨海外的股东，鸿侨海外本身也不是三益发展的股东，将它们俩捆绑在一起，似乎并无充分的理由。如果税务部门非要给鸿侨海外找一个关系人，其唯一股东曹德旺最为合适。鉴于曹德旺是鸿侨海外的唯一股东这个事实，而鸿侨海外是一家并不进行实质性商业活动的控股公司，有"壳公司"嫌疑，税务部门可以刺破鸿侨海外的面纱，在税收上否定鸿侨海外的存在，将鸿侨海外转让福耀玻璃的股票行为界定为曹德旺在转让福耀玻璃的股票,对曹德旺课税。由于曹德旺间接持有的福耀玻璃股票在此前的 12 个月内已经超过了 25%,税务机关就有了充足的征税理由。①

不过,在财政部、国家税务总局、证监会《关于个人转让上市公司限售股所得征收个人所得税有关问题的通知》(财税[2009]167号)2010 年 1 月 1 日生效之前,我国税法对个人投资者转让上市公司股票免税,即便是限售股也不例外。如果将曹德旺确定为纳税人,则可能一点税都收不上来。也许是基于这样的考虑,税务部门并未否定掉鸿侨海外的存在,而是认可其独立纳税主体资格,要求其缴纳股权转让所得的税收。可是,如果将鸿侨海外作为纳税人,由于其对三益发展没有持股关系,二者又是两个独立的企业法人,因此难以满足内地与香港《关于避免双重征税和防止偷漏税的安排第二议定书》第 5 条对持股比例的要求。在这种情况下,税务部门从"一致行动人"理论入手,将鸿侨海外与三益发展的股份合并计算,使其满足 25% 的持股比例要求,不能不说是煞费苦心。

对一致行动人合并计算持股比例,在国外的反避税实践中并不鲜见,在法理上也能自圆其说。不过,毕竟目前在中国的税法里,缺乏有关"一致行动人"的法律依据,税收协定中也没有这方面的规定。仅仅依靠一个看起来有道理的理念,税务机关就强行行使税收管辖权,这对纳税人可能是一个危险的信号。就福建福清案而言,如果香港税务机关不认可福清税务机关的观点,认为《内地与香港税收安排》及其《第二议定书》并没有规定一致行动人规则,也坚持对鸿侨海外转让股权的行为课税,那么,鸿侨海外毫无疑问将面临双重征税。即便试图将从一般反避税条款的角度理解一致行动人,也必须从证明其确实在"一致行动"入手。如果仅仅只是符合一致行动人的条件,而它们并没有采取一致行动,证券法上的一致行动人理论就很难恰当地论证福清国税局的立场。

综上所述,在税务机关处理滥用税收协定的案例时,应该随时注意如何解释条约及适用法律。在处理股权转让所得的案例时,可以依据《企业所得税法》第 47 条的规定,但是不宜直接引用 601 号文,该文仅仅适用于股息、利息和特许权使用费的滥用税收协定问题,对股权转让所得的处理仅具有参考作用。至于一致行动人理论在个案中的实践,笔者以为,在没有立法和条约作为依据前,税务机关的行动显得过于大胆,对税收法定主义是一个巨大的冲击。

(熊 伟)

---

① 傅硕:《福耀玻璃间接股权转让被征税,地税执法惹争议》,载《证券市场周刊》2011 年 1 月 11 日。

15. 非居民间接转让居民企业股权典型案例

《企业所得税法》生效以来，各地税务机关加大了反避税的力度，各种类型的反避税案件开始呈现在公众眼前。其中，非居民企业通过境外控股公司间接转让其所持有的中国居民企业的股权，给税务机关如何适用《企业所得税法》的一般反避税条款提出了挑战。针对上述问题，在总结和提炼相关案例基础上，2009年，继《特别纳税调整实施办法》之后，国家税务总局发布了国税函[2009]698号文，即《关于加强非居民企业股权转让所得企业所得税管理的通知》（以下简称698号文）。2011年，国家税务总局又发布第24号公告，即《关于非居民企业所得税管理若干问题的公告》（以下简称24号公告），对698号文的相关内容进行了解释和补充。不过，对于非居民的个人间接转让境内公司股权的问题，尽管已经出现了相关案例，但是其法律依据并不清晰，值得在此一并加以探讨。

案情简介

案例一：重庆渝中案①

2008年5月，重庆渝中区国税局两路口税务所通过合同登记备案，发现重庆A公司与新加坡B公司签署了一份股权转让协议。新加坡B公司将其在新加坡设立的全资控股公司C公司100%的股权转让给重庆A公司，转让价格为人民币6,338万元，股权转让收益达人民币900多万元。从表面上看，该项股权转让交易的目标公司C公司为新加坡企业，股权转让收益并非来源于中国境内，中国没有税收管辖权。但渝中区国税局通过进一步调查核实，目标公司C公司实收资本仅为100新加坡元，该公司持有重庆D公司31.6%的股权，除此之外没有从事其他任何经营活动。因此，新加坡B公司转让C公司股权的实质是转让重庆D公司31.6%的股权。经请示国家税务总局核查，渝中区国家税务局最终认定，新加坡B公司取得的股权转让收益实质上为来源于中国境内的所得，根据《企业所得税法》第3条第3款，以及《中华人民共和国政府和新加坡共和国政府关于对所得避免双重征税和防止偷漏税的协定》第13条第5款的规定，中国有税收管辖权。2008年10月，渝中区国税局对新加坡B公司取得的股权转让收益征收预提所得税98万元，税款已全部入库。

案例二：扬州江都案②

扬州某公司由江都一民营企业与外国一家投资集团合资成立。其中，该投资集团通过其香港全资子公司持有扬州某公司49%股权。2009年初，江都市国税局获悉，外方投资者可能进行了股权转让，在推测的数种方案中，最大的可能就是间接转让，即境外控制方某投资集团整体转让香港公司来间接转让扬州公司股权。而对于间接转让，因其超越国内税收管辖权，对其征税国内并无相关税收法律法规规定。

江都市国税局及时向上级反映，江苏省、扬州市国税局一方面主动向国家税务总局提出对间接转让股权进行规范的政策建议，另一方面，组成省、市、县联合专家小组，跟踪分析企业的股权转让行为。2009年12月10日，国家税务总局发布了698号文。对于间接转让行为，经国家税务总局审核后，税务机关可以按照经济实质对股权转让交易重新定性，否定被用作税收安排的境外控股

---

① 参见:http://blog.sina.com.cn/s/blog_493cd61c0100hu2h.html,2011年1月15日访问。
② 参见徐云翔、赵军、宋雁:《最大单笔间接转让股权非居民税款入库》,载《中国税务报》2010年6月9日。

公司的存在,使得对间接股权转让行为征税有了政策依据。

2010年1月14日,江都市国税局获知,扬州公司外方股权转让在境外交易完毕。之后,江都市国税局先后向间接转让交易的股权购买方公司、转让方公司发出税务文书,在几经周折后,取得了该笔股权转让的协议和交易相关资料。江都市国税局还从交易购买方公司的美国母公司网站上查悉,2010年1月14日,该公司正式宣布收购扬州某公司49%股份交易已经完成。新闻稿件详尽介绍了扬州某公司的相关情况,却未提及香港公司。

联合专家小组通过对购买协议及相关资料的分析,逐渐理清了香港公司"无雇员;无其他资产、负债;无其他投资;无其他经营业务"的经济实质。这次交易形式上是转让香港公司股权,实质是转让扬州某公司的外方股权,应在中国负有纳税义务。经报国家税务总局审核同意,4月2日、21日,江都市国税局向扬州某公司先后发出相关文书,通知其股权转让在中国负有纳税义务,应申报纳税。4月29日,江都市国税局收到了扬州某公司的非居民企业所得税申报表。5月18日上午,1.73亿元税款顺利缴入国库。

案例三:广东汕头案①

2010年11月,汕头市国税局通过查阅互联网上公开的第三方信息获悉,香港某上市公司(香港H公司)透过其全资子公司维尔京W公司向外国某集团公司(外国P公司)的全资子公司维尔京A公司间接收购汕头市某公司(汕头S公司)100%的股本权益,涉及金额8,000万元人民币,而外国P公司是香港H公司的主要及控股股东。

与几个公司联系后,汕头市国税局要求相关境外公司报送该笔股权交易的协议和资料,同时从香港H公司网站上了解有关该笔股权交易的报道和背景。该局从中了解到,汕头S公司成立于2004年6月。2008年2月香港G公司通过股权收购成为汕头S公司的唯一投资方,又经系列股权变更,形成了外国P公司通过其属下的4个逐层100%控股的子公司、孙公司,即维尔京A公司、维尔京AA公司、维尔京AAA公司和香港G公司,间接拥有汕头S公司100%股权的股权结构。2010年11月,维尔京W公司与维尔京A公司签订协议,收购维尔京AA公司、维尔京AAA公司、香港G公司及汕头S公司的100%股本权益。维尔京W公司于2010年11月和12月支付了股权转让价款。

经过审核、分析,该局发现,维尔京W公司从维尔京A公司收购的资产是4个逐层100%控股的公司股权,其中维尔京AA公司、维尔京AAA公司和香港G公司,其居民国(地区)均对其居民的境外所得不征所得税;3个公司均是境外

---

① 参见黄永、林燕娥、郑冬燕:《依托信息境外间接转让股权非居民所得税入库》,载《中国税务报》2011年5月11日。

控股公司,除了层层100%控股,对外无其他投资;维尔京AA公司和维尔京AAA公司均是2009年7月才在维尔京群岛注册成立,企业不能提供证据证明其合理商业目的,因此存在被用作税收安排的嫌疑。

根据"实质重于形式"的原则,该局认为,上述股权交易的实质是维尔京A公司向维尔京W公司转让汕头S公司的100%的股权,出让方维尔京A公司在中国负有纳税义务,要求维尔京A公司就其本次股权转让收益在中国缴纳企业所得税。但维尔京A公司认为,本次股权交易是境外公司间转让另一境外公司的股权,买方、卖方、买卖标的物,都是境外公司,交易过程和价款支付也均发生在境外;对汕头S公司而言,其投资方也并没有发生变化,因此其不应在中国境内负有纳税义务。

针对外方提出的问题,2011年2月,汕头市国税局根据我国《企业所得税法》及其《实施条例》和698号文有关规定指出,非居民企业通过滥用组织形式等安排间接转让中国居民企业股权且不具有合理的商业目的,规避企业所得税纳税义务的,税务机关可按照经济实质对该股权转让交易重新定性,否定被用作税收安排的境外控股公司的存在。上述股权交易的买卖标的物实际上就是汕头S公司的股权,卖方的股权转让所得来源于汕头S公司的所在地即中国,因此中国对该所得依法享有征税权。

最终,维尔京A公司认同了汕头市国税局的观点。3月29日,维尔京W公司以扣缴义务人身份,委托汕头S公司向汕头市国税局报送了扣缴企业所得税报告表,并于3月30日从境外将720万元税款汇入中国国库待缴库税款专户。

案例四:广东深圳案①

某香港商人在港注册一家"壳公司",注册资本仅有1万港元。2000年,该公司作为投资方在深圳注册一家法人企业,专门从事物流运输,同时置办大量仓储设施。经过近十年的经营,子公司已经形成品牌企业,经营前景看好,而且由于房地产市场一直处于上升趋势,公司存量物业市场溢价很大。2010年,该港商在境外将香港公司转让给新加坡某公司,深圳公司作为子公司被一并转让,转让价格2亿多元。

对于港商个人取得的转让收益是否征税,税企之间存在很大分歧。深圳市地税局认为,本案转让标的为香港公司和深圳公司,标的物业为深圳公司的资产,转让价格基础是深圳公司资产市场估价。鉴于香港公司在港无实质性经营业务,其转让溢价应大部分归属深圳公司资产增值。这种形式上直接转让香港公司股权,实质上是间接转让深圳公司股权,存在重大避税嫌疑。经请示国家

---

① 参见卢勋、邱小琳、曹明君、阮向阳:《历时半年,广东深圳地税局跨境追缴1,368万元税款》,载《中国税务报》2011年6月8日。

税务总局核查,深圳地税局决定对其追征税款。2011年6月,全国首例对非居民个人间接转让中国境内企业股权追征个人所得税1,368万元在深圳市地税局入库,从而结束了长达半年的跨境税款追踪,实现了非居民个人在境外直接转让母公司股权,间接转让境内子公司股权征税的个案突破。

争议焦点

1. 非居民企业通过境外控股公司间接转让中国公司股权,中国政府是否享有税收管辖权? 其法律依据何在?

2. 非居民个人通过境外控股公司间接转让中国公司股权,中国政府是否享有税收管辖权? 其法律依据何在?

3. 判断境外控股公司没有实质经济意义进而加以否定的标准是什么?

4. 非居民通过其控制的多层次的境外控股公司转让中国境内公司的股权,是否适用相同的反避税标准?

法理评析

一、中国政府对非居民间接转让股权有必要采取反避税措施

在上文所列的四个案例中,境外非居民都没有直接持有中国境内公司的股权,而是通过境外控股公司间接持股,境外控股公司才是中国公司登记在册的股东。当非居民转让其所持有的境外控股公司的股权时,中国境内公司的股权结构并没有发生变动。而非居民转让境外控股公司股权的行为,无论是全部还是部分,其产生的所得属于非居民来源于中国境外的所得,按照国际税法的一般原则,中国政府并没有税收管辖权。中国的《企业所得税法》、《个人所得税法》,或是中国与外国所签订的双边税收协定,对此都不存在任何异议。

例如,《企业所得税法》第3条第3款规定,"非居民企业在中国境内未设立机构、场所的,或者虽设立机构、场所但取得的所得与其所设机构、场所没有实际联系的,应当就其来源于中国境内的所得缴纳企业所得税。"而按照《企业所得税法实施条例》第7条第1款第3项的规定,权益性投资资产转让所得按照被投资企业所在地确定所得来源地。因此,非居民企业转让其在中国境内企业的股权取得收入属于来源于中国境内的所得,应在中国境内纳税。而转让其在中国境外企业的股权取得的收入,不是来源于中国境内的收入,中国政府不享

有税收管辖权。在上述案例中,境外股权转让人对抗中国课税权的理由也大都一样。

正是为了规避中国的税收管辖权,方便股权的转让,许多打算对中国进行投资的外国资本一般倾向于先设立一个控股公司,通过这个控股公司持有中国公司的股份。这个控股公司通常没有任何资产,不从事任何经营活动,也没有员工、办公场地等,其存在的意义就在于对中国公司投资和持股。这些控股公司大都设立在避税港国家或地区,对股权转让所得免税或征税极低。当外国投资者直接转让控股公司的股份,并由此间接转让中国公司的股份时,其所承受的税收成本完全可以忽略不计。而控股公司的股权之所以有价值,有人愿意购买,就是因为其所投资的中国公司的存在。可以说,转让控股公司股权的目的,就是为了转让中国公司的股权。

从上述分析得出的结论是,如果严格遵守外国投资人形式上的安排,中国政府对非居民间接转让中国公司股权的所得,根本不享有任何税收管辖权。假如这个现象得不到有效制止,所有的外国投资都会借鉴这种模式,中国本应分享的税收会因此丧失殆尽。事实上,如果没有间接设立的壳公司,外国投资者直接持有中国公司的股份,当其转让股份时,无论受让人是中国居民还是外国居民,股权转让所得都属于来源于中国的所得,中国政府可以依法征收预提所得税。因此,中国政府要想争取税收管辖权,必须采取一定的国际反避税措施,并从国内立法和双边条约的角度论证其合法性。①

二、中国政府对非居民间接转让股权征税的法律依据

2008年1月1日,中国《企业所得税法》开始生效。在其第六章"特别纳税调整"中,一般反避税条款第一次被引入中国税法。除了针对转让定价、资本弱化、受控外国公司等提出反应对策外,《企业所得税法》第47条特别规定:"企业实施其他不具有合理商业目的的安排而减少其应纳税收入或者所得额的,税务机关有权按照合理方法调整。"这里所谓的"企业",既包括居民企业,当然也包括非居民企业。《企业所得税法实施条例》第112条的解释是,《企业所得税法》

---

① 印度税务机关也在尝试类似的努力,针对著名电信商Vodafone的调查就是如此。这同样是一个离岸间接股权转让的案例。Vodafone购买了一家位于开曼群岛的公司的股权,股权的转让方、购买方以及被转让股权的公司都在印度之外,但是,该股权所涉及的资产在印度境内。印度税务机关要求Vodafone履行22亿美元的扣缴义务,并罚款22亿美元。Vodafone向孟买高等法院起诉,高等法院维持了税务机关的决定,但是,2012年1月20日,该决定被印度最高法院推翻。为了弥补境外股权间接转让的漏洞,2010年8月,印度政府还通过了一份立法草案,只要被购买公司50%以上的资产在印度,该草案就允许政府针对离岸股权交易征收资本利得税。参见http://www.nixonpeabody.com/publications_detail3.asp?ID=3482,另见:http://www.fin24.com/Companies/ICT/Vodafone-wins-India-tax-case-20120120,2012年2月1日访问。

第 47 条所称不具有合理商业目的的,是指以减少、免除或者推迟缴纳税款为主要目的。而在上述 4 个案例中,非居民投资者设立壳公司,实现对中国公司的投资和持股,对比以上规定,显然属于"不具有合理的商业目的"。

国家税务总局制定的《特别纳税调整实施办法》第 92 条据此规定,税务机关可依据《企业所得税法》第 47 条及其《实施条例》第 112 条的规定对存在以下避税安排的企业,启动一般反避税调查:(1)滥用税收优惠;(2)滥用税收协定;(3)滥用公司组织形式;(4)利用避税港避税;(5)其他不具有合理商业目的的安排。第 94 条并规定,税务机关应按照经济实质对企业的避税安排重新定性,取消企业从避税安排获得的税收利益。对于没有经济实质的企业,特别是设在避税港并导致其关联方或非关联方避税的企业,可在税收上否定该企业的存在。而上文所述四个案例中的控股公司,就属于这种在避税港设立的不具有经济实质的企业,税务机关可以否定其存在。

对比而言,698 号文的规定更加具体,可以成为处理上述案例的直接依据。从法律效力上看,尽管 698 号文只是一个规范性文件,但是,其与《企业所得税法》及其《实施条例》的精神一致,属于对《特别纳税调整实施办法》的具体落实,应不存在合法性方面的疑义。该文第 6 条规定,境外投资方(实际控制方)通过滥用组织形式等安排间接转让中国居民企业股权,且不具有合理的商业目的,规避企业所得税纳税义务的,主管税务机关层报税务总局审核后可以按照经济实质对该股权转让交易重新定性,否定被用作税收安排的境外控股公司的存在。以上四个案例都已经层报国家税务总局审核,因此在程序上也无可指责。

从国际税法的角度看,通过近年来的努力,中国政府在谈判和签订税收协定或安排时,已经嵌入了反避税的立场。例如,2007 年重新签订的《中新税收协定》第 13 条第 5 款规定:"除第 4 款外,缔约国一方居民转让其在缔约国另一方居民公司或其他法人资本中的股份、参股、或其他权利取得的收益,如果该收益人在转让行为前的 12 个月内,曾经直接或间接参与该公司或其他法人至少25%的资本,可以在该缔约国另一方征税。"而间接持有对方国家居民公司的股份,在转让股份时对方国家享有税收管辖权,就是新增加的反避税内容。在重庆渝中案中,新加坡 B 公司全资控股新加坡,而 C 公司持有重庆 D 公司 31.6%的股权,新加坡 B 公司间接持有目标公司重庆 D 公司的股权比例超过了 25%,而且持有期间超过了 12 个月,因此,当新加坡 B 公司通过 C 公司转让重庆 D 公司的股权时,中国政府拥有征税权。

2008 年 1 月 30 日修改后的《内地与香港税收安排》第 13 条第 5 款也规定,"除第 4 款外,一方居民转让其在另一方居民公司资本中的股份或其他权利取得的收益,如果该收益人在转让行为前的 12 个月内,曾经直接或间接参与该公司至少25%的资本,可以在该另一方征税。"在广东深圳案中,香港居民间接持有深圳公司股权已经超过12个月,且持股比例超过25%。根据上述协定内容,深圳地税局对该案也可以取得征税权。

至于扬州江都案和广东汕头案,由于新闻报道中没有披露股权转让方的国籍,我们因此无法在这里讨论国际税收协定的适用。

三、内地对香港居民之间接转让内地公司股权课税的法律依据

对于非居民转让中国公司股权,2008年1月30日修改后的《内地与香港税收安排》第13条第5款的确赋予了内地政府课税权。但是,仅仅依据这个双边税收安排,深圳地税局就可以实际行使课税权吗?

在国际税法上,税收条约所发挥的作用非常特别,其主要功能有:第一,解决双边重复课税问题。当两个国家依据其国内法对同一笔所得同时课征所得税时,通过条约的协商和谈判,可以根据一定的规则或惯例,确定由其中一个国家行使课税权。第二,限制缔约国一方的课税权。即便不存在法律上的双重征税,对于某些特定的所得,出于避免经济上重复课税或者提高稽征效果,甚至出于经济、社会政策方面的考虑,通过条约的安排,可以对缔约国一方的课税权进行限制,要求其适用优惠税率或者免税等。第三,防止偷漏税及反避税。双边税收合作、跨国情报交换等,就属于这方面的内容。

缔约国政府不能直接依据税收条约课税,课税必须要有国内法的依据,这不仅是国际税法的一般要求,也是税收法定主义的体现。所以,仅仅因为税收协定或安排赋予了缔约一方课税权,就认为其可以直接依据这个条款向纳税人征收税款,这不是一个正确的结论。就广东深圳案而言,《内地与香港税收安排》只是赋予了内地政府税收管辖权,至于内地政府是不是能够实际课税,还必须寻找国内法上的依据。

如果香港企业设立壳公司,间接持有内地公司的股权,并通过转让控股公司的股权,间接转让内地公司的股权,内地的《企业所得税法》及其《实施条例》、《特别纳税调整实施办法》以及698文、24号公告等,就是税务机关征税的法律依据。其中,最根本的法律规范是《企业所得税法》第47条,即学理上所称的一般反避税条款。不过,这些都只能适用于香港居民为企业的情况。如果如广东深圳案所示,香港居民是一个自然人,其设立壳公司,间接持有内地公司的股权,其转让控股公司股权的行为,在内地税法上应该如何处理,还需要另行检索法律依据才行。

遗憾的是,我国《个人所得税法》并没有一般反避税条款,也没有针对非居民个人间接转让股权的特别反避税条款。《税收征收管理法》仅仅只是对转让定价确立了独立交易原则,而没有规定一般反避税条款。在国务院的行政法规或财政部、国家税务总局的规章,甚至包括财政部、国家税务总局的规范性文件中,同样找不到处理这个问题的法律依据。正是因为这个原因,《中国税务报》的报道提到,"对于这种直接转让在港公司股权而间接转让境内公司股权行为,如果在港公司股东是法人企业,税务机关可以依据税务总局相关文件,认定其滥用组织形式,不具有合理商业目的,穿透其中间公司直接界定为转让境内公司股权进行征税。而如果是非法人企业,属于自然人股权转让,对其转让所得进行征税目前存在法律适用问题。因此,本案在实践上的率先突破,将有利于推动国家税收立法,完善相关法律法规,打通反避税理念和手段在相关税种之间的瓶颈,对公平税负和捍卫国家税收主权具有重要意义"。①

上述报道看到了问题所在,不过,对于其中的两个提法,笔者仍然持保留态度。第一,反避税应该具备法律依据,而不能仅仅依靠税务总局的文件。698号文之所以能在反避税中发挥作用,首先是因为《企业所得税法》第47条的存在。否则,仅仅依据法理就否定一个公司的存在,直接将其股东认定为实际纳税人,这不符合税收法定主义的要求,也容易造成税务机关滥用权力,侵害纳税人财产和自由的后果。第二,在没有法律依据的情况下,鼓励税务机关在实践中率先突破,推动税收立法的发展,捍卫国家税收主权,这也是一个危险的举措。无论是跨国反避税还是国内的反避税,仅仅基于维护国家税收权益的立场,不考虑法律依据缺失的现实,就可以否定纳税人的交易行为,这是对税收法定主义的公然违反。

四、判断境外控股公司没有实质经济意义进而加以否定的标准

上述四个案例都来自新闻报道,而没有见到原始的案卷材料。对于否定境外控股公司的原因,我们只能从报道中略窥端倪,其信息不一定非常全面。

在重庆渝中案例中,税务局认定的事实是,新加坡B公司创立的新加坡C公司的实收资本仅为100新加坡元,该公司持有重庆D公司31.6%的股权,除此之外没有从事其他任何经营活动。在扬州江都案例中,税务局认定的事实是,某外国投资集团在香港设立的公司除了持有江都某公司49%的股权外,"无雇员;无其他资产、负债;无其他投资;无其他经营业务"。在广东汕头案例中,税务局认定的事实是,某外国公司设立了四层控股公司,对汕头公司进行投资,即维尔京A公司、维尔京AA公司、维尔京AAA公司和香港G公司,其居民国(地区)均对其居民的境外所得不征所得税;其中,3个公司均是境外控股公司,除了层层100%控股,对外无其他投资;维尔京AA公司和维尔京AAA公司均是2009年7月才在维尔京群岛注册成立,企业不能提供证据证明其合理商业

---

① 参见卢勋、邱小琳、曹明君、阮向阳:《历时半年,广东深圳地税局跨境追缴1368万元税款》,载《中国税务报》2011年6月8日。

目的。在广东深圳案例中,税务局认定的事实是,香港商人设立的公司注册资本仅1万港币,除了持有深圳公司股权外,并无其他实质性投资活动。

在这四个案例中,税务机关认定的事实透露出一个共同点,即认为,作为非居民间接投资载体的公司没有实质性经营活动,其存在的价值就是为了方便间接转让在中国境内公司的股权。至于判断其没有实质性经营活动的标准,每个案例表现出来的特征点并不一致。由于信息量太少,我们也无从对此作深入的挖掘,探寻每个税务机关思考的细节。不过,从《企业所得税法》到《企业所得税法实施条例》,再到《特别纳税调整实施办法》和698号文,对于如何判断一个企业是否仅仅为了避税原因而存在,中国的立法和实践已经作出了很大的努力,相关的标准一步步趋于明朗和细致。

《企业所得税法》第47条规定,企业实施其他不具有合理商业目的的安排而减少其应纳税收入或者所得额的,税务机关有权按照合理方法调整。至于何谓"不具有合理商业目的",《企业所得税法实施条例》第120条称,是指以减少、免除或者推迟缴纳税款为主要目的。《特别纳税调整实施办法》进一步规定,对滥用税收优惠、滥用税收协定、滥用公司组织形式、利用避税港避税或其他不具有合理商业目的的安排,税务机关可启动一般反避税调查。税务机关应按照实质重于形式的原则审核企业是否存在避税安排,并综合考虑其安排的以下内容:(1)安排的形式和实质;(2)安排订立的时间和执行期间;(3)安排实现的方式;(4)安排各个步骤或组成部分之间的联系;(5)安排涉及各方财务状况的变化;(6)安排的税收结果。税务机关应按照经济实质对企业的避税安排重新定性,取消企业从避税安排获得的税收利益。对于没有经济实质的企业,特别是设在避税港并导致其关联方或非关联方避税的企业,可在税收上否定该企业的存在。①

698号文是专门针对非居民企业股权转让所得税管理的,该文第6条规定,境外投资方(实际控制方)间接转让中国居民企业股权,如果被转让的境外控股公司所在国(地区)实际税负低于12.5%或者对其居民境外所得不征所得税的,应自股权转让合同签订之日起30日内,向被转让股权的中国居民企业所在地主管税务机关提供以下资料:(1)股权转让合同或协议;(2)境外投资方与其所转让的境外控股公司在资金、经营、购销等方面的关系;(3)境外投资方所转让的境外控股公司的生产、经营、人员、账务、财产等情况;(4)境外投资方所转让的境外控股公司与中国居民企业在资金、经营、购销等方面的关系;(5)境外投资方设立被转让的境外控股公司具有合理商业目的的说明;(6)税务机关要求的其他相关资料。

---

① 参见《特别纳税调整实施办法》第92、93、95、97条。

从以上内容可知,在判断被转让的境外控股公司是不是一个空壳,纯粹是为了规避股权转让所得税时,需要综合考虑的因素有:

(1)该公司所在地是否为避税港?如果对本国境内股权转让所得的实际税负高于12.5%,并且针对居民境外股权转让所得征收所得税①,通常警报可以解除,纳税人无需担心自己的安排被中国税务机关否定。如果这一关未能通过,则不仅境外投资方需要向中国税务机关报送相关信息,反避税调查也会因此而启动。

(2)该公司的资产、人员、生产经营情况。企业的正常存在,办公场地、人员、设备、资金等必不可少。不仅如此,企业的规模还应该与其所从事的事业成正比。一个持股上亿的公司,注册资金却只有几千上万,也没有固定的办公场地,没有正式的员工,除了持股外没有其他生产经营活动,无论如何很难让人相信其存在的价值。

(3)该公司的设立及存在是否具有合理的商业目的。例如,是否有可能提高集团内部的管理效益,是否有整合资源、促进对外竞争方面的考虑,是否本身即承担一定的生产经营职能?如果公司的设立及存在具有合理的商业目的,而不是单纯为了降低、推迟或免除税收负担,则不宜作为避税工具处理。而这一点恰恰是境外投资方最需要证明的内容。

(4)该公司的设立及存在对税收的影响。如果其结果对中国的税收没有影响,反避税的问题当然无从谈起。如果其结果对中国的税收产生了影响,但是,由于设立地本身也是高税国家或地区,境外投资方虽然没有在中国纳税,但是公司设立地需要交纳相当的税收,这个事实也可以证明,这种安排不是以避税为目的,其被中国税务机关否定的可能性就低。

经过以上各种因素的考虑之后,698号文规定,如果税务机关认定,境外投资方(实际控制方)通过滥用组织形式等安排间接转让中国居民企业股权,且不具有合理的商业目的,规避企业所得税纳税义务的,主管税务机关层报国家税务总局审核后可以按照经济实质对该股权转让交易重新定性,否定被用作税收安排的境外控股公司的存在。一旦这种安排被否定,间接股权转让就变成了直接股权转让。除双边税收协定另有规定外,中国作为被转让股权的企业所在地国,对于该笔股权转让所得就拥有了税收管辖权。

五、非居民通过多层次境外控股公司转让中国公司股权的反避税标准

在前文所列的广东汕头案中,外国P公司通过其属下的4个逐层100%控股的子公司、孙公司,即维尔京A公司、维尔京AA公司、维尔京AAA公司和香

---

① 参见国家税务总局2011年第24号公告:《关于非居民企业所得税管理若干问题的公告》。

港 G 公司,间接拥有汕头 S 公司 100% 股权的股权结构。先不考虑这个外国 P 公司中的"外国"是哪一个国家,在适用中国的反避税规则时,这种多层的控股机构是不是有别于单层结构呢?

假如外国 P 公司仅仅只是在维尔京群岛设立一个全资子公司,再借这个公司持有汕头公司的股权,这种结构和 698 号文所描述的完全一致。但是,这个案例所展示的情况是,至少存在四层间接控股,外国 P 公司才能对汕头公司的股权产生影响。《特别纳税调整实施办法》和 698 号文是不是要像剥笋一样,层层递进,将这四个境外控股公司全部否定?

广东汕头案给我们的答案显然是肯定的,这四个境外控股公司都因为没有实质性的经济活动而被否定。不过,假如这四个层次的控股公司中,某个层次的控股公司,如香港 G 公司,具有实质性的经济意义,结论是否还是一样呢?笔者以为,尽管外国 P 公司转让维尔京 A 公司的股权,会间接带来维尔京 AA 公司、维尔京 AAA 公司、香港 G 公司的变化,最终带来汕头 S 公司股权的转让,但是,由于香港 G 公司本身不是壳公司,而是存在实实在在的经营活动,因此,外国 P 公司间接转让汕头 S 公司股权的行为,中国政府的税收管辖权肯定会受到挑战。

综上,非居民间接转让中国公司股权时,中国政府是否拥有税收管辖权,取决于各种具体因素的判断。如果非居民公司通过在避税地区设立的壳公司,间接持有中国公司的股权,这种壳公司也许可以基于反避税的立场被否定,当双边条约赋予中国管辖权时,中国税务机关就可以对这种股权转让征税。如果不存在双边税收条约,根据中国《企业所得税法》的规定,中国也有税收管辖权。不过,判断"壳公司"需要考虑很多因素。如果该公司的存在本身具有商业经营目的,就不能轻易将其定性为壳公司。对非居民个人间接转让中国公司股权的情况,由于中国个人所得税法缺乏一般性反避税条款,中国政府是否拥有税收管辖权值得怀疑。

(熊 伟)

16. 德国 BL 国际转让南昌 A 公司股权案

非居民企业以重组为目的将中国公司的股权转让给自己的全资香港子公司，这是本案的主要事实。一般情况下，这种股权转让需要确认所得或损失，转让方可能需要交纳企业所得税。不过，如果符合财政部、国家税务总局《关于企业重组业务企业所得税处理若干问题的通知》（以下简称财税[2009]59号文）关于特殊性税务处理的条件，该行为就可以不确认所得或损失，直接以被收购股权原有的计税基础作为计税基础。这种做法在实务中被称为"免税收购"，其实并不是真正的免税，而只是纳税递延。等到该股权再次被转让时，应税所得会一次性实现，税务机关损失的只是税款的期限利益，而纳税人所得到的也正是这笔资金的期限利益。

案情简介

南昌 A 公司原系由德国 BL 国际与上海某公司共同出资于 2002 年 12 月 10 日成立的外商投资企业,其中德国 BL 国际占 80% 的股份,从 2005 年起进入获利年度。2008 年 10 月,德国 BL 国际内部重组,将 80% 的股权以股份支付的方式平价转让给其设立在香港的全资子公司香港 BL。2010 年 1 月,香港 BL 以增资(溢价)扩股形式引入了一家依据根西岛法律成立并存续的公司 MUL。重组后,德国 BL 国际以对南昌 A 公司 80% 的权益估值 14,252,000 欧元持有香港 BL 49% 的股权,根西岛 MUL 则以该估值为议定价值,投入现金持有香港 BL 51% 的股权。

在查实上述信息之后,南昌市国税局要求德国 BL 公司就此次股权转让所得向中国政府缴纳预提所得税。德国 BL 国际、香港 BL 对税务机关的征税决定提出异议:一是股权转让交易行为发生在境外,中国没有税收管辖权;二是股权转让属于内部重组,应按财税[2009]59 号文规定适用特殊性税务处理,不需要交税;三是德国 BL 国际在股权交易中没有产生收益。对此,南昌市国税局的答复是:第一,股权转让交易虽然发生在境外,但转让的是中国境内的企业,依据《中德税收协定》及中国法律,中国政府享有税收管辖权;第二,德国 BL 国际 2008 年 8 月将持有南昌 A 公司股权转让给香港 BL,2010 年德国 BL 国际又将其持有的香港 BL 的股权以溢价增资扩股的形式间接转让给根西岛 MUL 公司,时间不足三年,不能适用资产重组特殊性税务处理;第三,德国 BL 国际将持有南昌 A 公司股权以股份支付的形式转让给香港 BL 构成了关联交易,不符合独立交易原则,减少了应纳税所得额,税务机关有权按照合理方法调整。德国 BL 国际最终认同了南昌国税局的观点,完成了 504 万税款的入库工作。①

 争议焦点

1. 中国政府对境外股权转让是否有税收管辖权?
2. 企业重组所涉股权转让是否需要交纳所得税?

---

① 参见《江西国税信息》第 37 期,总第 616 期,2011 年 12 月 22 日。转引自《中翰联合税报》2012 年第 9 期,2012 年 1 月 5 日刊,http://blog.sina.com.cn/s/blog_493cd61c0102e2u1.html,2012 年 1 月 20 日访问。

3. 本案是否符合财税[2009]59号文所指的特殊税务处理？
4. 关联企业转让股权违反独立交易原则时如何处理？

 法理评析

一、中国政府对境外股权转让的税收管辖权

在本案中，德国 BL 国际是南昌 A 公司的股东，其将股权转让给它在香港设立的全资子公司。正如德国 BL 国际所宣称，这是一次境外股权转让行为，转让方和受让方都在中国境外，都不是中国的居民企业，且在中国境内没有常设机构。不过，德国 BL 国际是中国居民公司的股东，该公司所有的资产和经营都在中国境内，其直接转让股权的行为将会产生来源于中国境内的所得，无论是根据《企业所得税法》及其相关条例，还是根据《中德税收协定》，对于这部分来源于中国境内的所得，中国政府都拥有税收管辖权。

《企业所得税法》第3条规定，居民企业应当就其来源于中国境内、境外的所得缴纳企业所得税。非居民企业在中国境内设立机构、场所的，应当就其所设机构、场所取得的来源于中国境内的所得，以及发生在中国境外但与其所设机构、场所有实际联系的所得，缴纳企业所得税。非居民企业在中国境内未设立机构、场所的，或者虽设立机构、场所但取得的所得与其所设机构、场所没有实际联系的，应当就其来源于中国境内的所得缴纳企业所得税。

《企业所得税法实施条例》第7条规定，《企业所得税法》第3条所称来源于中国境内、境外的所得，按照以下原则确定：(1) 销售货物所得，按照交易活动发生地确定；(2) 提供劳务所得，按照劳务发生地确定；(3) 转让财产所得，不动产转让所得按照不动产所在地确定，动产转让所得按照转让动产的企业或者机构、场所所在地确定，权益性投资资产转让所得按照被投资企业所在地确定；(4) 股息、红利等权益性投资所得，按照分配所得的企业所在地确定；(5) 利息所得、租金所得、特许权使用费所得，按照负担、支付所得的企业或者机构、场所所在地确定，或者按照负担、支付所得的个人的住所地确定；(6) 其他所得，由国务院财政、税务主管部门确定。

股权转让所得属于权益性投资资产转让所得，按照上述规定，其来源地按照被投资企业所在地确定。南昌 A 公司位于中国境内，德国 BL 国际转让该公司股权的行为，无论受让人是中国居民企业还是外国居民企业，只要产生了所得，中国政府就拥有税收管辖权。对于这个结论，中国与德国签订的双边税收协定也是认可的。

《中德税收协定》第13条第4款规定,缔约国一方居民转让第1款至第3款所述财产以外的位于缔约国另一方的其他财产取得的收益,可以在该缔约国另一方征税。① 股权不属于第1款至第3款所列的财产,因而转让股权应该适用第4款的规定:股权对应的企业在哪个国家境内,哪个国家对股权转让所得就拥有税收管辖权。尽管该款内容对境外间接转让中国居民企业股权的行为缺乏补漏性规定②,但对于本案所涉情形却足以适用,因为德国BL国际本身就是南昌A公司的股东。

本案中的受让人是香港公司的事实,不足以改变根据上述法律、法规和条约得出的结论。在考虑非居民的所得如何确定税收管辖权时,不需要考虑受让人的国籍、地址、身份等因素,只需要考虑所得来源地是否在中国。只要转让人所取得的所得来源于中国,中国政府对该笔所得就拥有税收管辖权。事实上,尽管德国BL公司和香港BL公司可以在境外签订股权转让合同,但是,要想成功转让股权,还必须在中国居民公司内部履行一定的程序③,并且到中国的工商行政管理机关办理变更登记手续。④ 对于外商投资企业的股权转让,中国法律还设置了特别要求。⑤ 这说明,德国BL向香港BL转让中国公司股权的行为,在中国境内存在诸多的法律连接点,而不仅仅是双方在境外签订一纸合同了事。

---

① 该条第1款至第3款分别是:

一、缔约国一方居民转让第六条所述位于缔约国另一方的不动产取得的收益,可以在该缔约国另一方征税。

二、转让缔约国一方企业在缔约国另一方的常设机构营业财产部分的动产,或者缔约国一方居民在缔约国另一方从事独立个人劳务的固定基地的动产取得的收益,包括转让常设机构(单独或者随同整个企业)或者固定基地取得的收益,可以在该缔约国另一方征税。

三、转让从事国际运输的船舶或飞机,或者转让属于经营上述船舶、飞机的动产取得的收益,应仅在企业总机构所在的缔约国一方征税。

② 参见本书"非居民间接转让居民企业股权典型案例"一节。

③ 例如,《公司法》第72条规定,有限责任公司的股东之间可以相互转让其全部或者部分股权。股东向股东以外的人转让股权,应当经其他股东过半数同意。股东就其股权转让事项书面通知其他股东征求同意,其他股东自接到书面通知之日起满30日未答复的,视为同意转让。其他股东半数以上不同意转让的,不同意的股东应当购买该转让的股权;不购买的,视为同意转让。经股东同意转让的股权,在同等条件下,其他股东有优先购买权。两个以上股东主张行使优先购买权的,协商确定各自的购买比例;协商不成的,按照转让时各自的出资比例行使优先购买权。公司章程对股权转让另有规定的,从其规定。第74条规定,依照本法第72条、第73条转让股权后,公司应当注销原股东的出资证明书,向新股东签发出资证明书,并相应修改公司章程和股东名册中有关股东及其出资额的记载。对公司章程的该项修改不需再由股东会表决。

④ 例如,《公司登记管理条例》第31条规定,有限责任公司变更股东的,应当自股东发生变动之日起30日内申请变更登记,并应当提交新股东的法人资格证明或者自然人的身份证明。

⑤ 例如,《中外合资经营企业法实施条例》第20条规定,合营一方向第三者转让其全部或者部分股权的,须经合营他方同意,并报审批机构批准,向登记管理机构办理变更登记手续。合营一方转让其全部或者部分股权时,合营他方有优先购买权。合营一方向第三者转让股权的条件,不得比向合营他方转让的条件优惠。违反上述规定的,其转让无效。

二、企业重组所涉股权转让的企业所得税问题

企业重组所涉股权转让可以纳入财税[2009]59号文所指的股权收购类型,并根据不同的情况分别处理。

所谓股权收购,是指一家企业(以下称为收购企业)购买另一家企业(以下称为被收购企业)的股权,以实现对被收购企业控制的交易。收购企业支付对价的形式包括股权支付、非股权支付或两者的组合。股权支付,是指企业重组中购买、换取资产的一方支付的对价中,以本企业或其控股企业的股权、股份作为支付的形式。非股权支付,是指以本企业的现金、银行存款、应收款项、本企业或其控股企业股权和股份以外的有价证券、存货、固定资产、其他资产以及承担债务等作为支付的形式。当然,在资产收购中,也可能会涉及股权支付。对于支付股权的一方而言,这也是一种股权转让,需要考虑所得税问题。

根据财税[2009]59号文的规定,企业重组的税务处理区分不同条件分别适用一般性税务处理规定和特殊性税务处理规定。对企业股权收购的重组交易,相关交易一般应按以下规定处理:(1)被收购方应确认股权转让所得或损失。(2)收购方取得股权的计税基础应以公允价值为基础确定。(3)被收购企业的相关所得税事项原则上保持不变。这也就意味着,对于转让股权的一方而言,无论其收到的对价是股权支付或非股权支付,只要有所得,就必须缴纳所得税。在现金支付对价的情形下,股权转让方的所得容易计算和确认。在非现金支付的情形下,需要将非现金资产以公允价值为基础换算成现金,然后计算所得或者损失。当然,既然股权出让方要确认所得或损失,为避免重复征税,收购方取得股权的计税基础也应该以公允价值为基础确定。

例如,假设A公司持有B公司55%的股权,其计税基础为1亿元。当其将这55%的股权按照2亿元的价格转让给C公司时,就产生了所得1亿元,需要缴纳所得税。而C公司取得这部分股权的计税基础则为2亿元。假设C公司用其持有的30%的D公司股权与A公司持有的55%的B公司股权互换,C公司所持D公司股权的计税基础为1.5亿元,双方都需要计算所得或损失。《企业所得税法实施条例》第58条规定,纳税人取得的收入为非货币资产或者权益的,其收入额应当参照当时市场价格计算或估定。如果这笔互换的股权的公允价值为2亿元,则A公司的所得为1亿元,C公司的所得为5,000万元。交易完成后,双方各按照2亿元确认所取得股权的计税基础。在资产收购的情况下,股权支付的税收效果同上。

以上所述是企业重组中股权转让的一般性税务处理。财税[2009]59号文第5条同时规定,企业重组同时符合下列条件的,适用特殊性税务处理规定:

(1) 具有合理的商业目的,且不以减少、免除或者推迟缴纳税款为主要目的。
(2) 被收购、合并或分立部分的资产或股权比例符合本通知规定的比例。
(3) 企业重组后的连续 12 个月内不改变重组资产原来的实质性经营活动。
(4) 重组交易对价中涉及股权支付金额符合本通知规定比例。(5) 企业重组中取得股权支付的原主要股东,在重组后连续 12 个月内,不得转让所取得的股权。之所以设立这些限制,是为了保证企业重组真正出于生产经营的目的,而不是为了通过重组的过程,减少、免除或推迟缴纳税款。

企业重组符合上述条件的,财税[2009]59 号文第 6 条规定,交易各方对其交易中的股权支付部分,可以按以下规定进行特殊性税务处理:

(1) 股权收购,收购企业购买的股权不低于被收购企业全部股权的 75%,且收购企业在该股权收购发生时的股权支付金额不低于其交易支付总额的 85%,可以选择按以下规定处理:① 被收购企业的股东取得收购企业股权的计税基础,以被收购股权的原有计税基础确定。② 收购企业取得被收购企业股权的计税基础,以被收购股权的原有计税基础确定。③ 收购企业、被收购企业的原有各项资产和负债的计税基础和其他相关所得税事项保持不变。这也就意味着,对于因为收购而发生变动的股权,纳税人无需计算其所得或损失,其计税基础按照被收购股权的原有计税基础确定。

(2) 资产收购,受让企业收购的资产不低于转让企业全部资产的 75%,且受让企业在该资产收购发生时的股权支付金额不低于其交易支付总额的 85%,可以选择按以下规定处理:① 转让企业取得受让企业股权的计税基础,以被转让资产的原有计税基础确定。② 受让企业取得转让企业资产的计税基础,以被转让资产的原有计税基础确定。这也就意味着,对资产收购中的受让企业向转让企业支付的股权,受让企业无需确认所得或损失。转让企业取得这部分股权后,按照被转让资产的原有计税基础确定计税基础。

在实务中,以上两种重组通常被概括为"免税收购"。其实,"免税"之说言过其实,延迟纳税才是真实状态。由于应税所得等于股权的公允价值与计税基础之差,在公允价值不变的情况下,计税基础越小,应税所得越大。而上述两种收购模式下的股权交易,虽然交易完成的当时无需纳税,但是,该笔股权的计税基础是按照被交换的股权或资产的计税基础确定的,当其再次被转让时,由于计税基础偏低,所得会因此变大。正因为如此,政府所损失的只是税款的期限利益,而不是税款本身。

在符合财税[2009]59 号文第 5 条的前提下,假设 A 公司向 B 公司的股东购买该公司 75% 的股权,该股权的计税基础为 1 亿元,公允价值为 2 亿元,其所支付的对价包括 A 公司所持有的 C 公司的 50% 的股权,该股权的计税基础为 1.2 亿元,公允价值为 2 亿元。这种情形符合特殊税务处理的条件,因此,A 公司所取得的 B 公司的股权后,虽然其公允价值达到了 2 亿元,但是,计税基础仍然是 1 亿元。B 公司的股东所取得的 C 公司的股权后,虽然该股权原有计税基础为 1.2 亿元,公允价值为 2 亿元,现在的计税基础却只能确定为 1 亿元。

若干年后,当 A 公司转让 B 公司的这部分股权时,也许股权已经升值到 4 亿元。由于其计税基础仍然为 1 亿元,而不是购买时的公允价值 2 亿元,所以 A 公司需要就 3 亿元的所得缴纳所得税。如果当初的股权收购不适用特殊税务处理,B 公司的股东则必须就 2 亿元的公允价值与 1 亿元的计税基础之差,申报缴纳所得税。而 A 公司取得这部分股权的计税基础则变成 2 亿元。当 A 公司再按照 4 亿元的价格向第三人转让这部分股权时,其所得就变成了 2 亿元,而不是特殊税务处理情形下的 3 亿元。

从这个例子可以看出,当两次股权转让的交易完成后,股权转让的总所得都是 3 亿元,政府除了损失期限利益外,并没有损失税款。不过,在一般性税务处理的情形下,B 公司的股东在股份转让完成后,需要就 1 亿元的所得缴纳所得税。当 A 公司再次转让这部分股权时,A 公司再就 2 亿元的所得缴纳所得税。而在特殊税务处理的情形下,B 公司的股东转让股权后无需纳税,当 A 公司再次转让这部分股权时,需就 3 亿元的所得一次性纳税。

当然,在一般性税务处理的情形下,还必须考虑 A 公司用股权向 B 公司股东支付的税收效果。既然该股权的公允价值是 2 亿元,计税基础是 1.2 亿元,股权转让所得就是 0.8 亿元。可见,适用一般性税务处理时,股权收购和股权支付都会发生现实的所得税义务,这会提高企业重组的税收成本,抑制股权收购的积极性。而适用特殊税务处理时,虽然纳税主体可以发生变化,但总体而言,纳税义务被推迟了。这对于需要大量资金的企业重组而言无疑是一个大大的利好。

三、本案不符合国税函[2009]59 号文所指的特殊税务处理

本案的当事人德国 BL 国际是一个非居民企业,香港 BL 也视同非居民企业。非居民企业之间转让中国居民企业股权,要适用特殊税务处理规定,同样要符合财税[2009]59 号文第 5 条的规定;除此之外,按照第 7 条的规定,还要同时符合下列条件,才可选择适用特殊性税务处理规定:

(1) 非居民企业向其 100% 直接控股的另一非居民企业转让其拥有的居民企业股权,没有因此造成以后该项股权转让所得预提税负担变化,且转让方非居民企业向主管税务机关书面承诺在 3 年(含 3 年)内不转让其拥有受让方非居民企业的股权;

(2) 非居民企业向与其具有 100% 直接控股关系的居民企业转让其拥有的另一居民企业股权;

（3）居民企业以其拥有的资产或股权向其100%直接控股的非居民企业进行投资；

（4）财政部、国家税务总局核准的其他情形。

本案属于非居民企业向其100%直接控股的另一非居民企业转让其拥有的居民企业股权，假定完全符合财税[2009]59号文第5条，要想适用特殊税务处理的规定，还需满足第7条第1项规定的两个条件：第一，没有因此造成以后该项股权转让所得预提税负担变化；第二，转让方非居民企业向主管税务机关书面承诺在3年（含3年）内不转让其拥有受让方非居民企业的股权。

所谓"没有因此造成以后该项股权转让所得预提税负担变化"，目前没有见到过官方的正式解释。笔者以为，对于股权转让所得，只要转让方和受让方所适用的预提税税率一致，就应该视为"没有因此造成以后该项股权转让所得预提税负担变化"。① 目前，非居民企业股权转让所得统一适用《企业所得税法》及其实施条例规定的税率，即10%，《中德税收协定》和《内地与香港税收安排》对此没有不同的规定。所以，德国BL国际将南昌A公司的股权转让给香港BL，没有因此造成以后该项股权转让所得预提税负担变化。但是，对于转让方非居民企业3年内不得转让受让方非居民企业股权的规定，德国BL国际是否已经做到，还需要作一番分析。

从案情介绍的材料看，德国BL国际并没有转让香港BL的股权，而是在不到3年的时间内，让香港BL溢价增资扩股，引入第三方投资者。重组后，德国BL国际以对南昌A公司80%的权益估值14,252,000欧元持有香港BL 49%的股权，根西岛MUL则以该估值为议定价值，投入现金持有香港BL 51%的股权。中国税务机关主张，德国BL国际2008年8月将持有南昌A公司股权转让给香港BL，2010年德国BL国际即将其持有的香港BL的股权以溢价增资扩股的形式间接转让给根西岛MUL公司，时间不足3年，所以不符合特殊税务处理的要求，德国BL国际必须就股权转让所得向中国政府纳税。

香港BL公司溢价增资扩股的详细材料我们无从了解。但是，如果根西岛MUL公司所投现金都成为了香港BL的资本，而不是支付给作为公司股东的德国BL国际，以换取香港BL公司51%的股权，这种增资扩股的行为就很难与股权转让画上等号。事实上，重组前德国BL国际对香港BL所持有的100%股权，其价值等同于重组后其所持有的49%的股权。德国BL国际的股权虽然在比例上稀释了，但在价值上并没有减少，其每股的含金量因为MUL公司的投资

---

① 对于税收管辖权发生变化的情形，是否属于"因此造成以后该项股权转让所得预提税负担变化"，还需要进一步研究。例如，假如德国BL将南昌A公司的股权转让给其韩国全资子公司，3年期满后，当韩国子公司转让南昌A公司的股权时，根据《中韩税收协定》第13条第5款的规定，只有韩国对该股权转让所得拥有税收管辖权，中国失去了税收管辖权。

而相应增加。所以,笔者认为,将增资扩股的行为定性为间接转让股权,至少在本案中显得比较牵强。

不过,如果整体理解财税[2009]59号文第7条的精神,即便按照上述模式运作,香港BL增资扩股的行为仍然可能受到责难。该条第1项要求,非居民企业向其100%直接控股的另一非居民企业转让其拥有的居民企业股权,且转让方非居民企业3年内不转让其拥有受让方非居民企业的股权,才可能适用特殊性税务处理。100%控股和3年不得转让应该结合起来理解,而不是仅有其一即可满足。从这里可以看出,转让方非居民企业必须在3年内持有受让方非居民企业100%的股权,其不得直接转让,也不能通过增资扩股的方式降低持股比例。

综上所述,虽然香港BL增资扩股的行为并不等于间接转让股权,但是,该行为让德国BL国际未能在3年内持续持有香港BL 100%的股权,这才是德国BL国际转让中国居民企业股权不符合特殊性税务处理的原因所在。

四、关联企业转让股权不得违反独立交易原则

在本案中,假如德国BL国际转让南昌A公司股权给香港BL的行为满足特殊性税务处理的要求,德国BL国际无需确认股权转让的所得或损失,不需要向中国政府缴纳企业所得税。香港BL受让南昌A公司股权后,则按照德国BL国际持有南昌A公司股权的原有计税基础确认其计税基础。面对中国政府的请求,德国BL国际之所以否认其纳税义务,正是基于上述逻辑。

不过,既然本案已经确认,德国BL国际转让南昌A公司股权给香港BL的行为不符合特殊性税务处理的要求,就应该遵循一般性税务处理的规则。德国BL国际作为股权转让方,应确认股权转让的所得或损失。而香港BL作为收购方,则应按照股权的公允价值确定计税基础。

在本案中,根据前文引用的报道,德国BL国际平价转让南昌A公司的股权给香港BL。何谓"平价转让",案件材料中没有准确详实的定义,笔者将其理解为按照股权的计税基础定价。如果这种理解正确,站在股权转让方的立场上看,即便不适用特殊性税务处理规则,此次股权转让也无从产生所得,自然也就不会有所得税纳税义务。不过,如果不适用特别性税务处理规则,平价转让股权的合理性就值得怀疑,其合法性被税务机关挑战也就在意料之中了。

《企业所得税法》第41条第1款规定,企业与其关联方之间的业务往来,不符合独立交易原则而减少企业或者其关联方应纳税收入或者所得额的,税务机关有权按照合理方法调整。所谓关联方,《企业所得税法实施条例》第109条进一步解释,是指与企业有下列关联关系之一的企业、其他组织或者个人:(1)在资金、经营、购销等方面存在直接或者间接的控制关系;(2)直接或者间接地同为第三者控制;(3)在利益上具有相关联的其他关系。本案中,香港 BL 是德国 BL 国际的全资子公司,二者属于关联公司毫无疑义。

所谓独立交易原则,《企业所得税法实施条例》第 110 条进一步解释,是指没有关联关系的交易各方,按照公平成交价格和营业常规进行业务往来遵循的原则。在本案中,德国 BL 国际按照计税基础转让股权,完全偏离了股权的真实市场价值,使该项交易的应税所得完全归零,明显违反了独立交易原则。南昌国税机关按照合理的方法进行调整,并据此征收股权转让所得的所得税,在法律上无可挑剔。

至于调整关联交易价格的合理方法,根据《企业所得税法实施条例》第 110 条,具体包括以下几种:

(1)可比非受控价格法,是指按照没有关联关系的交易各方进行相同或者类似业务往来的价格进行定价的方法;

(2)再销售价格法,是指按照从关联方购进商品再销售给没有关联关系的交易方的价格,减除相同或者类似业务的销售毛利进行定价的方法;

(3)成本加成法,是指按照成本加合理的费用和利润进行定价的方法;

(4)交易净利润法,是指按照没有关联关系的交易各方进行相同或者类似业务往来取得的净利润水平确定利润的方法;

(5)利润分割法,是指将企业与其关联方的合并利润或者亏损在各方之间采用合理标准进行分配的方法;

(6)其他符合独立交易原则的方法。

由于本案案情材料对税务机关按什么方法调整计税价格没有任何交代,本文也就不再赘述。

综上,非居民纳税人转让中国境内公司股权时,要想享受财税[2009]59 号文所提供的特殊性税务处理的待遇,必须符合该文件所规定的特殊条件。其中之一就是,转让方非居民企业必须向主管税务机关书面承诺在 3 年(含 3 年)内不转让其拥有受让方非居民企业的股权。本案中,德国 BL 国际虽然直接转让香港 BL 的股权,但安排香港 BL 增资扩股,引入了外部投资者,相当于间接转让了香港 BL 的股权,所以不能享受特殊性税务处理的待遇。而由于这个结果,德国 BL 国际将南昌 A 公司股权平价转让给香港 BL 的行为,又构成了关联企业转让定价,税务机关有权对其进行合理调整。

(熊 伟)

17. 泛美卫星公司卫星租赁费在华纳税案

美国公司为中国客户提供卫星数据发射服务,其所取得的收入是否在中国纳税,这是本案争议的焦点。从国际税法的角度看,对这个问题的回答,取决于对收入的定性。这是因为,根据《中美税收协定》的安排,中美两国对不同的收入享受不同的税收管辖权。如果纳税人的主张是对的,这个收入被认定为营业利润,鉴于其在中国没有常设机构,就不应当在中国纳税。而按照中国税务机关的立场,该收入属于租金、特许权使用费,中国就拥有税收管辖权。法院一锤定音,历经一审、二审,最终支持了税务机关的请求,在程序上为这个案子画上了句号。不过,其中值得探讨的问题仍然很多,本书尝试从条约和法律解释角度作一些揭示。

案情简介

1994年4月3日,美国泛美卫星公司与中央电视台签订《数字压缩电视全时卫星传送服务协议》,央视支付了订金、保证金、季度服务费和设备费。1999年1月18日,北京市国家税务局对外分局稽查局向中央电视台发出《关于对央视租赁泛美卫星等外国卫星公司卫星通讯线路支付的租赁费用代扣代缴预提所得税限期入库的通知》(以下简称001号通知),要求中央电视台代扣代缴泛美卫星公司在华应当缴纳的预提所得税。泛美卫星公司不服这一决定,向北京市国家税务局对外分局提起复议申请,并于3月26日按租赁收入的7%缴纳预提所得税。8月23日,对外分局作出维持001号通知的行政复议决定,随后,泛美卫星公司以北京市国家税务局对外分局为被告向北京市第二中级人民法院提起行政诉讼。

2000年6月26日,北京市国家税务局对外分局以征税主体不合格为由撤销001号通知,并同意向泛美卫星公司退税,泛美卫星公司撤回起诉,北京市第二中级人民法院批准其撤诉。6月30日,北京市国家税务局对外分局第二税务所发出《关于对中央台与泛美卫星数字传送服务协议所支付费用代扣代缴所得的征税的通知》(以下简称319号通知)。泛美卫星公司不服,再次向北京市国家税务局对外分局提起复议。11月17日,北京市国家税务局对外分局作出维持319号通知的行政复议决定。11月29日,泛美卫星公司以北京市国家税务局对外分局第二税务所为被告,以中央电视台为第三人向北京市第一中级人民法院提起行政诉讼。

2001年10月11日,北京市第一中级人民法院判决维持319号通知所作出的征税决定,随后,泛美卫星公司向北京市高级人民法院提起上诉。2002年12月26日,北京市高级人民法院作出终审判决:驳回上诉,维持原判。①

泛美卫星公司的主要观点包括以下四个方面②:

第一,协议性质认定应以《中华人民共和国合同法》(以下简称《合同法》)为依据,应有国内法依据。租赁合同的主要特征是转移租赁物的占有。协议约定由泛美卫星公司操作使用其位于外层空间的卫星及美国的地面设施,为中央电视台提供传输服务。这一服务过程未发生任何设施的占有和使用权的转移,

---

① 参见傅纳红:《美国泛美卫星公司应否在中国纳税》,载刘剑文主编:《财税法学案例与法理研究》,高等教育出版社2004年版,第300—304页。
② 参见刘怡、林喆:《ABC卫星公司税收案例分析》,载《涉外税务》2003年第1期;法悟:《美国泛美卫星公司是否应向中国纳税》,载《中国经济快讯周刊》2003年第8期。

不符合租赁合同的特征。故其收入不属于租金。

第二,《中美税收协定》第 11 条中"使用或有权使用工业设备"应是积极的实际使用。在泛美卫星公司和中央电视台的服务协议中,全部设施完全由泛美卫星公司独立操作使用,中央电视台无权且未实际使用泛美卫星公司所供设施,故泛美卫星公司的收入性质不是特许权使用费;且中国国内法"特许权使用费"是指因知识产权、无形资产的特许使用而收取的费用,故将泛美卫星公司的收入定性为特许权使用费也没有国内法的基础。

第三,泛美卫星公司常年不断工作,其收入系不断积极工作所取得的"积极收入",这应属于《中美税收协定》第 5 条和第 7 条规定的营业"利润"。由于泛美卫星公司在中国未设常设机构,故不应在中国纳税。税务局对《中美税收协定》第 11 条作扩张性解释不合逻辑。

第四,收入性质的判定应适用国际惯例。按照国际惯例,营业利润是积极运营收入,特许权使用费乃消极收入。虽然《中美税收协定》中对于"使用或有权使用工业设备"没有进行定义,但是在《经济合作与发展组织关于对所得和资本避免双重征税的协定范本》(以下简称《OECD 范本》)及《联合国关于发达国家与发展中国家间避免双重征税的协定范本》(以下简称《联合国范本》)的条款、官方评论及相关学者的权威论述中提供了解释的指导性意见:这里的"使用"仅指使用者实际占有有形财产的使用,不包括对无形财产,比如中央电视台对泛美卫星公司卫星设备的使用。而且特许权使用费是一种消极的收入,即被动的收入,只有当客户自己直接行使合同赋予他的权利时,付款才构成特许权使用费,其不同于营业利润等营业者通过积极活动取得的积极收入。此外,德国税收法院曾经有过判例,判决根据《卢森堡和德国避免双重征税协定》第 15 条关于"工业设备使用"的定义,卫星传输合同不构成租赁,不是一个转发器使用合同,而是节目转输协议。因此,中央电视台支付给泛美卫星公司的费用不属于特许权使用费,双方所签订的合同是服务合同,泛美卫星公司在中国不负有纳税义务。①

税务局的主要观点包括以下三个方面:

第一,《中美税收协定》中特许权使用费的"使用",既包括有形资产的使用,也包括无形资产的使用。"使用"一词并非仅限于对实物的实际操作,还应该包括对某种信号的使用,即对无形物的操作。"操作"只是使用的一种方式。

第二,根据《中美税收协定》的规定,中央电视台利用泛美卫星公司的卫星

---

① 这是泛美卫星公司的专家证人——国际财政协会主席斯劳·欧洛夫·罗丹的当庭证言。参见张靛卿、刘景玉:《涉外税收行政纠纷法律适用研究——泛美卫星国际系统有限责任公司诉北京市国家税务局对外分局第二税务所代扣代缴预提所得税决定案法律问题研究》,载北京市高级人民法院编:《审判前沿:新类型案件审判实务》(总第 7 期),法律出版社 2005 年版,第 60—71 页。

设备转发卫星信号,即有权使用泛美卫星公司的卫星转发器的带宽,其向泛美卫星公司支付的服务费和设备费就属于《中美税收协定》中的特许权使用费用。

第三,泛美卫星公司中专门转发器的全部或部分由中央电视台专有使用,符合我国税法关于将财产租赁给中国境内租用者的规定,也符合租赁中关于转移财产使用权的特征,故泛美卫星公司收入性质系"租金"。

 争议焦点

1. 泛美卫星公司为中央电视台提供服务所收费用,究竟属于营业利润还是其他?

2.《中美税收协定》所谓的特许权使用费和我国法律所规定的租金有何关联?

 法理评析

一、泛美卫星公司提供服务的内容

泛美卫星公司为中央电视台所提供服务的详细内容,限于资料,无法获得。但是可以通过相关报道和介绍了解其概貌。据报道,泛美卫星公司目前通过它的 PAS-1R 大西洋地区卫星、PAS-8 太平洋地区卫星、PAS-9 大西洋地区卫星和 PAS-10 印度洋地区卫星为中央电视台提供全时节目广播服务。泛美卫星公司还用它的银河 3C 卫星为中央电视台在美国提供直接入户服务。中央电视台利用泛美卫星公司在加州纳帕和佐治亚州亚特兰大的 teleports 提供卫星下行、标准转换、多路复合和卫星上行广播。①

由此可见,泛美卫星公司提供服务的核心在于利用自己的设备将中央电视台的信号传递到消费者的电视机中。这种服务类似于发射塔将电台的信号发送到消费者的接收器中,或者输电设备将电能从发电厂输送到消费者的家中,或者运输企业将商品从生产厂家运送到销售商或者消费者手中。②

---

① 参见 http://finance.sina.com.cn/chanjing/b/20050610/15141674832.shtml,2010 年 9 月 16 日访问。

② 这里仅仅是三个类比,类比并不等于事物本身。因此,三个类比的性质与本书所讨论的收费的性质并不相同,而且三个类比与本书所讨论收费的性质一个比一个远。

二、泛美卫星公司收费的性质

泛美卫星公司的收费有可能归入三个类别：营业利润、租金与特许权使用费。

（一）营业利润

营业利润，也称为营业所得，一般是指纳税人从事工业生产、交通运输、农林牧业、商业、服务业等经营性质的活动而取得的利润。① 营业利润是国际双边税收协定不可缺少的重要术语，但是，就我国所签订的双边税收协定而言，没有对"营业利润"给出明确的定义。在英文中，与营业利润相对应的术语是"business profits"，《OECD范本》并没有给"business profits"下一个明确的定义或者说明，但是有关于"business"的说明，其第3条规定："'营业'这一术语包括专业服务的提供以及其他具有独立特征的活动。"②《OECD范本》并没有给出营业利润的一般性定义，这一定义应当由适用这一条约的国家的国内法来完成。这里只是强调了营业利润不仅包括通常的形式，也包括两个特定的类型：专业服务以及独立劳务。这一规定是在2000年新增加的，与此同时，《OECD范本》规定独立个人劳务（Independent Personal Services）的第14条被删除了。因此，《OECD范本》在2000年增加这一规定主要是为了确保原第14条所规定的独立个人劳务能够被营业利润所涵盖。③

我国国内法关于营业利润的定义或说明主要是《企业会计制度》，其第106条规定："营业利润，是指主营业务收入减去主营业务成本和主营业务税金及附加，加上其他业务利润，减去营业费用、管理费用和财务费用后的金额。"这里仅仅规定了营业利润的计算方法，对于什么是营业利润，实际上并没有说清楚。我国国内法也有一些关于营业收入的规定，国家税务总局1994年5月27日印发的《企业所得税纳税申报表》（国税发〔1994〕131号）其中有一项为"销售（营业）收入"，本项目所填报的是"从事工商各业的基本业务收入，销售材料、废料、废旧物资的收入，技术转让收入（特许权使用费收入单独反映），转让固定资产、无形资产的收入，出租、出借包装物的收入（含逾期的押金），自产、委托加工产品视同销售的收入"。这里说明了营业收入的基本范围，而且特别将特许权使用费排除在一般的营业收入之外，这主要是为了征税的需要。国家税务总局1997年6月20日印发的《外商投资企业和外国企业所得税汇算清缴管理办法》

---

① 参见刘剑文主编：《国际税法学》（第二版），北京大学出版社2004年版，第90页。

② 英文原文为：the term "business" includes the performance of professional services and of other activities of an independent character.

③ 参见《OECD范本》对这一条规定的评论。See *Materials on International & EC Tax Law*, selected and edited by Kees van Raad, *International Tax*, Center Leiden 2003, pp. 86—87.

(国税发〔1997〕103号)中有一项"营业收入净额",其填写的内容是"本纳税年度内,分支机构或营业机构从事交通运输、旅游服务等服务性业务取得的收入总额"。从上述规定来看,企业进行生产经营活动(正常营业)的各项所得都可以归入营业收入,扣除相关的成本费用损失以后,就是营业利润。

泛美卫星公司主张自己的该笔所得属于营业利润具有一定的合理性。因为该笔所得是该公司进行正常生产经营活动的收入,划入该公司的营业利润应当是合理的。但是,如果该项收入被判定为特许权使用费或者租金,那么,该项收入就应当单独予以反映,因为特许权使用费和租金在国际税法中的征税方式是不同的。

(二)租金

租金一般是使用他人物品所支付的对价。租金一般通过租赁合同来规定,我国《合同法》第212条规定:"租赁合同是出租人将租赁物交付承租人使用、收益,承租人支付租金的合同。"判定一笔收入是否属于租金关键在于租赁物的范围以及"使用、收益"的具体形式。对于这些问题,我国现行法律并没有给出明确的答案。

我国税法中关于租金的规定主要包括《外商投资企业和外国企业所得税法实施细则》(以下简称《涉外企业所得税法实施细则》)第6条关于"将财产租给中国境内租用者而取得的租金"的规定,这一规定是为了解释《外商投资企业和外国企业所得税法》(以下简称《涉外企业所得税法》)第19条所规定的外国企业来源于中国境内的所得的范围。这里也没有明确"租赁物"和"使用"的具体范围。《个人所得税法实施细则》第8条规定:"财产租赁所得,是指个人出租建筑物、土地使用权、机器设备、车船以及其他财产取得的所得。"这里明确列举了租赁物的具体范围,但是并没有穷尽租赁物的范围。《企业所得税暂行条例实施细则》第7条规定:"租赁收入,是指纳税人出租固定资产、包装物以及其他财产而取得的租金收入。"这里的规定与上述规定的具体种类有所差别,但同样没有穷尽租赁物的范围。但大体可以认为,租赁物限于有形的财产。

国家税务总局1998年11月12日发布的《关于外国企业出租卫星通讯线路所取得的收入征税问题的通知》(国税发〔1998〕201号)规定:"外国公司、企业或其他组织将其所拥有的卫星、电缆、光导纤维等通讯线路或其他类似设施,提供给中国境内企业、机构或个人使用所取得的收入,属于《中华人民共和国外商投资企业和外国企业所得税法实施细则》第6条规定的来源于中国境内的租金收入,应依照税法第19条的规定计算征收企业所得税。"总局的这一规定将"卫星、电缆、光导纤维等通讯线路或其他类似设施"归入"租赁物"的范畴,应当是在法定范围内的合理解释。首先,法律法规并没有限定租赁物的种类和范围,其次,在新闻报道和学术论著中往往也把对卫星的使用称为"租用"。① 因此,总局的这一解释并不违反在"可能文义范围"内进行解释的一般法律解释原则。北京市国家税务局根据国家税务总局的这一规定将泛美卫星公司的收入定性为"租金"并无不妥。

《中美税收协定》并没有关于租金的明确规定,甚至没有对租金如何征税的规定。但是,其在第 11 条规定特许权使用费的定义时,有这样一句:"包括使用或有权使用工业、商业、科学设备或有关工业、商业、科学经验的情报所支付的作为报酬的各种款项",这里的规定基本上符合我国国内法关于租金的规定,即"使用租赁物"的"对价"。由于这里将其放在特许权使用费的范畴内,我们下面再进行讨论。

(三)特许权使用费

关于特许权使用费,《中美税收协定》第 11 条有一个明确的定义:"本条'特许权使用费'一语是指使用或有权使用文学、艺术或科学著作,包括电影影片、无线电或电视广播使用的胶片、磁带的版权,专利、专有技术、商标、设计、模型、图纸、秘密配方或秘密程序所支付的作为报酬的各种款项,也包括使用或有权使用工业、商业、科学设备或有关工业、商业、科学经验的情报所支付的作为报酬的各种款项。"从这一规定可以看出,特许权使用费的范围是相当广泛的,既包括通常所理解的狭义的特许权使用费,也包括通常所理解的租赁费、信息费等。

而国内法关于特许权使用费的规定就相对比较狭窄,如《涉外企业所得税法实施细则》第 6 条将来自中国境内的特许权使用费界定为"提供在中国境内使用的专利权、专有技术、商标权、著作权等而取得的使用费"。《个人所得税法实施细则》第 8 条规定:"特许权使用费所得,是指个人提供专利权、商标权、著作权、非专利技术以及其他特许权的使用权取得的所得;提供著作权的使用权取得的所得,不包括稿酬所得。"这里的特许权使用费仅仅包括对"特许权"使用的对价,并不包括对机器设备使用的对价——租金。特许权使用费项目之所以将稿酬所得排除在外,是因为我国个人所得税法对稿酬所得采取轻课税措施,与一般特许权使用费征税方法不同。《企业所得税暂行条例实施细则》第 7 条规定:"特许权使用费收入,是指纳税人提供或者转让专利权、非专利技术、商标权、著作权以及其他特许权的使用权而取得的收入。"这里一方面没有将租金包括在内,另一方面没有将稿酬所得排除在外,因为在企业所得税法上,稿酬所得

---

① 例如,天广:《我国卫星电视广播的进展》,http://www.space.cetin.net.cn/docs/ht9709/ht970903.htm;《卫星电视的诞生与发展》,http://www.itat.com.cn/gcpx/wxcs/1_1.htm。笔者运用百度搜索"租用卫星",结果为 181 万条结果,搜索时间为 2010 年 9 月 16 日 17:30。

与其他特许权使用费所得在税收待遇上是一致的。海关总署2003年5月30日发布的《海关关于进口货物特许权使用费估价办法》第2条规定:"本办法所称特许权使用费,是指进口货物的买方为获得使用专利、商标、专有技术、享有著作权的作品和其他权利的许可而支付的费用,包括:(1)专利权使用费;(2)商标权使用费;(3)著作权使用费;(4)专有技术使用费;(5)分销或转售权费;(6)其他类似费用。"这里实际上拓展了特许权使用费的范围,将"分销或转售权费"以及"其他类似费用"包括在内,但并未将通常所理解的"租金"包括在内。可见,从整体上来看,我国国内法对特许权使用费的界定是比较狭窄的,而且明确将租金排除在外,个别法律法规分别根据需要而将稿酬所得排除在外,或者将分销或转售权费包括在内。

因此,从《中美税收协定》的规定来看,将泛美卫星公司的收入归入"使用或有权使用工业、商业、科学设备或有关工业、商业、科学经验的情报所支付的作为报酬的各种款项"并无不妥[①],但是从国内法的规定来看,则难以将泛美卫星公司的收入归入"特许权使用费"的范畴,而应当归入"租金"的范畴。

(四)总结与评论

从文义解释的角度来看,将泛美卫星公司的收费归入租金、特许权使用费或者营业利润均具有一定的合理性。但如果从三者的本质区别和基本特征来看,泛美卫星公司的收费更类似营业利润。租金和特许权使用费在税法上通常归入"消极所得",即其收入的取得主要是使用者(承租人或者被授权人)的工作和努力所实现的,也就是说使用者可以在没有权利人的任何帮助下使用相关财产或者权利并创造价值。在卫星租赁中,对于信号的传输而言,似乎使用者的作用微乎其微,主要的工作是由权利人来完成的。如果权利人消极怠工的话,信号传输的工作是不可能完成的。因此,卫星租赁收入与"消极所得"似乎有一定的距离。在这种意义上,卫星信号传输劳务类似于运输劳务,我们一般不会把运费界定为租用运输工具的"租金",因为我们还"租用"了司机以及其他人员的搬运劳动。而如果我们仅仅租用一辆汽车,由我们自己充当司机和搬运工或者我们另外聘请司机和搬运工,则是典型的租赁。中央电视台租赁的恐怕不仅仅是相关的机器和设备,还有很多技术人员的劳动,没有这些人的劳动,机器和设备只能是死的东西,不会自动将信号传送到目的地。

有学者认为,泛美卫星公司与中央电视台所签协议的标的是"转让特定卫星频道"使用权,因此,其聘请技术人员对设施进行维修、检测和干预并不构成

[①] 《中美双边税收协定》关于营业利润和特许权使用费的规定是一般规定与特殊规定的关系,即如果一项收入被判定属于特许权使用费,则排除关于营业利润的规定;如果一项收入不属于协定所规定的所有特殊种类,那么,就应当属于营业利润。

服务合同。① 这一观点割裂了"转让特定卫星频道"使用权和相关技术人员的服务,试想:如果没有相关技术人员的服务,是否能够单独转让"特定卫星频道"的使用权?如果能够单独转让,则我们可以认为这是转让使用权并且提供附服务的协议,但如果不能单独转让,怎能认定为租赁呢?该学者还认为,承租人(泛美卫星公司)的技术服务是在履行使其"特定卫星频道"处于"适航状态"的义务,这正是"租赁协议"的特征之一。这一观点是正确的,但问题的关键是,泛美卫星公司在使"特定卫星频道"处于"适租状态"以后是否就可以停止技术服务了,中央电视台自己就可以使用这个已经出于"适租状态"的"特定卫星频道"了? 如果航空公司将飞机放在我们面前并且调整到"适航状态",我们就可以自己驾驶飞机到达目的地,我们所支付的费用显然是租金。但如果航空必须配备机长和乘务员才能将我们送达目的地,我们就难以将支付的机票款视为租金了。

由于泛美卫星公司收费性质的判定背后有国家的税收利益,其判定结果既要合法、合理,又要维护国家税收利益。国家税务总局和相关征税主体将其界定为租金和特许权使用费是可以理解的。下面,我们假定国家税务总局和相关征税主体的界定是正确的,那么,我们还面临一个问题:税收协定和国内法对同一笔所得定性不同时,如何适用税收协定和国内法?

三、如何适用中美税收协定以及国内法

《中美税收协定》与国内法的规定不一致,应当如何适用呢?根据公认的法律适用原则,国际法优先于国内法适用。我国相关法律法规也是这样规定的,例如《涉外企业所得税法》第28条规定:"中华人民共和国政府与外国政府所订立的有关税收的协定同本法有不同规定的,依照协定的规定办理。"

因此,应当首先适用《中美双边税收协定》的规定,根据其第11条的规定,泛美卫星公司的收入可以归入"特许权使用费"的范畴,同时,根据其第11条的规定:"发生于缔约国一方而支付给缔约国另一方居民的特许权使用费,可以在该缔约国另一方征税。然而,这些特许权使用费也可以在其发生的缔约国,按照该缔约国的法律征税。但是,如果收款人是该特许权使用费受益所有人,则所征税款不应超过特许权使用费总额的10%。"中国作为特许权使用费发生的缔约国有权按照我国的法律征税,但是税率不得超过10%。

但是,当我们进入到国内法的时候,就发现,作为"特许权使用费"的泛美卫星公司的收费并不在我国"特许权使用费"的征税范围之内,而在我国"租金"

---

① 参见滕祥志:《泛美卫星公司涉税案再回顾》,载 http://www.cftl.cn/show.asp?c_id=15&a_id=4944,2010年9月16日访问。

的征税范围之内。这里就产生了一个两难的困境：如果认为税收协定的效力严格高于国内法，那么，税收协定关于该笔收入性质的判断也应该适用于国内法，这样，该笔收入就不属于我国国内法意义上的特许权使用费，因此，我国不能对该笔所得征税。但是，税收协定也明确规定了"按照该缔约国的法律征税"，也就是可以按照我国法律的规定征税，不需要考虑税收协定的规定。

那么，我国是否可以一方面用税收协定来判定该笔所得是否应当在中国纳税，另一方面用国内法的规定来判定如何对该笔所得纳税？① 对此，笔者认为在逻辑上是可以的。

该笔所得是否需要在中国纳税，首先要由《中美税收协定》来判断，根据其规定，应当在中国纳税，其次再来判定如何征税。关于如何征税的问题，《中美税收协定》将其权力完全交给了中国国内法，即由中国国内法来决定，《中美税收协定》不解决这一问题。因此，根据《中美税收协定》的这一规定，中国国内法无论如何征税或者不征税都不会违反《中美税收协定》。中国既可以将其作为"特许权使用费"征税，也可以将其作为"租金"征税，甚至将其作为其他项目征税。

举一个例子，如果一笔稿酬按照《中美税收协定》的规定应当在中国纳税，那么，纳税人就不能以该笔稿酬所得按照《中美税收协定》属于"特许权使用费"所得，按照中国的税法不属于"特许权使用费"所得，而属于"稿酬"所得为由拒绝在中国纳税。《中美税收协定》只解决应当在哪个国家征税的问题，至于该国对该笔所得是否征税，如何征税，《中美税收协定》是不应该管，也没有办法管的问题。因为两国的税法随时都处于变动之中，《中美税收协定》不可能随时修改，因此，它只能管税收管辖权的分配，而不能管具体如何征税。《中美税收协定》第2条规定："本协定也适用于本协定签订之日后增加或者代替第一款所列税种的相同或者实质相似的税收。"这一规定实质上就体现了这样一种原则。

其实，这一问题并不是在这一案例中首先提出来的，财政部、国家税务总局1985年3月26日印发的《关于贯彻执行中日、中英税收协定若干问题的处理意见》（财税外字第[1985]042号）实际上就已经遇到了这一问题。因为，中日和

---

① 在运用税收协定判断该笔所得的性质问题上，表面看来争议的焦点是该笔所得的性质，实质的焦点是该笔所得是否应该在中国纳税的问题，因为，如果该笔所得的性质为营业利润，由于该公司在中国并没有常设机构，中国无权对该笔所得征税。所以，第一步实质是判断该笔所得是否应当在中国征税的问题，第二步是判断如何征税的问题。

中英的双边税收协定中也是这样界定"特许权使用费"的。① 该《意见》第6条规定："依照中日、中英税收协定的规定,对日本国居民和英国居民取得来源于我国的股息、利息、特许权使用费,如果受益所有人是对方国家居民,则所征税款不应超过股息、利息、特许权使用费总额的10%。其中,依照中英税收协定第12条第2款第2项的规定,对英国居民取得来源于我国的'使用、有权使用工业、商业、科学设备所支付作为报酬的各种款项',对该项特许权使用费(主要是指出租设备的租金,不包括租赁贸易的租赁费,对租赁费应按对利息的限制税率执行),应按其总额的70%征收不超过10%的所得税。"由此可见,当时已经注意到"出租设备的租金"包含在中英、中日税收协定所规定的"特许权使用费"之中,而在我国则属于"租金"的范畴,也就是我国国内法和税收协定对"特许权使用费"的界定范围不同。在这种情况下,适用税收协定和国内法时就需要特别注意方法问题。

根据上述讨论,我们可以得出以下结论:第一,双边税收协定的效力大于国内税法,应当优先适用双边税收协定的规定。第二,双边税收协定对于某种所得的性质有明确规定,就按其规定执行,如果没有明确规定,就应当按照缔约国国内法的规定来判断。第三,根据所得的性质以及双边税收协定的规定来确定该笔所得应当在哪个国家纳税。第四,有税收管辖权的国家有权力根据自己的税法规定对该笔所得征税或者不征税,而不必受双边税收协定对该笔所得性质界定的约束,但双边税收协定对于税率的限制应当予以遵守。

(翟继光)

---

① 《中华人民共和国政府和日本国政府关于对所得避免双重征税和防止偷漏税的协定》第12条规定:"本条'特许权使用费'一语是指使用或有权使用文学、艺术或科学著作,包括电影影片,无线电或电视广播使用的胶片、磁带的版权,专利、商标、设计、模型、图纸、秘密配方或秘密程序所支付的作为报酬的各种款项,也包括使用或有权使用工业、商业、科学设备或有关工业、商业、科学经验的情报所支付的作为报酬的各种款项。"《中华人民共和国政府和大不列颠及北爱尔兰联合王国政府关于对所得和财产收益相互避免双重征税和防止偷漏税的协定》第12条规定:"本条'特许权使用费'一语包括:(一)使用或有权使用文学、艺术或科学著作,包括电影影片、无线电或电视广播使用的胶片、磁带的版权,专利、专有技术、商标、设计、模型、图纸、秘密配方、秘密程序所支付的作为报酬的各种款项;(二)使用、有权使用工业、商业、科学设备所支付的作为报酬的各种款项。"

18. 英国 IRC v. Ramsay 公司规避资本利得税案

　　Ramsay 案是英国税法历史上的一个里程碑式的案例。之前,英国法院在反避税方面历来持审慎态度。1936 年英国上议院通过 *IRC v. DUCK of Westminster* 案确定了 Westminster 原则,明确"税收不能类推",即法院必须遵照议会的立法,只能依据法律对纳税人征税,纳税人有权采取任何可能的方式安排其事务以减少税收责任,只有议会的法律才有权禁止避税行为。到 20 世纪 80 年代,随着世界范围内的避税狂潮,为了寻求国家税收与纳税人利益的平衡,英国开始加强对避税行为的控制,司法机关在适用税法时更多地运用超脱于文义的目的解释方法,来应对日益复杂多变的避税筹划技术。*IRC v. Ramsay* 公司规避资本利得税案就是这个转折点。

案情简介[①]

Ramsay 是一家英国国籍的公司。1982 年,Ramsay 公司出售一个农场,获得一笔收益,按英国税法,该收益应该缴纳资本利得税。为避免履行这笔收益的纳税义务,Ramsay 公司聘请专家设计了用公司资本损失抵销资本收益的避税计划。按照避税计划,Ramsay 公司购买 Caithmead 公司股票,同一天又向该公司贷款两笔,金额一样,利率均为 11%,双方约定贷款条件为:Ramsay 公司有权减少其中一笔贷款的利率,并把减少的利率加到另一笔贷款上。贷款数日后,Ramsay 公司行使合同权利,将一笔贷款的利率减为 0,同时将另一笔贷款的利率增为 22%。同一天 Ramsay 公司将后笔贷款之债权出售获利,依英国税法,该债权证书出售所获收益免缴资本所得税。一周后,Caithmead 公司将前笔贷款归还 Ramsay 公司。由于上述贷款交易,Caithmead 公司股价下跌,Ramsay 公司抛售该公司股票因此受损,损失与出售债权凭证收益相等。

Ramsay 公司认为,其出售 Caithmead 公司股票所受损失能抵销其出售农场的收益,应当免于缴纳资本所得税。税务机关认为 Ramsay 公司的操作意在避税,不同意抵销,该案经过税务机关、税务特别委员会、王室法院、上诉法院最后上诉到了上议院。

英国上议院 Wilberforce 勋爵认为,Ramsay 案的问题在于,是否可以用抛售股票的损失抵销其资本收益。上议院审理认为,Ramsay 公司的系列交易计划既无商业合理性,亦无营业上目的,其唯一的目的是为了产生一所谓的损失,以抵销其所实现的资本收益。其出售债权证书所获收益与出售股票所受损失相互不可分立,纳税人实质上既无所得,亦无损失。因此,Ramsay 公司的一系列行为属于迂回曲折的交易方式,应认定为避税行为。上议院审理认为,Ramsay 公司的系列交易属于一个整体,应将系列交易各个步骤结合在一起进行认定,股票损失不得用以扣除其出售农场所获的资本收益。

具体而言,Ramsay 案中避税计划主要由两项交易行为构成,既产生收益,又制造损失。收益设计为可以免税,损失则设计为可以在计算所得时全额扣除。从法律形式上看,这两项交易行为相互分立,具有不同的法律性质,且均不构成虚伪表示。但从经济实质上看,这两项交易行为如收益、损失相抵,纳税人经济

[①] See Karen B. Brown, "Applying Circular Reasoning to Linear Transactions: Substance over Form Theory in the US. and UK. Tax Law", *Hasting International & Comparative Law Review* (Vol. 15, 1992), pp. 169—225; John Ward, "United kingdom: Judicial Responses to Anti avoidance", *European Taxation Database* (1996). 转引自王文钦:《英国判例法上反避税政策的演变》,载《中外法学》1999 年第 1 期。

结果、财务结果实质上如同交易前的状态,等于是绕了一圈又回到原地。正因为这一性质,此类避税安排在英美税法学界被称作"环形交易"(circular-transaction)。这一系列交易唯一可能的结果是,将最后步骤——抛售股票——产生的损失抵销出售农场产生的资本收益,从而免除资本所得税。这种环形交易的目的,没有任何的商业目的,显然是为了避税的目的。

Ramsay 案就环形交易避税的判决确立了一项重要原则:在预先规划的系列交易情形下,各步骤的交易如除了规避纳税责任外,既无商业上合理性又无营业上目的,则该系列交易的税收后果应以整个交易的经济实质为基础,而非以各步骤交易的法律形式为依据。此即 Ramsay 原则,其核心内容是:实质高于形式。

争议焦点

1. 何谓税收规避行为?Ramsay 公司的一系列行为是否为税收规避?
2. 对于税收规避行为,在税法上如何应对?忍受还是反对?
3. 实质课税主义在反避税中如何运用?
4. 税务机关在反避税中的自由裁量权及其限度。

法理评析

一、Ramsay 公司商业行为的税法认定

英国上议院的判决认为,Ramsay 公司故意设计出一项损失用来抵销其之前所获得的一笔应税所得,同时在另一笔交易中安排一项同等的不需纳税的所得(出售债权凭证所得),最终达到了税收避免的效果。此种行为,视为滥用民事交易形式自由,人为地隔断与税法的关联,从而逃避税收,属于典型的税收规避行为。

所谓避税,是纳税人滥用交易形式自由,人为地割断交易形式与税法之间的连接,从而逃避税收的行为。国际财政文献局观点指出,税收规避是指为税收目的,纳税人通过合法的安排减少他的纳税义务。① 德国学说及判例认为,税

---

① 参见国际财政文献局 1988 年版《国际避税词汇》。原文为:For tax purpose, avoidance is a term used to describe the legal arrangement of a taxpayer's affairs so as to reduce his tax liability.

收规避的逻辑在于,某种经济效果属于立法者原拟课税的对象;纳税人选择的方式使该经济效果与税法的连接断裂;纳税人所选择的交易方式属于非常态;纳税人有规避税收的意图。① 日本学者清永敬次和佐藤义行认为,税收规避的特征在于,一是采取迂回而非正常的、合理的经济交易行为,二是达到了与采取通常法形式基本同一的经济结果,三是同时减轻或排除了税负。② 我国台湾学者陈清秀认为,税捐规避,乃指纳税人不选择税法上所考量认为通常之法律形式(交易形式),却选择与之不同的迂回方式或多阶段行为或者其他异常行为,来达到与选择通常之法形式的情形基本同一的经济效果,而同时减轻或排除与通常之法形式相连接的税捐负担。③

关于避税的构成要件,有二要件说、三要件说、四要件说。德国学者 Tipke 持四要件说,避税包括主观上有避税意图,客观上有滥用法律形成可能性,欠缺经济合理性,达到经济上的避税效果。三要件说认为,避税不包括欠缺经济合理性,因为欠缺经济合理性可以从滥用法律形成可能性中推出。④ 二要件说认为避税只包括滥用法律形成可能性以及达到经济上的避税效果。⑤

按照上述观点,Ramsay 公司系列商业行为在税法上应认定为避税。Ramsay 公司为了规避出售农场获得收益的资本利得税,人为地设计制造出另一笔资本损失,以达到将损失抵销出售农场的收益的目的,这是 Ramsay 公司采取系列避税交易行为的基本思路与目标。围绕这一思路和目标,Ramsay 公司选择了下列系列行为:首先,Ramsay 公司购买了 Caithmead 公司股票,同一天又贷款给 Caithmead 公司,Ramsay 公司成为 Caithmead 公司的债权人。贷款分成金额相等的两笔,利率均为11%,双方约定贷款条件为:公司有权减少其中一笔贷款的利率,并把减少的利率加到另一笔贷款上。这个贷款条件正是 Ramsay 公司筹划的关键点,Ramsay 公司可以通过贷款交易获得收益,更为重要的是可以取得股票出售的损失。其次,Ramsay 公司行使了合同权利,将一笔贷款的利率减为0,同时将另一笔贷款的利率增为22%。Ramsay 公司将利率为22%的这笔贷款的债权凭证出售获得收益,但是依英国税法,债权证书出售所获收益免缴资本所得税(如果 Ramsay 公司直接从 Caithmead 公司收取贷款利息,要交纳利息收益所得税,通过债权证书即免除纳税)。随后,Caithmead 公司将前笔贷款归还 Ramsay 公司。这个过程使得 Caithmead 公司成为高利贷的债务人,由此引起 Caithmead 公司股东权益贬值而导致股价下跌,Ramsay 公司在股价下跌后抛售

---

① 参见刘剑文、熊伟:《税法基础理论》,北京大学出版社2004年版,第149页。
② 参见陈清秀:《税法总论》,台湾翰芦图书出版有限公司2001年版,第228页。
③ 陈清秀:《税法之基本原理》,台湾三民书局1994年版,第247页。
④ 谢科:《避税的法哲学思考》,载《湖北经济学院学报》2007年第2期。
⑤ 刘剑文、丁一:《避税之法理新探》,载《涉外税务》2003年第8期。

其所持有的 Caithmead 公司股票因此受损,损失与出售债权凭证收益相等。但是,Ramsay 公司取得了股票购入、售出的资本损失证据,此笔损失可以用来抵扣出售农场的收益。至此,Ramsay 公司完成了避税计划。①

从法律角度分析,Ramsay 公司购买股票、贷款、出售债权凭证、收回贷款、出售股票等,每一个行为都是独立的、合法有效的法律行为,在税法上似乎应单独处理。但是问题在于,当这一系列商业行为执行完毕后,事物又回到了原点。在这个过程中,Ramsay 公司并不能证明这一系列行为有任何的商业目的。从结果上看,这一系列行为导致了税收收入的减少,客观上使得纳税人逃避了税收收入,达到了规避税收的效果。由此可以推断,该一系列行为并没有除税收之外的其他任何商业目的,是人为的滥用交易形式逃避税收的行为。因此,Ramsay 公司符合避税的基本内涵和构成要件,属于避税行为。

二、反税收规避行为的法律应对

税收直接侵犯了纳税人的财产权,是加诸纳税人身上的负担。从经济理性的角度出发,纳税人总是千方百计地逃避或减轻税收,这一点毋庸置疑。在此意义上,税收规避行为存在一定的合理性。从税法形式理性的角度来看,税收规避是纳税人充分利用了民法契约交易自由,隔断了其交易形式与税法的联系,使得其交易行为享受免税或低税待遇的行为。由于税收法定主义严格坚持形式法定,税收规避因此具有形式合法性。但是,税收规避事实上是纳税人滥用税法文义和形式的行为,是与税法的实质目的相悖的行为。如果从税法实质理性的角度来考察,税收规避行为似乎违背了税收的实质正义。如果放任税收规避行为的蔓延,对国家财政收入是造成重大损失,对其他纳税人也会带来极大的不公平。正如日本学者田中二郎所言,基于公平负担的观点,有必要禁止税收规避行为,以防止特定人不当免除税收负担。如果一部分人的税收负担得以脱免,就会转移到其他人身上。② 从以上分析来看,税收规避的价值判断,是现代税法和税收面临的法律难题。

在理论上,这个问题也一直纠结不清。从现有学说上看,税收规避有合法说、违法说和脱法说之分。合法说认为,从严格的税收法定主义立场,避税行为并没有满足纳税义务成立的各个课税要件,只要法律上没有否定某个行为的个

---

① 参见张颖:《从拉姆齐原则看"合理商业目的"》,载《首席财务官》2007 年第 9 期。
② 〔日〕田中二郎:《租税法》,有斐阁 1982 年版,第 82 页。转引自陈清秀:《税法之基本原理》,台湾三民书局 1994 年版,第 254 页。

别性规定,这种行为实际上也属于税法上的合法节税行为。① 违法说认为,避税行为虽然形式上合法但实质违法,违反了税法宗旨,不符合实质课税原则和量能课税原则。脱法说认为,避税行为是一种兼具形式上合法而实质上不合法的双重特性,不能简单的归为合法或违法,而具有边界性(borderline)或中间性。这种边界性或中间性是纳税人利用税法的漏洞,选择立法者未曾考量而立法不曾涵摄的法律行为进行税负的规避造成的,它脱离并溢出了税法的文义规定,无法得到法律的直接适用,因而是一种脱法行为。

对于现代税法和税收而言,是忍受避税还是旗帜鲜明地反避税,这仍然是一个严峻的现实问题。正如葛克昌教授所言,脱法避税的法律定性及法律效果,乃税法之永恒难题,为税法学者不得不面对之挑战。② 对此问题,世界各国税法一直犹豫不决。但是,从发展的趋势来看,现代法治从形式法治日益拓展延伸,开始追求实质法治,追寻实质正义。在税法意义上,税法也不能仅仅固守税收法定主义的形式法治,实质法治应是税法所追求的终极价值,而纳税人之间的税负公平才是构筑起税法实质正义的基座。税收规避,事实上是一部分人逃避了税收的负担,这加剧了纳税人之间的不平等。更为重要的是,如果一部分人逃避了税收负担,从国家财政收入的角度出发,这一部分税收势必加诸于另一部分纳税人身上,更加剧了税负不平等。况且,税收逃避的主体往往是那些税负能力强、精于算计、具有专业能力的纳税人,而那些税负能力弱的人由于专业能力差,反而不能享受到税收规避的收益。

正是基于上述意义考虑,世界各国对避税日益持否定的态度,开始在立法、司法和行政执法中逐步完善反避税的制度和措施。在大陆法系国家,德国在1919年《帝国租税通则》第42条就规定,税法不因滥用法律之形式可能性而得以规避其适用。于有滥用之情势时,依据与经济事实相当之法律形式,形成租税请求权。日本在其法人税法中规定有实质课税原则。在英美法系国家,加拿大、澳大利亚、新西兰、新加坡、北爱尔兰等国先后制定了反避税一般规则,美国发展了一系列反避税的判例法规则,诸如实质高于形式规则、一步交易规则、虚伪表示规则等。③

相对来讲,英国在反避税方面比较保守。英国税法上没有反避税的一般规则,只有一些针对个别情况的规定。英国司法机关对于英国税务局反避税的主张也历来持审慎态度。1936年,英国上议院通过 *IRC v. DUCK of Westminster* 案

---

① 北野弘久认为,避税理论上是介于节税与偷税之间的行为,但就实践而言,从纳税人权利保护的角度出发,避税行为有不应该接受任何法律性谴责的理由。参见〔日〕北野弘久:《税法学原论》(第四版),陈刚译,中国检察出版社2001年版,第150页。
② 葛克昌:《脱法避税与法律补充》,载台湾《月旦法学教室》第67期。
③ 王文钦:《英国判例法上反避税政策的演变》,载《中外法学》1999年第1期。

确定了 Westminster 原则,明确"税收不能类推",即法院必须按照遵照议会的立法,只能依据法律对纳税人征税,纳税人有权采取任何可能的方式安排其事务以减少税收责任,只有议会的法律才有权禁止避税行为。这一思想被长期沿用。但是,随着 20 世纪 80 年代世界范围内的避税狂潮,为了寻求国家税收与纳税人利益的平衡,英国开始加强对避税行为的控制,司法机关在适用税法时更多地运用超脱于文义的目的解释方法解释税法,来应对日益复杂多变的避税筹划技术,IRC v. Ramsay 案就是这一转变的开始。1982 年,英国上议院就 IRC v. Ramsay 公司规避资本利得税案一案作出判决,一改过去坚守 Westminster 原则的一贯做法,明确表示对避税宣战。该案被引为反避税的重要判例,其所确立的原则被称为 Ramsay 原则,并被誉为反避税的"新方法"。Ramsay 原则即是将纳税人众多复杂的交易形式纳入整体考量,重视交易实质,实质高于形式。

我国对避税也持否定态度,在税收立法中有诸多关于反避税的规定,例如,《增值税暂行条例》和《消费税暂行条例》中关于视同销售的规定,《房产税暂行条例》和《契税暂行条例》中关于财产归属的规定,等等。2007 年通过的《企业所得税法》专章规定了"特别纳税调整",其中第 47 条规定,企业实施其他不具有合理商业目的的安排而减少其应纳税收入或者所得额的,税务机关有权按照合理方法调整。此外,从 42 条到 48 条都是关于反避税的特殊性规定,它们与一般反避税条款一起,开辟了中国反避税的新篇章。

三、实质课税主义在反避税中的运用

(一) 实质课税主义——反避税的中心思想

英国上议院对 Ramsay 公司规避资本利得税的处理,实际上是透过诸多复杂的交易形式把握其中的经济实质,最终将其认定为避税行为。基于此一理念,学界概括出一条应对避税的基本原则——实质高于形式。正是基于对实质正义的维护,实质高于形式成为税法解释的一条准则,即实质课税原则。

实质课税指的是,在适用税法时必须认定课税要件事实,如果课税要件事实的"外观与实体"或"形式与实质"不一致,则不能按照外观或形式,而只能依照其实体或实质加以判断。当依据外观或形式并没有符合课税要件的事实存在时,如果实体或实质符合课税要件,则必须认为课税要件已经满足。同理,如果外观或形式符合课税事实,但其实质或实体却并无该项事实存在,则必须认定课税要件未能满足。[①] 易言之,实质课税原则要求在判断某种情况是否符合法律规定的课税要件时,要透过外观与形式,按其经济实质来确定是否课税。

---

① 刘剑文、熊伟:《税法基础理论》,北京大学出版社 2004 年版,第 155 页。

实质课税原则最早在德国确立。第一次世界大战后,德国一些商人利用战争机会大发国难财,他们所从事的一些行为违反了法律的强制性规定,在民法上被认为是无效行为。由于当时税法是民法的随附法,民法的效力认定直接影响到税法的效力认定,民法认定无效的行为在税法也视为无效,导致对这些行为无法征税。这不仅助长了商人的恶劣行为,而且影响了国家的财政收入,加剧了纳税人之间的不平等。为了应对这种不合理现象,1919年的德国《帝国租税通则》确立了"经济观察法",即实质课税原则。该法第4条规定,解释税法时,需斟酌其立法目的、经济意义及情事之发展。第6条规定:纳税义务,不得借民法上之形式及其形成可能性之滥用而规避或减少之,如有滥用情形,应依相当于该经济实践、经济实施及经济关系之法律状态,课征相同之税捐。这条规定被后世的学者视为实质课税原则的最早立法起源。第41条规定,即使在法律行为无效或法律行为失去效力的场合,只要当事者使该法律行为的经济成果发生了或成立了,则无疑课税。但是依据税法另有明确规定时,不在此限。其后,日本等国为了适应国内经济的发展也先后在立法中确定了实质课税原则,日本《法人税法》中就有实质课税的条款。日本税制调查会1961年寄送内阁总理大臣的《有关国税通则法之答辩》中则提出,对于税法之解释及课税事实之判断,系依循各税法之目的,为图租税负担之公平以经济上意义及实质而设之原则性规定。

英美法系国家也不排斥实质课税原则。在美国,1935年,最高法院 *Gregory v. Helvering* 一案初步形成了实质高于形式原则。1945年的 *Commissioner v. Court Holding Co.* 案和1959年的 *Commissioner v. Hansen* 案,再一次重申了 *Gregory v. Helvering* 案的判决意见。随后,美国法院在对避税案件审理时大量引用这些经典案例,最终确定了实质课税原则,即一项交易的税收结果是该交易的实质而并非形式。英国在20世纪80年代之前恪守严格的税收法定,严格遵循税法的文义征税和判决税务纠纷,直到 *IRC v. Ramsay* 案,法院判决才确立实质高于形式原则。

在反避税实践中,实质高于形式原则往往借助于税法解释,通过目的解释方法来矫正税法文义的不足。同时,在借助目的解释追寻税法的真实目的时,法律往往赋予税务机关和司法机关较大的自由裁量权。正是在这个意义上,实质课税原则与税收法定主义具有相互冲突的一面,因为税收法定主义坚持严格的税法文义,税务机关、司法机关必须严格遵循立法机关制定的税法文义征税。实质课税主张从经济实质角度课税,可能超越税法本身的文义,并且损害纳税人的信赖利益,违反税收法定主义。但也有学者指出,实质课税没有违反税收法定主义,符合宪法税的根本宗旨。税收规避以形式的手段破坏了按照给付能力平等课税的原则,因此税收规避的防止就是立法机关与行政机关的合宪性任务。① 由量能课税导出的实质课税原则,重经济形式甚于法律形式,是实现税捐正义的实质性手段,并不违背税收法定原则。②

我们认为,避税行为侵蚀了国家的财政根基,破坏了税负公平,加剧了社会财富分配的差距。如果不对其进行矫正,势必破坏了税收的正义。况且,随着形式法治走向实质法治,税收法定主义也不能仅仅固守形式法治的藩篱,量能课税、税负公平本应充实税收法定的内涵,构成税收法治的核心范畴。在这一意义上,抛开形式从实质角度课税,赋予税务机关、司法机关一定的自由裁量权具有合理性和必要性。

(二) 实质课税原则的一个具体标准——合理商业目的

世界各国税法基本已经确定了实质课税原则,在长期的判例中还形成了具体的判断标准,如客观上的虚假交易标准、分步交易原则,主观上的合理商业目的等。在 Ramsay 案中,英国上议院认为 Ramsay 公司的系列商业行为并没有任何的商业目的,唯一的目的是获取税收的利益。由此,上议院以合理商业目的为标准定性了避税行为。我国《企业所得税法》第 47 条规定,企业实施其他不具有合理商业目的的安排而减少其应纳税收入或者所得额的,税务机关有权按照合理方法调整。这是一个兜底性的反避税条款,学界将其视为我国的一般反避税条款,而此一条款的核心就是合理商业目的的认定。由此可见,合理商业目的的判断是实质课税、反避税的一个至为重要的衡量标准。

"合理商业目的"的界定,"目的"可以解释为违背立法意图,且主要目的在于获得税收利益,这些利益可以包括获得减少、免除、推迟缴纳税款,可以包括增加返还、退税收入,以及税法规定的其他收入款项等税收利益。"合理商业目的"的核心问题是"商业目的"、"商业合理性",即企业的一系列交易行为除了具有税收利益目的外,是不是还具有营业的商业目的,其交易行为是不是有商业上的合理性。初步可以认为,系列交易如含有至少一个以上的营业目的,或者系列交易的结果非纳税人预先规划,就应当被认为具有商业目的,具有商业合理性的。只有当一系列交易行为中每一个行为都没有商业目的,或者一系列行为组合在一起整个看来没有商业目的,才可以被认定为是"不具有合理商业目的"。③

认定"合理商业目的"时还需要考量系列迂回交易,只有在系列迂回交易中不具有商业目的,才可能属于避税行为。从 Ramsay 案的判决意见看,迂回交易

---

① 葛克昌:《脱法避税与法律补充》,载台湾《月旦法学教室》第 67 期。
② 叶姗:《实质课税主义的价值理论确证》,载《学术论坛》2006 年第 2 期。
③ 参见张颖:《从拉姆齐原则看"合理商业目的"》,载《首席财务官》2007 年第 9 期。

具有以下特点：第一，从目的来看，该安排完全以避税为目的，没有任何商业价值，因为通过该计划的实施，纳税人不可能有任何利润收入，相反他一定会有损失，也就是他实施该计划所需要的成本。第二，整个计划都会按照预定安排确实进行，最终获得预定的效果。第三，将整个计划中的所有交易作为一个整体来看，它不会产生任何收益或损失。在很短的一段时间内，它计划并最终也确实使纳税人回到了计划开始时的状态。对于这种迂回交易行为，税务机关启动反避税调查程序，无论如何都有其合理性与必要性。

四、税务机关在反避税中的自由裁量权及其限度

从世界各国反避税经验来看，立法机关和司法机关都扮演着至为重要的角色。立法机关通过制定反避税条款、完善税收立法，司法机关通过解决司法诉讼，甚至在诉讼中扩张对税法条文的解释，有效的规制税收规避行为。而税务机关一直扮演着执法者的角色，严格遵守税法条文的规定反避税，其独立的反避税权力微乎其微。但是，随着世界经济一体化的加快，跨国纳税人避税问题日益突出，避税行为频繁发生，避税手段也层出不穷，现有的反避税手段暴露出固有的问题，立法机关的效率低下，不能有效地实施对避税的规制，司法机关的事后救济机制效果更是甚微。在这种情况下，税务机关有必要承担起反避税的重任。然而，税务机关的权力如何，是否有独立的反避税权，进而，是否有扩张解释税法和补充税法漏洞的权力，便是一个重要的问题。

从现有反避税的立法来看，无论是一般反避税条款还是特殊反避税条款，事实上都赋予了税务机关较大的自由裁量权。一般反避税条款是针对反避税的一般性规定，具有抽象性和不确定性，税务机关往往需要根据一般性规定具体细化规定，事实上具有自由裁量权。例如，《企业所得税法》第42条即是一般反避税条款，而如何认定"合理商业目的"就属于税务机关的裁量空间。特殊反避税条款虽然详细规定了避税的具体情形及处罚结果，但是，这些条款无法穷尽所有已知或未知的避税交易类型。如果这种情况下不赋予税务机关自由裁量权，纳税人便可以通过详细研究税法漏洞、创造法律未规定的交易形式来达到避税目的。事实上，中国税务机关已经开始通过扩张解释税法，甚至补充税法漏洞的方式去反避税，效果似乎十分显著。

只不过，如果赋予税务机关较大的自由裁量权，以至于超越文义的目的解释权和漏洞补充权，势必侵蚀税收法定主义的观念和价值根据，并破坏税法的安定性和预测性。正如日本学者金子宏所言，在租税法律主义之下，如果没有法律根据，在理论上及实务上不应承认税收规避的否认，否则，对于税收规避否认要件的判定，行政机关或法院将背负沉重的负担。当然，这并不意味着立法上也应容忍税收规避。当各种新的税收规避类型产生时，立法机关应迅速加以应对,并制定个别否定性规定。① 北野弘久从纳税人权利保护的角度,也认为避税行为不是行政当局、法院的课题,而是立法当局的课题。②

从上述分析我们可以看出,税务机关在反避税中的自由裁量权及其限度,关系到税收法定主义基本价值的维护或动摇。不容否认的事实是,避税行为危及国家的财政收入,破坏了收入分配秩序,影响到税收经济调控功能的有效发挥,也加剧了纳税人之间税负的不平等。在国际贸易中,跨国避税还危害了国家的税收主权和税收利益。如果不对避税行为进行有效的规避,势必影响税收基本正义,损害税法正当性。而如果任由税务机关肆无忌惮反避税,无限制的赋予其自由裁量权,又将破坏税收法定主义,从另一个侧面破坏了税法正当性。

税收法定主义是税法的基本原则,是税法正义的基本形式。然而,现代社会日益崇尚实质法定,主张在形式法律中张扬价值合理性。税收法定主义也应体现这一时代需求,税收法定主义应包括实质法治的因素和内核,将体现税收量能课税的精神价值纳入其中。而税务机关的反避税事实上是对避税者加以否定,捍卫着量能课税的基本精神,从这一点上看,其与税收法定主义的现代内涵是一致的,两者并不矛盾。易言之,税收法定主义下要求量能课税,要求保障国家财政收入,要求保证纳税人的平等,必然要求赋予税务机关独立的反避税权。

当然,对于税务机关的自由裁量权也应有效的规范,避免其自由裁量权的滥用,破坏税收法定主义。一方面,加强税法立法,完善反避税立法,以压缩税务机关的反避税自由裁量权。一般而言,应采取一般反避税条款和特殊反避税条款相结合的形式,两者相辅相成、相互对应。另一方面,完善司法,加强司法机关的反避税能力。从经验来看,世界各国都赋予司法机关独立的反避税权,具体表现为司法机关有对税法条文的目的解释权,以修正和完善税法文义。因此,我国应当完善税务司法,加强税务行政诉讼制度建设,以控制税务机关自由裁量权。

本案中,Ramsay 公司的系列商业交易行为,系无任何商业目的的交易,应认定为避税行为。对 Ramsay 公司避税行为的规范,实际上是透过诸多复杂的交易形式把握其中的税收实质,这即是实质高于形式的反避税规则。在反避税工作中,立法机关、司法机关都发挥着积极的作用,但从反避税的发展趋势看,税务机关可以发挥更大的作用。税务机关在反避税中应享有独立的反避税权力,这不仅不违背税收法定主义,而且是现代税法的基本要求。同时,税务机关的自由裁量权也应得到有效的规制。

(刘剑文 熊 伟)

---

① 参见〔日〕金子宏:《日本税法》,战宪斌、郑林根等译,法律出版社 2004 年版,第 96 页。
② 〔日〕北野弘久:《税法学原论》(第四版),陈刚译,中国检察出版社 2001 年版,第 89 页。

19. 美国 Frank Lyon Co. 公司出售—回租争议案

  一项交易的课税以经济实质还是法律形式为基础,一直是税法领域争论不休的问题。美国自1935年在司法判决中提出经济实质主义以来,如何在司法审判中适用该原则始终是困扰法官的一项难题。在本案中,终审法院强调必须同时考虑一项交易的"真正实质"与"商业目的",强调必须基于交易前后纳税人经济地位的实质改变判断交易的真正实质,认为满足监管要求同样构成一项合理的商业目的。本案的判决是经济实质主义的重要阐释,对其适用阐释有重要的影响。此外,本案所涉及的出售—回租交易作为特殊交易形式,也引发了美国司法界对"税收所有权"这一概念的探讨。

案情简介

Lyon 是一家从事家具产品,尤其是 Whirlpool 和 RCA 电子产品销售的公司,设立于阿肯色州。1965 年 Worthen 银行是持有阿肯色州执照的银行,是联邦储备体系的成员之一。Frank Lyon 是 Lyon 的大股东和董事会主席,也是 Worthen 银行的董事会成员。

1965 年 Worthen 银行开始筹建一栋银行和办公大楼,以替代其现有在 Little Rock 的办公场所。与此同时,Worthen 银行的主要竞争者,Little Rock 的联合国家银行也开始准备筹建新的银行和办公楼。两家银行取得了在国会大道上的临近的两个场所,仅仅相隔着 Spring 大街。这场在银行、租赁业务及其声誉的竞争取决于哪一银行将首先开始并完成其银行大楼。

Worthen 银行原本计划筹集资金 900 万,完成修建大楼和附随的停车场并拥有预期的设备。它计划发行 400 万债券,用此收益收购全资房地产子公司的股票。该子公司将享有形式上的法定权利,并通过传统抵押贷款的方式筹集剩余的 500 万。但由于以下的原因,该筹集计划未能实施:(1) 根据阿肯色州法律制定的银行章程,Worthen 法律上并不能对其发行的任何债券支付高于阿肯色州法律规定标准的利息。但如以该利息发行债券,则无法在市场上进行销售。(2) 阿肯色州银行监管机关的法律和监管规则以及联邦储备体系均要求,Worthen,作为受其监管的州属银行,投资于超过其股权资本或股权资本和盈余总额的 40% 的任何数额的房地产(包括房地产子公司取得的房地产)必须事先获得批准。随后,联邦储备体系的职员告知 Worthen,理事会并不会批准此项筹资计划。

Worthen 随后计划新的方法,以保证它对该栋大楼的使用、遵循州和联邦的监管要求并取得必要的资金。1967 年,它计划一项出售—回租协议。阿肯色州银行部和联邦储备体系均同意该方法。但银行部要求 Worthen 必须提供在租赁的 15 年后以设定的价格回购该项租赁财产的选择权,联邦监管机构则要求该栋大楼的所有人必须为独立第三人。

Worthen 最终与纽约人寿保险公司达成协议,由该公司提供 7,140,000 美元,对该栋大楼进行永久性担保融资。此时,Lyon 公司也介入谈判,并制定了相应的融资计划。Worthen 随后提交了一份其认为已融合当前各项建议中的最优方案的新的计划。Lyon 最终接受此项计划,并作了进一步的修正,将大楼租赁的最初 5 年的每年的租金减少 21,000 美元。Worthen 选择 Lyon 公司作为其投资者。经过进一步的谈判后,此项租金减少的建议最终被取消(作为补偿,Lyon

公司将在随后非关联债务中支付更高的利息），1967年11月，经第一国家城市银行同意，Lyon公司成为可接受的融资方，而纽约人寿公司则为永久出借方，1968年4月取得了州和联邦监管机构的同意。与此同时，在选定Lyon公司之前，1967年9月15日，Worthen开始着手修建该栋大楼。

1968年5月，Worthen、Lyon、城市银行和纽约人寿就该栋大楼由Worthen出售给Lyon公司、同时租回修建完毕后的大楼达成最终的协议。Worthen与Lyon之间的协议包括一项土地租赁协议、出售协议和大楼租赁协议。

（1）根据1968年5月1日的土地租赁协议，Worthen将土地出租给Lyon公司，租期为76年7个月，2044年11月30日到期。最初的19个月是预估的建设期。项目开始后的26年7个月Lyon公司向Worthen共支付50美元的租金，随后按季度支付如下的金额：

1994年12月1日—1999年11月30日（5年）	每年100,000美元
1999年12月1日—2004年11月30日（5年）	每年150,000美元
2004年12月1日—2009年11月30日（5年）	每年200,000美元
2009年12月1日—2034年11月30日（25年）	每年250,000美元
2034年12月1日—2044年11月30日（25年）	每年10,000美元

根据1968年5月19日的出售协议，Worthen同意将大楼出售给Lyon公司，Lyon公司将为此支付不超过7,640,000美元的价格，以补偿Worthen公司建筑该大楼所支出的费用。

（2）根据1968年5月1日的出租协议，Lyon将购入的此栋大楼出租给Worthen，租期为25年，从1969年12月1日开始。到期后Worthen可以每次选择延长5年的租期，可以延长8次，使租赁期最终达到65年。在大楼的租赁到期后（最晚到2034年11月，如果全部延期的话）和土地租赁2044年11月30日到期前的期间内，Lyon公司享有对大楼完全的所有权、使用权和控制权，除非该栋大楼由Worthen回购。在大楼建成之前，Worthen无义务支付相应的租金。在租赁开始的11年间，即到1980年11月30日，每季租金为145,581.03美元。之后的14年，每季租金为153,289.32美元，在选择权期间，租金为每年300,000美元，按季进行支付。大楼的租金总额为14,989,767.24美元。该租金相当于在同一时间内摊销纽约人寿保险公司的7,140,000美元的抵押贷款的本金和利息的总和。在此项贷款清偿完毕后，如果Worthen继续延长租期，大楼每年的租金将减少为300,000美元。由于Worthen提高Lyon应当支付的土地租金，Lyon取得的净租金也将进一步减少。

该项租赁为净值租赁，在租赁期间Wothen负责与办公大楼维护相关的所有费用，包括维修、税收、设备费用和保险，并维持房产的良好状态，但不包括合理的磨损和折旧。

回购的期权价格为纽约人寿公司贷款的未支付余额、Lyon 公司 500,000 美元的投资和该项投资按 6% 的复利计算的利息。

（3）建设融资协议。根据 1968 年 5 月 14 日的协议，城市银行同意向 Lyon 提供总额为 7,000,000 美元的贷款用于该栋大楼的修建。该项贷款由大楼和停车场进行担保，由 Lyon 以大楼租金和土地租金支付利息。

（4）长期融资协议。根据 1968 年 5 月 1 日的债券购买协议，纽约人寿同意购买 Lyon 公司在大楼建成时发行的 7,140,000 美元、利息为 6.75%、为期 25 年的担保债券。根据该协议，Lyon 公司保证将大楼出租给 Worthen 以取得相当于债券金额的租金。Lyon 同意定期支付相当于在租赁期间内 Worthen 支付的租金的本金和利息。债券由 Lyon 公司和 Worthen 公司以土地、大楼和停车场共同担保。

1969 年 12 月大楼建成后，Worthen 接收了该栋大楼。与此同时，Lyon 公司也从纽约人寿取得了长期贷款，从而清偿了城市银行的贷款。办公大楼和停车场的实际建筑费用超过 10,000,000 美元。

Lyon 公司按照权责发生制、以公历年度作为纳税年度进行纳税申报。在其 1969 年的纳税申报表中，Lyon 确认了 Worthen 12 月支付的租金作为所得，相应地要求扣除每月向纽约人寿支付的利息、大楼每月的折旧、城市银行的建设贷款的利息和与交易相关的法律及其他费用的总和。

经过对 Lyon 公司 1969 年纳税申报表的审计，国内收入局认为，Lyon 公司"并非 Worthen 大楼税法意义上的所有人"，"与该大楼相关的所得与费用并不允许由 Lyon 公司进行确认或扣除"。它也将另外的 2,298.15 美元作为"应计利息所得"计入 Lyon 公司的利息所得。这是假定 Worthen 公司 11 年后，即 1980 年 11 月 30 日行使选择权，按规定的价格回购该栋大楼所实现的收益归属于 1969 年的部分，同时认定 Lyon 公司实际上向 Worthen 提供了 500,000 美元的贷款而应当取得的利息。换句话说，国内收入局认为出售—回租交易实际上是 Lyon 向 Worthen 公司提供了 500,000 美元的贷款交易，同时作为 Worthen 向纽约人寿支付本金和利息的导管。其结果是，Lyon 公司的应税所得被调增到了 497,219.18 美元，其未缴税款为 236,596.36 美元。委员会确认了这一数额，加上利息 43,790.84 美元，共计 280,387.20 美元。

Lyon 公司支付了这些未缴税款，但同时提交了退税申请。这一申请被驳回，随之向阿肯色州东区法院提起诉讼。

东区法院经过审理之后，判定 Lyon 公司胜诉，认为应当允许扣除。法院认为，当事人的合法目的在于根据交易的相关文件的形式和语言构建真实的出售—回租交易，否定了关于 Worthen 通过租金的支付取得资产所有权的论断。

法院认为,租金的支付是不容置疑的,在租赁期间也是合理的,经过双方独立谈判确定的回购选择权的价格,代表了当时市场价格的合理估算。基于所支付的租金,加上选择权,足以摊销纽约人寿的债务并对 Lyon 在资产上的投资支付 6% 的回报的事实的任何消极推断,法院也予以否认。其认为,Worthen 只有行使购买选择权才能取得大楼的所有权,事实上,不行使该选择权也存在极大的可能性。因此,法院拒绝了任何从租赁是"净值租赁"的事实所得出的结论。法院认为,Lyon 具有多重动机缔结该交易,包括多样化的需求和获得税收利益的要求。

第八巡回法院推翻了初审法院的判决,支持国内收入局的观点,即 Lyon 并非大楼的真正所有人,因此无权主张相关的扣除。法院认为:(1) 租赁协议通过授予 Worthen 以 Lyon 500,000 的投资加上复利 6% 的利息以及纽约人寿未支付贷款余额的价格的购买选择权限制 Lyon 从其大楼投资中取得收益的权利;(2) 选择权的价格并未考虑大楼增值和通货膨胀的可能性;(3) 由于大楼损毁灭失而取得的任何回报超过担保贷余额和 500,000 美元的部分都将支付给 Worthen 而非 Lyon。(4) 在租赁的主要期间内支付的租金正好相当于贷款支付的款项。(5) 通过各种回购和延长租赁期间的选择权加上对其土地的所有权,Worthen 实际上仍保留对大楼最终处分的控制权;(6) Worthen 实际上享有与大楼运行相关的所有收益并承担所有负担,因此,如 Lyon 被认为是大楼的真正所有人,则其只有在最初 11 年间大约 150 万的税收节约的利益是归属于 Lyon 的。因此,法院认为,"总之,Lyon 对 Worthen 大楼所享有的收益、风险和负担不具有实质性,以致不能主张作为税法上的所有人的身份",Lyon 只是拥有所有权的空壳。

最高法院推翻了上诉法院的判决,确认 Lyon 和 Worthen 的出售—回租交易具有真实的经济目的,税务机关应当予以尊重。法院的判词摘录如下:

税收的课征更多地是关注对用于支付税收的真正收益的实际控制,而非法定权利的设定与归属。在之前的判例中,法院已经拒绝承认形式上的法律权利的转移而转移可归属于财产所有权的税收待遇。通过适用实质重于形式原则,法院确定交易的经济实质而非当事人所采用的特定形式将决定交易的税收待遇。在形式与经济实质不相一致的情况下,法院从未尊重单纯形式上的权利安排确定纳税义务。在税法、行政法的领域中,法院更关注实质和现实,形式上的书面文件并不具有严格的拘束力。

正是基于这些一般且确定的原则,税务机关主张 Worthen-Lyon 的交易完全是虚假的。它认为,总体上看,协议实质上只是一项弹性的融资计划,用于向 Worthen 提供一定的经济利益和向 Lyon 提供确定的回报。后者只是以 Worthen 向 Lyon 支付租金的形式而转交贷款的导管。税务机关认为,这是交易的真正经济实质。虽然交易采用了出售—回租的方式,但实质上是一项融资交易,回购选择权的条件和租赁延期也指明了这一点。它认为 Worthen 只需偿还抵押贷款、支付 Lyon 500,000 元的预付款和利息即可以重新取回大楼,无论大楼的公平市场价格如何;同样,在贷款清偿后,Worthen 可以延长租赁期间,所支付的租金也相应大幅度减少,而与公平租金价格不存在任何关系,而仅仅参照向 Lyon 支付 500,000 美元和利息的款项予以计算。Lyon 在交易中的回报在任何情况下均不超过 6% 的复利。而且,有利的回购选择权和租赁延期条件,使得 Worthen 极不可能在清偿贷款之后放弃大楼。这意味着,该项交易的便利之一在于,使得 Worthen 可以扣除其向 Lyon 支付的租金,同时使得 Lyon 可以基于最终由 Worthen 承担的大楼的建筑成本而主张折旧扣除,从而以此弥补其他所得。Lyon 还可以主张在 Worthen 向其支付的租金所得中扣除贷款利息。然而,如果正如税务机关所主张,这项安排只是一项融资安排,Worthen 是真正的所有权人,Worthen 所支付的款项只有在其代表贷款利息的范围内才能得以扣除,Worthen 可以主张折旧扣除,Lyon 无权扣除利息或折旧,也不能将 Worthen 所支付的租金计入其所得中,因为与上述款项相关的功能仅仅是作为 Worthen 和纽约人寿之间的导管。

在本案中,包含了三方当事人,即 Worthen、Lyon 和融资代理人。通常较为简化的双方交易在法律上并不适用于 Worthen。独立投资者对 Worthen 可以采用的另一融资计划也可能有兴趣参与,只不过 Lyon(本身独立于 Worthen)有幸应得此项参与的权利。尽管 Frank Lyon 为 Worthen 的董事会成员,正如其最终发展的那样,交易并非是由 Worthen 安排的关联交易,而是由于银行面临的监管限制而不得不采用的安排。如果 Lyon 并未加入该交易,则会选择另一对此有兴趣的投资者。最终的结果将完全是相同的。

当然,必须承认的是,交易是根据 Worthen 的需要而设计的。正如税务机关所指出,Worthen 在谈判过程中尊重独立投资者对其融资成本的各自投资计划。Worthen 和投资者比较了关于投资者资产的可预期回报的各项计划。但缔结类似交易的当事人均是如此。Worthen 需要一栋大楼用于其银行业务的运营和其他用途,有必要了解为此所需的成本。在该项交易中的当事人也以尽可能有利的方式使用其资金。交易必须根据已经实际发生而非本应当发生的事实确定其实际效果。

当前并无简单可行的方法揭开交易的形式而窥探其经济实质。交易对所有当事人产生的后果与原本计划的方式,即 Worthen 直接与纽约人寿签订贷款协议、直接从 Lyon 取得 500,000 美元的投资,显然存在巨大的差异。然而,最重要的是,只有 Lyon,而非 Worthen,对所发行的债券承担责任,首先对城市银行,随后是纽约人寿。尽管 Worthen 同意支付租金以及该租金等于 Lyon 向纽约人寿所支付的款项的事实,在租赁后期可能导致一定扭曲,但 Lyon 仍承担主要义务。无论交易本应当如何设计,它仍将保留其已经采用的最终形式,债券的债务人为 Lyon。Lyon 作为持续经营的企业，其经营活动已真正承担这一真实且实质的风险。

这项债务对 Lyon 产生的效果并非仅仅是存在经营恶化和 Worthen 无力偿还的抽象可能性。Lyon 在其资产负债表中将该项债务对外进行了披露，其经济地位受到此项长期债务的实质性影响。在 Lyon 已将其资金用于此项交易的基础上，已较难取得融资满足其他经营需要。

在最终得出 Lyon 所承担的债务存在独特属性时，我们应有必要注意，交易的属性在会计和税收上并不必然是相同的。在本案中，被接受的会计方法，正如一些当事人对各自协议的理解和被其他当事人所采用的，赋予交易与其设定的法律形式相一致的具有实际意义的属性。Worthen 并不能缔结税务机关认为本应当作为经济实质的交易类型。Worthen 和 Lyon 并不能被认为缔结了一项目的在于以不同于出售—回租交易的方式进行利息的分配的交易。

其他的因素也表明，交易不能被视为 Worthen 和纽约人寿之间的抵押贷款之外的其他交易形式。Lyon 和 Worthen 之间并无足以代表 500,000 美元"贷款"的法律义务。而根据这一"推定的债务"而被税务机关要求在系争纳税年度予以确认的 6% 的回报，只有当且如果 Worthen 行使其选择权时才能得以实现。

上诉法院确认了在租赁的主期间和债务已被清偿后到期的租金，本身并未保证 Lyon 取得 6% 的回报。这样，如果 Worthen 选择不行使选择权，由于在租期内土地租金极为低廉，在其必须与 Worthen 重新谈判土地租金之前，Lyon 实际上将承担土地租期最后 10 年内大楼的租赁价值是否足以回复其投资的不确定。因此，由于存在各种或然性，包括房地产价值、货币成本、Worthen 资本结构的改变，使得并不足以得出结论，当事人根据税务机关所确定的形式从事交易。

注意到由于当事人所采用的特定交易形式而导致部分财政收入的流失并非不恰当。如果交易采用不同的形式，则并无一项与所得项目相匹配的扣除发生，也无一项任何一方当事人可以进行费用的扣除。由于 Lyon 预期因其为大楼的所有人而得以享受折旧扣除的待遇，Worthen 得以较低的成本促使 Lyon 从事该交易，这一待遇如 Worthen 保留大楼的法定权利也得以取得。Lyon 在缔结交易时考虑这一优惠待遇的事实并非不允许其进行扣除的理由。我们不能忽视税法将影响几乎所有商业交易形式的事实。Lyon 并非除了持有银行大楼的法定权利以外不具有任何商业目的的公司，它并非由 Worthen 设立或由 Worthen 提供资金。

因此，交易并不仅仅是应当被忽视的虚假交易的结论当然并不自然得出 Lyon 有权扣除相应的项目。正如前所述，Lyon 支付利息的债务是其自身债务，因此有权主张相应的利息扣除。

从单纯意义上看，似乎出售—回租交易中的任何一方当事人均非银行大楼的所有人。事实的焦点在于,Lyon 是其资金投入大楼的一方,从而作为主张所用资金的折旧扣除的当事人。税务机关基于 Worthen 在租赁期间取得财产这一前提而认为,Worthen 应当作为大楼的所有人。为了确定增值资产的存在,税务机关不得不推断选择权之一将被行使,如果未行使,这仅仅由于延长期间的租金较为低廉。但根据地区法院相反的事实认定,这一结论显然并不正确。因此,我们认为 Lyon 的资金根据协议的安排投资于大楼,因此 Lyon 得以享受折旧扣除。

我们认可上述法院采纳的税务机关的观点并非没有表面的合理性。实际上,从理论上看,Frank Lyon 作为 Worthen 的董事会成员、Lyon 背离其主要的公司经营活动而从事非正常的风险投资、大楼租赁项下和由 Lyon 在纽约人寿贷款项下的平行支付;与财产毁损蔑视的规定、Worthen 取得的各种选择权的属性和如 Lyon 在交易开始期间内采用双重递减余额折旧法的税收优惠,都构成了 Worthen 应当被视为大楼的所有人和从 Lyon 只是取得了 500,000 美元的贷款的结论的基础。

然而,正如地区法院得出的结论,发现这一理论的推断与交易的实质和经济现实并不相符:1965 年及之后联合国家银行与 Worthen 银行之间竞争地位、Worthen 的资金不足;由于法律限制,Worthen 无法以传统贷款或其他借款方式执行其建造计划;由于州和联邦监管者设定其他限制;Worthen 提供购买选择权的建议;联邦监管者关于大楼必须由独立第三人作为所有人的要求;一些对交易有兴趣的融资机构的存在和 Worthen 解决问题的方式;有这些组织所提供的正式计划;所保证的谈判程序和期间;投标的竞争性;谈判的真实性;交易的三方当事人;Lyon 的实质存在和相对于 Worthen 的独立性;Lyon 主要目的的多样性;Lyon 独自承担对城市银行和纽约人寿随后发行的债券的偿还义务;Lyon 所承担 Worthen 可能违约或经营失败的风险;Worthen 可能在主租赁期间中止交易和如果选择权价格超过大楼对 Worthen 当时的价值而中止交易的事实;如大楼租期未被延长 Lyon 将为大楼所有人的事实;如 Worthen 未延长 Lyon 将支付实质土地租金的义务;不存在 Lyon 和 Worthen 之间关于 Worthen 将会行使选择权的意向的合意;整个交易非关联性和非私有性;不存在当事人之间的不同税率和特定税收环境;这些都足以说明 Lyon 的经济地位发生了改变。

因此,纳税人并未从事任何滥用法律形式而缺乏经济意义的交易。该项交易是真实的多方当事人的交易,具有经济实质,基于商业或监管的现实而从事该项交易,具有独立于税收的考量,并非只是基于避税的目的而附加无实际意义的标签。税务机关应当尊重当事人之间已经生效的权利义务的配置。只要出租人保留了传统出租人的重要且真实的属性,当事人所采用的交易形式应当决定其纳税义务。特定案件中所应当采用的属性应当取决于事实因素。因此,出售—回租协议并不必然否认纳税人税收扣除的主张。

争议焦点

1. 本案系争交易的法律形式是否应当受到尊重？
2. 哪一方当事人，Worthen 还是 Lyon，是银行大楼的真正所有权人？
3. 哪一方当事人可以享有银行大楼的相关折旧扣除？

 法理评析

一、交易的法律形式与经济实质

在本案中，Worthen 银行通过与 Lyon 公司之间的出售—回租协议而达到了进行融资、建造银行大楼的目的。Worthen 银行在出售银行大楼之后，通过回租的形式继续占有和使用大楼。Lyon 取得了银行大楼的所有权，并向 Worthen 收取相应的租金。然而，税务机关认为这一形式并未真正体现交易的实质，交易的实质是以 Lyon 公司为导管、Worthen 银行直接向纽约人寿进行贷款，同时 Lyon 公司向 Worthen 银行提供了 500,000 美元的贷款。因此，争议的焦点在于，这项交易是否存在"法律形式与经济实质的背离"，交易的法律形式是否应当被忽视而按其经济实质进行课税。

在美国，经济实质主义并非一项成文法的原则，而是司法机关在长期避税案件的审理过程中发展形成的普通法规则。从 1935 年 *Gregory v. Helvering* 案开始，美国司法机关发展了一系列的反避税普通法规则，否认以避税为目的交易所主张的税收利益，如阶段性交易原则、属性重新认定原则、实质重于形式原则、商业目的原则、虚假交易原则等，其中经济实质主义在法院判决和税务机关打击避税交易中尤其发挥巨大作用。如税务机关认为一项交易存在避税可能，则法院将适用这一原则确定纳税人是否可以享有与交易相关的税收利益。

（一）经济实质主义的"经济实质"标准

在本案之前的司法判决中，认定经济实质的方法包括商业利益法、可比交易法、经济地位改变法、机会成本法等。根据商业利益法，如果一项交易产生经济回报，即应当认为具有经济实质。为此，纳税人必须证明交易所预期产生的经济回报将足以弥补所发生的交易成本。考虑市场的风险因素，并不要求交易产生真正的经济回报，只要求在缔结交易时，根据条件和经济环境可以预期交易的结果将产生合理的收益。基于经济理性人的假设，市场主体从事真实的经济交易必须关注其取得税前收益的可能性,"承担纳税义务之后的收益不应当高于税前收益"。因此,商业利益法被认为是确定交易是否存在经济实质的重要方法之一。上诉法院的判决主要采取这一方式,来认定 Worthen 与 Lyon 之间的出售—回租交易是否具有真实的经济实质。上诉法院认为,租金安排和 Worthen 购买选择权价格的设定实际上已经限制了 Lyon 公司从大楼投资中取得利益的权利,实际支付的租金也正好相当于应当偿还的贷款数额,而 Lyon 公司并未因此项投资而取得对银行大楼的控制权,因此 Lyon 公司并未从该项投资中获得任何经济收益,而只是通过出售—回租的安排取得了 150 万的折旧扣除的税收利益。交易所实现的税收利益远远超过该交易能够实现的商业利益,因此,认为该交易并不具有经济实质。

基于利益最大化目标的追求,是否能够取得经济回报以及取得多大的经济回报是市场主体应当普遍追求的目标。经济主体必须具有对交易未来经济回报为正的预期才会实际投入资金而真正从事一项交易。因此,以商业利益作为标准判断交易是否具有经济实质具有一定的合理性。在本案中,虽然有回购选择权的存在,但"由于大楼对 Worthen 银行的重要性,Worthen 银行极不可能在到期后放弃取得大楼",因此,上诉法院在判定 Lyon 从出售—回租交易预期取得的经济回报仅考虑了主租赁期间,而对行使选择权之后的收益并未有所考虑。这在一定程度上大大降低了对 Lyon 公司可取得的预期经济回报的评价。但从交易的整体上看,该项回购选择权也主要基于阿肯色州银行监管机关的要求而设定的,并无证据足以证明 Worthen 银行确定且必然地行使该回购选择权,因此,尽管回购选择权的行使存在一定的不确定性,但作为对交易的商业利益的整体评价,仍有必要考虑两种可能性下 Lyon 公司所可能取得的收益,由此才能对该交易是否具有经济实质作出全面的评价。

不仅如此,上诉法院是以可预期经济回报这一标准来判定出售—回租交易是否具有经济实质,这一标准本身即是片面的。利润的追求固然是企业从事经营活动的最终目标,但这一目标并非在任何一项交易中均得以体现。市场主体仍可能从事交易,并不直接产生直接的收益,而是间接服务于未来收益机会的增加或风险的减弱,如表决权或控制权的取得、反收购、购买保险计划、竞争地位的改善等。这些交易的发生,并无量化的利润的产生,甚至仅仅造成资源的耗费,但对企业未来的市场发生无疑是具有积极的经济效果的,其经济实质仍不容否定。因此,要真正判定交易的经济实质,并不能仅仅限于是否存在取得预期经济回报的可能性的判定,而应当是对交易前后的当事人经济地位的整体评价。

如果一项经济交易的发生将在不同程度上实质地改变或影响纳税人交易前后的经济地位,产生纳税人未来直接收益或潜在收益机会或亏损可能的增减,将使得纳税人财产价值发生或发生一定程度的改变,纳税人足以支配的财产范围将由此发生变化,则该交易必然是足以改变纳税人未来税收负担能力的真实交易。因此,任何可能实质性地改变纳税人交易前后的经济地位,应当成为判定交易是否具备经济实质的标准。这一标准是包括商业利益在内的广义标准,更能够实现对复杂商业经营环境下形式各异的交易经济成果的正确评价,其涵盖面显然比商业利益法或可比交易法更广,在判定交易的经济实质也更具有科学性。根据这一标准,只要纳税人以任何方法实质地改变交易前后的经济地位,即应当认为交易具有经济实质。

最高法院对本案的判决正是基于该项出售—回租交易发生对 Lyon 和 Worthen 银行的经济地位的整体评价作出的。最高法院的判决首先评价了 Lyon 公司在交易中所承担的经济风险因素,包括作为纽约人寿贷款的债务人所承担的风险、Worthen 银行无法支付租金的违约风险以及 Worthen 银行是否行使租期延长选择权和回购选择权的不确定性、选择权未被行使的情况下银行大楼价值增减的风险等。风险的承担意味着未来发生财产价值减损的可能性。因为该项出售—回租交易的发生,一旦 Worthen 银行无力偿付租金,Lyon 公司即必须以自有财产偿还对纽约人寿的债务,而其投入的资金,包括自有资金和借入资金,也可能面临无法收回的可能。此外,最高法院的判决也考虑了三方当事人之间所存在的法律义务等因素,认为这些都足以使得 Lyon 公司在出售—回租交易发生后实质地改变其经济地位。

尽管最高法院的判决并未直接评价 Lyon 公司在出售—回租交易中可能取得的经济回报,但认为就经济地位而言,Lyon 公司因交易的发生已经发生了实质性的改变,因此,认定该项出售回租协议具有经济实质应当是合理的。

(二)经济实质主义的"商业目的"标准

上诉法院的判决主要通过经济回报的检测判定出售—回租交易是否真正发生,却忽视了 Worthen 选择以出售—回租的形式从事该交易是基于金融监管的要求。由于与国家联合银行之间所存在的竞争性,Worthen 必须在符合金融监管要求的前提下尽快实现融资,投入到银行大楼的建造工程之中。这一目的在 Worthen 选择融资方式以及投资者的过程中都有所体现。但上诉法院片面强调了 Lyon 公司追求获得银行大楼的折旧扣除的税收利益的目的,却无视 Worthen 银行以此交易形式获取融资的目的。

从形式上看,商业目的与经济实质似乎只是相关的事实,都与虚假交易的调查相关,由于商业目的所体现的纳税人从事交易的思想状态和交易意图无法直接予以把握,而只能根据纳税人的客观行为和相关事实予以判断,两者并无真正意义上的区别。但经济实质的确认是基于客观的经济事实,并不考虑纳税人从事交易的动机、目的和意图。交易目的在很大程度上决定了交易形式选择的基本出发点,交易目的的合理化在很大程度上能够证明纳税人并未利用税法漏洞获取税收利益,从而作为判定交易具有合理性的重要标准之一。因此,上诉法院实际上忽视了对 Worthen 一案的各方当事人从事交易的主观意图的考察,使得对交易经济实质的判断有失偏颇。

尽管在 Worthen 与 Lyon 的交易安排中确实有其税收利益的考虑,事实上也正是基于 Lyon 能够通过交易而获得一定数额的折旧扣除的税收利益,才大大降低了 Worthen 的融资成本。在美国的司法判例中从未否认在商业安排中的税收考量。正如 1935 年 Gregory v. Helvering 一案中 Hand 法官所言,"任何人都有权以税负最低的形式安排交易,而无义务选择对政府最有利的形式"[1],税负最小化也当然成为纳税人从事金融交易的目的之一。对公司而言,税收是一项成本,与工资、租金或利益并无实质的区别。[2] "商业目的"要件并不意味着交易是不包括税收考量的。在公司作出商业决策时,如何减轻其税收负担也是其进行交易安排的重要目的之一。如由于债务融资与股权融资税收待遇的差异而选择进行债务融资、基于工资的加计扣除的考虑而雇用残疾人员等,即使此时减轻税负是其作出商业决策的主要甚至唯一目的,也不应当认为不构成"商业目的"。要求交易具有"商业目的",并不能将税收排除于商业考量的范围。税收目的是否构成"善意的商业目的",取决于两个方面的判断。其一,该税收目的是否符合税法条文的立法意图,实施交易的目的是否在于实施税法所欲鼓励的行为。其二,该税收目的指向善意的、追求利润的商业活动。只要满足上述要件,即使税收是其发生交易及其形式选择的主要目的,仍应当认为具备商业目的。

对于商业目的的判断,主要在于证明"非税目的"的存在。一般而言,作为交易主体,基于经济理性人的考虑,无论公司或个人,交易能否实现"利润最大化"无疑是首要的考量。因此,交易是否以追求利润的实现为目的,往往被视为最重要的"商业目的"。如纳税人能够证明在交易时是以实现自身利益的追求为目的,以实现一定的利润为目标作出交易安排的决策,可以认为交易具有"真正且诚实的利润目标",应当可以成立"非税目的"的存在。但利润动机并非唯一的"非税目的"。以实现利润以外的其他商业利益为目的,同样可以构成"商业目的"。以利益最大化为考量的其他商业动机,如反敌意收购、风险管理、股价的增值、有限责任的承担、公司治理结构的改善和经营架构的调整等,也可以认为构成商业目的。而在法治国家中,遵守法律是从事经济交易的基本要求,

---

[1] *Gregory v. Helvering*, 293 U.S. 465(1935).
[2] Daniel J. Glassman, "It's not A Lie if You Believe It: Tax Shelters and The Economic Substance Doctrine", *Florida Law Review*, 2006, Vol.58, p. 668.

一项合法的交易才能获得基本的尊重和肯定。尤其在法律对交易当事人设定强制性的义务的情况下,履行该义务才能保证交易的有效性。因此,"履行除纳税义务以外的其他法定义务"可以认定为"非税的商业目的"。正因为如此,最高法院肯定了交易形式的选择是"基于商业和监管的现实"、"具有独立于税收的考量"、"并非只是基于避税的目的而附加无实际意义的标签"。

二、税法上的所有权的判定标准

本案的另一争议在于,是 Worthen 还是 Lyon 可以享有对大楼的税前折旧扣除？折旧扣除的制度设计在于使固定资产逐渐发生的价值损耗和被转移的财产价值能够逐步计入产品的成本,使得与因固定资产而发生的收益相符合,同时保证企业能够通过折旧的计提使企业因固定资产占用的资金能够通过收入的实现转化为货币资金,从而为企业日后重置估定资产提供必要的资金来源。正因为如此,唯有固定资产的所有权人才能享受固定资产折旧的税前扣除的待遇。然而,在本案中,法院判决并未具体探讨判断税收所有权(tax ownership)转移与归属的标准,上诉法院以 Worthen 银行对银行大楼的控制权、毁损灭失的风险以及选择权的存在认定其享有银行大楼的所有权,认为 Worthen 银行才能对该大楼享受折旧扣除。因此,税收所有权的转移与归属如何予以判定便成为本案的关键。

出售—回租交易是指为了筹集资金的需要,将自己所拥有的财产出售给租赁公司,然后再租回使用的租赁形式。在出售回租的情况下,出售—承租人以其自有设备为载体,实现租赁的目的。租赁物在形态上并未发生变化,仍然由出售—承租人占有、使用和控制。如根据法律形式进行课税,该项交易的当事人可以享受多重税收优惠。对于出售—承租人而言,其最主要的税收优惠在于所支付的租金作为一般且必要的经营费用而得以完全扣除。在整个租赁期间内,出售—承租人得以扣除相当于财产的全部公平市场价值的租金。但由此也产生出售—承租人的出售收益或损失的确认。对于购买—出租人而言,出售回租交易则提供了一项投资,尽管取得的租金应当记入收入总额,但由于至少部分租金可以用于折旧扣除而无需课税。作为购入资产的所有权人,购买—出租人也得以享有资产的折旧扣除。①

在本案中,除了法律权利的改变外,Worthen 并未改变其对财产的经济地位,只是以费用支付取得相同类型的财产,并支付财产所有的运营费用,如税

---

① 在财产发生价值增值的情况下,这种税收优势更加明显,因为出售—回租交易的租金扣除实际上允许全部公平市场价值的扣除,而不仅仅是财产的成本。如财产已被完全折旧,出售—回租交易甚至可以产生本不应被采用的扣除。即使对尚未计提大部分折旧的财产,此项交易也可能产生加速折旧的效果。

收、维护费用和保险,承担因财产毁损而发生的损失,或保留由此产生的收益。Lyon 公司只是居于消极投资者的地位而不参与任何财产的日常运营。由于 Worthen 有权在租赁期限届满时以事先确定的价格回购该项资产,即事实上银行大楼未来价值增减的风险已经转移给 Worthen。因此,问题在于,法律权利的形式上的转移是否构成税法意义上的所有权转移而触发相应的纳税义务。出售回租交易中法律权利的形式转移是否发生税法意义上的所有权转移,从而导致相应的纳税义务产生,即是本案的关键所在。

尽管各国均认为税收所有权是税法上的重要制度,但对于如何判定税收所有权归属、是否采用与民法相同的标准、税收所有权的核心要素等问题,仍存在诸多的争议。美国国内收入局确立了两个所有权的重要因素,即交易的哪一方当事人享有处分财产的权利和哪一方当事人承担与财产相关的利润与损失。有学者认为,可替代性、所有权人唯一和特定化是判定所有权的三大因素。[1] 在所有权的诸项权能中,哪一项权能的转移足以导致所有权在税法意义上的转移,应有必要予以具体的探讨。

(一)民法形式交付作为税收所有权转移的标准

所有权制度是民法的重要组成部分,因此,所有权于何时转移也在民法制度中予以明确的规定。根据我国《物权法》第 9 条和第 23 条的规定,不动产物权的设立、变更、转让和消灭,经依法登记,发生效力;动产物权的设立和转让,自交付时发生效力。民法学界通说认为我国现行法律关于物权变动的规定,采取债权形式主义立法例。"物权为绝对权,具有排他性和对世性,其变动常生排他效果,若无可由外界查悉其变动的征象,则难免致第三人于不测的损害"[2],为定分止争,判断物权归属,在民法中采用"为公众所知的一定物态形式"确定所有权转移的标准,进而判断所有权归属。由此确立了交付和登记分别作为判定动产与不动产物权发生转移的标准。

由于财产的处分行为不仅关系所有权人权利义务的改变,也关系所有权人以外的其他主体的相应权利与义务,因此,民法必须以形式上的占有状态的改变宣示原所有权人处分财产而使所有权发生变更的效果,从而使人知悉所有权人处分财产的事实。对于税法而言,占有的改变固然是形式上判定是否发生所有权人处分行为的重要指标。通常情况下,享有财产的法定权利并占有财产的当事人享有对财产的控制权,因此,法定权利和财产的占有对于税收所有权归属的判定是非常重要的。但一方面,随着新型交易形式的发展,占有与所有权

---

[1] Edward D. Kleinbard, "Risky and Riskless Positions in Securities", *Taxes*, December 1993, pp. 783—799.

[2] 梁慧星、陈华彬编著:《物权法》,法律出版社 1997 年版,第 70—71 页。

转移的关系日渐分离。占有行为可能发生于所有权转移之前或之后①,出让人可以根据合同的约定转让所有权而维持占有②或在财产转移占有后保留所有权③,购买人也可能在取得直接的占有之前取得财产的某些权利,如进入财产的权利、监督与调查财产的权利、开始实质建设的权利或与卖方共同控制财产的权利。在买卖双方均未实际使用财产的情况下,如财产租赁给第三方,占有也并非是所有权转移的具体指标。④ 另一方面,对于税法而言,税法并不关注也不调整因财产所有权变动而产生的平等主体间的权利义务的变化,而只关注财产是否因所有权变动而发生任何的经济价值的减损,进而影响纳税人的消费或投资能力。只有在财产的经济价值发生增减的情况下,税法才有评价的必要,也才产生税法评价的基础。然而,无论财产交付或改变登记事项,都只是财产空间存在状态甚至纸面记载状况的改变,并无法表明财产是否因此而发生任何价值的改变,因此不足以成为触及纳税义务发生的事实基础。因此,判定是否构成税法意义上的所有权转移,民法具有公示意义的财产交付或登记仅具有参考意义,税收所有权的转移不仅必须以事实上的处分行为为基础,还应当以足以导致财产发生或可能发生经济价值改变的事实为基础。也正因为如此,美国法院在 *Frank Lyon*⑤ 一案中认为,财产的物理形态的存在场所并不具有重要的意义,形式意义上的交付也不具有决定性。

(二)经济收益与损失作为税收所有权转移的标准

民法所确定的交付或登记标准无法成为税收所有权转移的判断标准,那么,既然税法关注财产处分过程中所发生的经济价值改变或发生经济价值改变的可能,经济属性或经济暴露,尤其是取得经济回报的机会和承担所有权负担,是否足以决定税收所有权的转移,值得考量。美国法院在 *Grodt & McKay Realty, Inc. v. Commissioner*⑥ 一案中,列举了判定税收所有权转移的影响因素,即(1)法定权利是否发生转移;(2)双方当事人如何处分交易;(3)是否获得财产上的资产净值;(4)合约是否创造了出售方执行并交付实物的现实义务和买方支付价款的现实义务;(5)占有权利是否归属于购买方;(6)哪一方当事人缴纳财产税;(7)哪一方当事人承担财产发生损失或损害的风险;(8)哪一方当事人取得财产的运营和出售的利益。其中,第3、6、7、8个因素从不同的角度

---

① 《物权法》第25、27条。
② 如上文的出售返租协议。
③ 如分期付款。
④ Alex Raskolnikov,"Contextual Analysis of Tax Ownership", *Boston University Law Review*, 2005, Vol. 85, p. 461.
⑤ *Frank Lyon*, 435U. S. at 573.
⑥ *Grodt & McKay Realty, Inc. v. Commissioner*, 77 T. C. 1221(1981).

强调了资产的经济暴露对税收所有权转移的影响。① 而在 *Frank Lyon* 案②中,美国法院也强调了经济属性在确定税收所有权时具有决定性的意义,应当参照客观的经济现实而非当事人采用的经济标准决定税收所有权的转移。

就所有权所代表的支配权而言,不仅包括财产自然增值所生的孳息,也包括所有权人因使用财产所取得的任何价值上的增加,也应及于因处分财产而取得的经济回报。这些经济收益在一定程度上都将改变所有权人所支配的财产范围,提高其消费与投资能力,代表所有权人税收负担能力的提高。同样,承担所有权负担的人必须承担财产的物理磨损甚至灭失的后果,而任何财产的磨损甚至灭失都将导致财产价值的减少,从而影响财产的出售价格,影响财产最终可以实现的所得的数额。③ 正因为如此,将经济收益与负担作为确定最终承担与财产相关的税收待遇,包括纳税义务、费用扣除与折旧等,具有一定的合理性。

但经济收益与负担是否足以作为判定税收所有权转移的决定性因素仍是值得商榷的。经济收益与占有一样,同样可能与所有权转移相分离,因而难以作为所有权转移的指标。在经济收益与负担的转移是逐步完成的情况下,其具体转移时点难以明确,甚至可能产生买卖双方共享所有权的经济收益与负担的情形,也将产生指明所有权转移的困难。在特定的情况下,经济收益和负担可以以独立的合同形式予以转移,而转让合同则只转移所有权的其他权能,包括法定权利和占有。④ 因此,以经济收益和负担作为判定所有权转移的决定性因素,仍有待进一步的考量。

(三) 处分权与控制权作为税收所有权转移的认定标准

处分权与控制权能否作为判定税收所有权转移的决定性因素,同样存在争议。对于有形资产,包括动产与不动产,由其本身的使用价值所决定,取得收益的机会和发生损失的风险可能发生于财产占有、使用、收益和处分的全过程。在占有与控制过程中,资产可能发生价值的自然减损,也可能因使用而发生物理性的损耗,还可能发生新的收益。在实现处分时,则可能因市场价格的波动而产生相应的资本利得或损失。因此,单纯的处分与控制并不足以决定其经济风险的承担,也不足以决定具有税法意义的经济收益与损失的实际归属。因此,处分与控制权并不能决定有形资产税法意义上的所有权转移。

---

① Alex Raskolnikov, "Contextual Analysis of Tax Ownership", *Boston University Law Review*, 2005, Vol. 85, p. 461.

② *Frank Lyon*, 435 U. S. at 575.

③ Perter L. Faber, "Determining the Owner of an asset for Tax Purposes", *Taxes*, December 1983, p. 809.

④ Alex Raskolnikov, "Contextual Analysis of Tax Ownership", *Boston University Law Review*, 2005, Vol. 85, pp. 461—463.

(四) 经济风险作为税收所有权转移的标准

如果说经济收益与负担关系财产现实的价值改变,经济风险则代表财产未来价值改变的可能性,即财产未来取得收益或发生损失的不确定性。经济风险是税制设计的考量因素之一。未来收益或损失的风险或不确定性将影响财产取得可预期收益或损失的公平市场价值。正如在 United States v. Dresser Indus 一案中法院所认定的那样,任何财产的唯一商业价值是取得未来收益和有用性的现值。在未来取得所得的权利和已取得所得的未来权利的当前转让之间存在着巨大的差别。如一项财产在未来不具有有用性或无法取得所得,在商业社会中将不具有任何价值。① 基于财产权保护而产生的"税课不得及于财产本身"这一要求决定了单纯对财产现有价值的占有与支配不应发生征税的效果,而只有未来价值发生变化的情况下,才产生税法评价的必要。对于税法而言,重要的并非是财产现有价值的归属,更重要的在于在财产的占有、使用、收益和处分过程中而于未来取得收益的机会和发生损失的可能性。因此,经济风险是否发生转移可以成为判定税收所有权是否发生转移的标准之一。

因此,对于出售—回租这一典型的法律权利发生转移而占有、使用和控制权并未转移的交易而言,出售—承租人是否转移所有权,取决于其在转让法定权利后是否仍承担财产所有权的实质风险。尽管出售—承租人保留了使用资产的权利,并实际上占有和控制财产,只要购买—出租人取得法定权利并实质上承担与财产所有权相关的经济风险,则购买—出租人,而非出售—承租人,为该项资产的税收所有人,享有该项资产的折旧扣除和其他的税收待遇。反之,如果出售—承租人仅转让了法律权利,而实质上仍承担财产的经济风险,则此项交易并不构成财产的处分行为,无需确认相应的资本利得或损失,折旧扣除也由出售承租人享有。这一标准在金融会计标准中有所体现。金融会计标准(Financial Accounting Standards)中规定,要构成一项真正的出售回租交易,必须存在足以证明购买—出租人在财产上的初始和持续性的投资和由出售—承租人不存在其他任何持续性的投资所证明的转移所有所有权的风险与回报的支付期限和条款②,亦即只有不仅法律权利发生转移,且其风险与回报亦完全转移给购买—出租人的情况下,才构成一项真正意义上的出售回租交易而适用相应的会计处理。在本案中,正如最高法院在判决中所强调,"Lyon 公司实际上必须

---

① 324 F.2d 56 (5th Cir. 1963).
② FAS 98 states, sale-leaseback accounting should be used by a seller-lessee only if a sale-leaseback transaction includes all of the following: a. a normal leaseback; b. payment terms and provisions that adequately demonstrate the buyer-lessor's initial and continuing investment in the property; c. payment terms and provisions that transfer all of the other risks and rewards of ownership as demonstrated by the absence of any other continuing involvement by the seller-lessee.

承担土地租期最后 10 年内大楼的租赁价值是否足以恢复其投资的不确定性",因此,银行大楼的经济风险实际上是由 Lyon 公司承担,而非 Worthen 银行承担。Worthen 尽管实际上占有、使用银行大楼,并享有购买选择权,在无确切证据证明该选择权将被确定地行使的情况下,Worthen 并不承担银行大楼的最终风险,因此,Lyon 公司对银行大楼享有所有权,可以享受大楼折旧扣除的待遇。

在本案中,最高法院并未采用传统的以经济利润为标准判定 Lyon 公司与 Worthen 之间是否存在真实的交易关系,而是以经济地位的实质改变认定该交易具有经济实质。本案在美国司法判例中具有重要地位,原因还在于本案判决确立了交易的商业目的的判定标准,即非经济利润考量的非税目的,如满足监管和法定义务的要求,可以认为交易具有合理的商业目的。正是基于这一判断,最高法院认为本案具有真实的经济实质。在税收所有权的判定上,最高法院也确认了经济风险的承担是认定税收所有权归属的核心标准,因此,判定 Lyon 公司对银行大楼享有所有权,从而判断其能够享受大楼的折旧扣除。

(汤洁茵)

20. 美国 Fin Hay 房地产公司利息扣除争议案

在现代金融市场中,债权和股权投资是企业实现外部融资的两种基本方式。基于两种投资方式的差异,在税法中对债权与股权、利息与股息的税收处理也作了相应不同的规定。然而,一项投资是债权还是股权投资,在税法中却往往缺乏明确的规定。Fin Hay 房地产公司的两位股东既进行股权投资,又同时按持股比例分别进行债权投资,引发了此项债权投资能否获得税法认可的争议。该案是区分一项投资构成股权还是债权投资、进而适用相应的税收待遇的典型判例。法官在判决中更是确立了判定投资属性的 16 项标准,对随后的立法与司法实践均产生了深远的影响。

案情简介

Fin Hay 房地产公司设立于1934年2月14日,并于3月1日注册为公司。Frank L. Finlaw 和 J. Louis Hay 是该公司的两大股东,分别投资了1万美元的资金,各取得50%的股权。同时,两位股东还各自向公司提供了15,000美元的借款,为此公司向其发行了无担保本票。该本票可以基于请求偿还本金,其利率为每年6%。公司很快以39,000元的现金价格在新泽西州内瓦克购买了一套公寓式住宅。一个月之后,两位股东再次各自向公司提供了35,000元的借款,同时取得利率为每年6%的本票。第二天,公司在新泽西州东桔购入两套公寓式建筑,以现金支付了75,000美元的部分价款,剩余的货款部分则以5年期、利率为6%的抵押贷款予以偿还。从1934年开始,公司就上述票据支付了利息并在税前予以扣除。

3年后,1937年10月,公司在3项财产中设定了新的贷款抵押,并以贷款资金偿还了在东桔财产上设定的原抵押债务,该项财产上已经进行了部分的摊销。新的抵押债务为期5年,总额为82,000美元,利率为4.5%。在接下去的3年的时间里,两位股东又分别向公司提供了3,000美元的债务,使得两位股东对公司享有的债权达到53,000美元,除了其10,000美元的股权投资外。

Finlaw 在1941年过世,其股票和本票由其两位女儿继承。1年后,即将到期的该项抵押被延长了5年,利率为4%。根据公司的账簿记录,随后又被延期到1951年。1949年 Hay 过世时,其遗嘱执行人要求撤回投资并偿还本票。公司随后以其房地产再融资12,500美元,并出售其中一处房产,以该净收益按24,000美元回购了 Hay 的股份,并偿还了53,000美元的本票。①

此后,Finlaw 的两位女儿随后成为该公司的主要股东。其中一位女儿的丈夫作为公司的董事持有1股,该董事的配偶所持有的股权则比其姐姐少1股。

此后,公司继续支付并扣除现有两位女儿持有的 Finlaw 的本票的利息。1962年,美国国内收入局首次认为,为本票所支付的款项并不能作为利息而扣除,并不允许其扣除1959年和1960年的款项。公司随后偿还了总额为6,000美元的本票,第二年则以其房地产进行抵押融资而偿还剩余的47,000美元。很快,国内收入局不允许其扣除1961和1962年支付的利息。在该公司无法取

---

① 但审理本案的法官对此金额有所怀疑,而是认为1951年公司支付给回购 Hay 股份的金额远非24000美元,而是77000美元,从而因 Hay 股份回购和其本票的偿还而支付的总额应当为130000美元,而非77000美元。

得退税的情况下,该公司向地区法院起诉。地区法院判其败诉。该公司向第三巡回法院提起上诉,上诉法院维持原判,认为其股东向公司提供的资金,尽管具备债务的标记和形式,但实际上构成股权投资,因此,债务利息的扣除是不恰当的。

初审法院的判决摘要如下:

本案争议的焦点在于,两位股东向公司提供的融资为股权投资,还是能够使公司得以扣除已支付或已发生的利息的善意债务。虽然在该领域中已有诸多判例明确了能够享有这一利息费用扣除的法定债务,但似乎并无单一规则、原则或标准足以决定这一问题。它必须取决于建立在个案基础上对当事人的意图和交易的真正属性的分析。交易的经济实质而非法律形式将决定其纳税义务。

1954年的《国内收入法典》第163条(a)款规定,债务在纳税年度内支付或已发生的利息应当允许扣除。"债务发生的利息"的概念通常是指货币的使用或暂缓偿还而支付的补偿。当前存在确定一项融资是股本投资还是真实债务的诸多标准。因此,特定交易的真正属性可能必须参照其中部分的事实与环境因素的适用予以确定。工具的准确归类有时是非常困难的。由于只允许"债务发生的利息"的税前扣除,在债务不存在的情况下,费用的扣除也不被允许。债务发生的利息以债权债务关系的存在为前提。此种关系是指无论债务人是否取得所得,均在合理固定到期日支付确定数额并支付固定比例的利息。但实际上证明股东有意要求在合理期间内系争的投资的偿还证据的缺乏是非常重要的,并无规定所声称的债务的偿还的规定,在Hay死亡和其继承人出售其在公司的利益之前的17年间也并无票据的支付。Finlaw利益的继承人延长其支付请求直到国内收入局对其1959年和1960年的纳税申报表进行审计并拒绝上述年度的利息扣除。最后,股东按其在公司中的股权比例向公司提供各自的投资。

因此,纳税人的票据持有人并不能认为构成真正的债权人。在一项新的企业的设立者随意指定其为设立企业而提供的大部分资金为债务的情况下,有充分的证据足以说明全部资金构成股权投资并承担企业的经营风险。同样,股东随后为公司购买从事经营活动所需的设备而提供的款项也应被认为属于股权投资。根据这一推断,1938年、1939年的2,000美元的款项和1940年的1,000美元的款项显然是用于购买资本资产,这无法以公司的经营收益进行购买。由于公司无法基于这一目的而取得外部融资,股东存在两种选择,即继续投入资金并承担公司的经营风险或执行其已有的债权而终止企业经营。

实际上在1938年以前,企业的现金账户甚至不足以进行必要的摊销,因此,股东所声称的债务仍未得到偿还。但在1938—1940年,公司的现金流已经足以使其减少抵押贷款并产生现金盈余。所持有的现金流的增加并未用于偿还股东所声称的债务,相反,公司从其股东取得更多的资金用于购买资本设备。这样,虽然公司在其成立后的最少三年内并无足够资金偿还债务,但在其本能偿还时也未进行偿还,而股东也并未要求公司偿还债务。相反,他们选择将资金留在公司,希望能够通过公司盈余获未来收益的支付,而只有公司的资本才不会通过撤资而削弱。这是从本案所提供的事实证据得出的恰当结论。不仅如此,如果向公司所提供的资金是债务的话,他们完全没有设定任何的担保,这一事实也足以说明它们并非股东所提供的真实债务。

本案的结论如下:

(1) 法院对标的事项和当事人享有管辖权。

(2) 原告应对其股东所提供的资金构成债务而非股权投资承担举证责任。

(3) 缺乏在融资后的合理期间内实现或预期款项的偿还的意图这一事实足以说明该款项并非债务。

(4) 债务缺乏到期日、缺乏本金偿还条款、缺乏在融资后的合理期间内的偿还请求,足以说明该款项并非债务。

(5) 由公司设立人提供的用于购买公司唯一能够产生所得的资产的资金,承担了公司经营的风险,因此,构成股权投资。

(6) 只以公司的盈余或未来收益返还的预期而向公司提供资金,且只有当公司的资本不因撤资而减少,构成股权投资。

(7) 在由股东实际上按其持股比例向公司提供资金的情况下,该款项构成股权投资。

(8) 在股东向公司提供的资金缺乏任何担保而滞后于其他优先担保债务的情况下,股东所提供的此项资金应被认为构成股权投资。

(9) 债权人在进行投资时的意图对于判定投资是否构成股权投资的意图具有决定意义。

(10) 交易的经济实质而非形式决定其作为债务或股权投资的待遇。

(11) 股东向原告所提供的资金构成资本而非债务。

(12) 国内收入局不允许原告1961、1962年可归属于原告的资本的利息的扣除是正确的。

上诉法院的判决摘要如下:

本案涉及当事人的义务是否被视为债务而非股权利息。从长远来看,类似情况的案件中对于股东也是非常重要的,如其进行的投资被视为债务而非股本投资,将使得其返还的款项将视为债务的偿还而非应税利息。在其他情况下,基于股东的利益,股东向公司提供的款项被认为是债务而非股权投资的增加。由于股票的价值的减少将构成资本损失,而坏账则只能作为一般损失。同样,只有在纳税人从受控公司取得债务的情况下才能避免向该公司转让财产的收益或损失不予确认的条款的适用。这些对公司债务而非股权投资适用的有利税收待遇的存在，要求法院必须超出当事人对交易所标榜的字面条件，以确定其真实的本质。

为了判断一项投资为债权还是股权投资，法院已经确立了一系列的标准以判定一项形式上为债务的投资的真正属性：(1) 当事人的意图；(2) 债权人与股东之间的同一性；(3) 金融工具的持有人参与发行公司管理的程度；(4) 公司进行外部融资的能力；(5) 公司资本弱化的程度；(6) 所包含的风险因素；(7) 交易的形式安排；(8) 在利息和本金支付方面工具持有人相对于其他债权人的地位；(9) 工具持有人的表决权；(10) 固定利率条款的规定；(11) 偿还义务的概然性；(12) 利息支付的资金来源；(13) 固定到期日的规定或缺失；(14) 公司回购的规定；(15) 持有人的回购选择权；(16) 与公司成立相关的付款时间。

在1954年的《国内收入法典》修正过程中，国会曾经力图确定判断为债务或股权的标准。但这些和其他的尝试最终并未被接受。事实上到目前为止并无单一或一系列的标准可以提供确定性的答案。

在不同司法判例中已经确认的各种标准只有助于判定一项投资，根据对其经济现实的条件的分析，是完全构成公司财产的风险资本还是代表了严格的债权债务关系。由于在债务中包含了风险的因素，正如在股权利益中也存在风险因素，这些争议的因素并无法在所有的案件中都存在明确的界分。

在公司存在多名具有不同利益的股东的情况下，公司与提供融资的股东之间的独立交易关系使得交易的形式与实质相一致。然而，在闭合公司的情况下，相同的人员构成了谈判桌的双方，由于当事人可以随意确定其交易的形式而无任何制衡力量，交易形式并不必然与其内在的经济属性相一致，尤其在股东可以将其对公司提供的融资作为债务而非股权的同时不影响其股权比例的情况下。标签可能是交易当事人的主观意图的最佳体现，但已失去了固有的意义。

为根据交易的客观条件判断其经济现实，应当忽视股东在其具有主导力的公司收益中享有的个人利益。但股东主导地位的事实确立了一个客观的标准，该标准比其他假定所有此类交易均与股东存在利益冲突的标准更加公平。根据经济实施的客观标准，应有必要比较公司与外部债权人从事类似交易本应采用的形式和如果股东的融资比外部人本应从事的交易更具有投机性，则很明显只是在交易上构成债务。

在本案中，债务的形式化标记毫无疑问已经存在。然而，公司是两位股东的创造物，两位股东拥有创造任何对其有利的税收待遇的形式的权力，无论交易的经济实质如何。每位股东拥有相同比例的股权,也进行相同的额外注资,因此,Finlaw 和 Hay 是否指定其额外的融资的部分为资本性投资或债权性投资都不会稀释其股权利益的比例。这并不存在任何限制,由于可能的超额债务结构,因为公司的设立目的是取得房地产,而并无除抵押债权人外其他外部债权人。这些抵押债权人并不会关注一般债权人,因为他们对设定抵押的房地产享有优先权。抵押债权人的地位也使得本票或其他公司债务的劣后性不具有任何重要意义,而这在其他案件中法院往往认为是非常重要的。

不仅如此,股东缺乏债权人的主要优势之一。虽然公司为取得资金而发行本票,然而,他本不能在多年的时间里偿还该票据。经济现实是公司使用票据的收益购买其初始资产,该资金代表了取决于房地产未来价值和公司出售或再融资能力的长期承诺。正由于公司与两位股东之间的利益纠葛的存在,两者之间的独立交易关系如此不同,他们愿意投资于票据且允许多年不予偿还,而与此同时公司继续享有其房地产的所有权利益。

房地产价值确实稳步增长,其结果是抵押市场上的增值,因此,反观投资似乎已经具有盈利性。正如案件事实所揭示,公司本应可以通过再融资而偿还票据。但这并未否认在 1934 年除了通过卖方取回的购货款抵押的机制外,公司不可能为类似房地产取得任何外部抵押贷款的事实。

存在争议的是,每年 6% 的利率远远超过股东本可以从其他投资取得的回报。这一观点本身即是存在缺陷的,因为它意味着股东通过收取额外的利息而损害公司的利益。然而,存在足够的客观证据修正这一论断。在公司购买东桔财产时取得的外部融资为 6%,即使该项债务受到超过 40% 的财产价值的资产的保护。无论如何,比较本票的 6% 的利率与 1934 年的其他本票,忽视本票最显著的属性——风险。在 1934 年一个理性的经济人并不会将其资本投资于 Fin Hay 房地产公司发行的 6% 的无担保票据而承担过大的风险。因此,这一证据也支持地区法院的判决,即当事人所赋予的交易形式与其经济实质并不相一致。

另一争议的问题在于,即使 1934 年投入的资金可以被视为股本投资,在其原始股东,Finlaw 死亡而其继承人继续持有票据而未要求偿还时,情况已经发生根本的变化。上诉人认为可以构成一项再投资,且如果从 1941 年票据实质上被认为是善意的债务,则现在也应当在税法上作如此判定。这一结论并不具有必然性。实际上,对环境事实的权衡将导致相反的结论。

首先,在其记录中并未指明 1941 年 Finlaw 死亡时公司本可以筹集资金而偿还 Finlaw 的票据。在 1949 年另一公司股东 Hay 死亡时,其遗嘱执行人在两年后要求偿还期利息,公司为履行该项要求出售一项财产并进行再融资。而且,在 1963 年 IRC 不允许 1961 和 1962 年的利息扣除后,公司为偿还 Finlaw 的两位女儿持有的票据再次进行了融资。因此在记录中并无法表明公司可以在 1941 年 Finlaw 死亡时随时从事类似的融资,即使我们假定 10 年后公司可以从事恰当的融资以偿还 Hay 的利息。而且,并无客观证据表明在 1941 年 Finlaw 的两位女儿认为票据属性或证券的改变,或实际上将股票和票据视为不同的投资。为了包容 1941 年 Finlaw 死亡时股权投资与债务投资的理论上的转换,将忽视此种转换本应产生的后果。在资产被认为转换为债务时,Finlaw 的继承人本应取得相应的股息。为了溯及地承认债务属性的改变,将不得不承认这一结论。这一结论显然对当事人是不利的,而他们也将不会予以承认。

由纳税人就融资代表资本性投资承担举证责任的决定是不恰当的。地区法院合理地判定纳税人无需承担这一责任。

地区法院的判决应当予以维持。

 争议焦点

Finlaw 和 Hay 的债权是真正意义上的债权投资关系,还是实质上的股权投资关系?

 法理分析

由于税法上的股权与债权投资的差异性规定,引发了包括复杂性、不确定性和税收套利在内的诸多问题。① 本案即是由于对一项投资的属性不明而引发纳税义务的争议。但无论是在本案审理之时还是在审理之后,美国税法上仍并未对此作出明确的规定。② 美国法院从 20 世纪 40 年代开始了对债权与股权投资区分的探讨。它们在个案中对案件的交易背景、合同条款、当事人等因素进行分析,从而具体判定一项投资构成债权债务关系还是股权投资关系。在具体的司法审判中,法院也更倾向于忽视交易的法律形式,而以经济实质判定一项交易"是否完全构成公司所有的风险资本还是只是代表了严格的债权债务关

---

① Katherine Pratt, "The Debt-Equity Distinction in a Second-Best World", *Vanderbilt Law Review*, May 2000, Vol. 58, No. 4, p. 1087.

② 尽管在 1969 年修改《国内收入法典》时仍未明确规定债权与股权投资的定义,而是在第 385 条中授权财政部制定相应的规章,以在特定的事实情境下"必要或恰当地确定"构成债权债务关系还是公司股东关系。Internal Revenue Code, Section. 385(a)。

系"。① 由于各个案件差异巨大,法院在每个案件中所确定的具有决定意义的因素也各不相同。这种经济实质的事实与环境的判断实际上引发了更大的含糊性。正如本案再审判决中,法官列举现有判例中所采用的判定两者界限的 16 项因素②,"每个案件都必须根据其自身的事实与环境予以裁决"。③

一、本案判决的简要评析

本案初审判决主要考虑了如下的因素,认定案中所涉及的投资为股权投资而非债权投资:(1)投资所承担的风险:Finlaw 和 Hay 所投入的资金实际上都承担了企业的经营风险;(2)缺乏有关投资本金的偿还条款的规定:由于不存在有关在到期日支付全部本金的规定,当事人也未行使这一请求权,意味着当事人只有在企业终止或解散时才取回本金,这与股权投资并无实质的差异;(3)按持股比例进行进一步的投资:由于股东按其持股比例向企业提供融资,使得股东的股权投资和债务投资取得的回报均按这一比例支付,因此,其债务投资实际上具有股权投资的属性;(4)股东债权的滞后性:由于 Finlaw 和 Hay 的债权并无设定任何担保,因此在清偿顺序上滞后于其他外部债权人。在企业清算时,两位股东取得的财产是债务的清偿还是剩余财产的分配并无实质的差异。由此也可以认定股东的投资为股权投资。

由于无论成文法还是普通法均未对区分债权与股权投资的标准有所明确,各个案件中采用哪些标准、各自不同的权重如何、哪一标准具有决定性和主导性,均"依赖于交易的事实与环境",由法官自由裁量。因此,本案初审判决中选择上述 4 项标准认定似乎并无可诟病之处。上述 4 项标准是否能够将债权与股权投资相区分,仍有待于进一步的考察。

(一)风险差异标准

风险承担的不同一直被认为是股东与债权人之间的最显著差异。由于"股东将资本注入公司并承担公司的日常经营风险,而债权人通常并不愿意承担公司经营失败的实质性风险"④,股东被认为是公司经营活动风险的最终承担者,只在公司取得利润时才取得相应的回报。而债权人则无论公司盈利与否都可在到期日时要求本金和利息的支付,但并不分享公司的任何利润。早期的司法判例认为投资者所承担的风险程度指明了一种证券本质上属于债务还是股权。

---

① *Fin Hay Realty Co. v. United States*, 398 F.2d 694, 697 (3d Cir. 1968).
② 甚至有学者认为,至少有 38 项因素在不同法院审理相关的案件被予以考虑,详细可参见 Holzman, "The Interest-Dividend Guidelines", 47 *Taxes*, 1969, pp.4—11.
③ William T. Plumb, "The Federal Income Tax Significance of Corporate Debt: A Critical Analysis and a Proposal", *Tax Law Review*, 1971, Vol. 26, p.408.
④ *Slappey Drive Indus. Park v. United States*, 561 F.2d 572, 581 (5th Cir. 1977).

一项到期具有固定回报和本金取回的交易的风险仍然远远低于仅有概然性回报且无权取回投资的回报。风险程度的比较仍是可行的。由于风险与回报之间的正相关性,风险程度的差异将影响投资者在债权投资与股权投资之间的选择,因此,将风险因素纳入区分债权与股权投资的考量因素具有一定的合理性。

但一方面,债权投资与股权投资的风险程度只具有相对意义。小型的、刚成立的企业发行的债券的风险性远远高于大型跨国企业所发行的"蓝筹股",反之,大型企业发行的债券的安全性也高于小规模企业的普通股。另一方面,尽管公司盈利与否与债权的实现无直接的关联,但公司经营成败同样决定其偿债能力,债权人同样必须承担公司经营失败而无法取得或部分取得本金和利息的风险。因此,债权人并非完全不承担公司的经营风险。股东与债权人所承担的公司风险只存在程度上的差异。[1]以风险因素作为判断标准最大的困难更在于,风险因素实际上是难以客观量化的标准,即使是不同的股权投资之间或债权投资之间亦存在风险程度上的差异。尽管这一因素作为公司法对股权与债权的传统区别,在税法上的适用仍有必要进一步地考证。

(二) 按持股比例的再投资标准

在早期司法判例中,股东按持股比例进行债权投资被认为是系争债权投资被认定为具有股权属性的重要事实。但在商业社会中,企业投资者毫无疑问可能兼具股东和债权人的双重身份。在不违背法律的强制性规定的情况下,投资者应当有权可以选择一笔资金以何种形式投资于企业。在新设企业中,只要满足企业设立的最低注册资本金要求,企业所需其他经营资金可以通过举债方式筹集,无论股东还是其他外部投资者。在新设企业的情况下,其对外融资能力较弱,对外举借债务可能面临更高的谈判成本和融资成本。由股东为企业提供债务资金对企业尽快从事经营是更为有利的选择。股东可以根据与企业的协议进行债权投资,在全部股东均进行债权投资的情况下,是否按其持股比例进行投资也应取决于股东之间、股东与公司之间的合意。因此,按持股比例进行债权投资本身本质上并不能作为确定的证据将一项投资认定为股权投资。[2]

(三) 到期支付本金标准

一项债权最重要的形式要素是债权人享有要求本金的无条件支付的确定时间。如未经其他股东同意不能要求在预先规定的期间内退还确定数额的资

---

[1] 详细可参见 Adam O. Emmerich, "Hybrid Instruments and the Debt-Equity Distinction in Corporate Tax Law", *University of Chicago Law Review*, 1985, Vol. 52, p. 122; David P. Hariton, "Distinguishing between Equity and Debt in the New Financial Environment", *Tax Law Review*, 1994, Vol. 49, pp. 500—501; Katherine Pratt, "The Debt-Equity Distinction in a Second-Best World", *Vanderbilt Law Review*, May 2000, Vol. 58, No. 4, pp. 1083—1084.

[2] William T. Plumb, "The Federal Income Tax Significance of Corporate Debt: A Critical Analysis and a Proposal", *Tax Law Review*, 1971, Vol. 26, p. 470.

金,不能作为债权投资。因此,到期无条件地支付本金的承诺被认为是债权与股权的重要区别。在本案中,Finlaw 和 Hay 向公司所提供的债权投资并未规定任何的到期日,仅规定了基于债权人的请求权偿还本金。这实际上使得公司何时偿还本金处于不确定的状态。由于本案纳税人为封闭式公司,股东与公司经营并未完全分离,两位股东最为了解公司经营状态,完全可能根据公司经营状况确定是否要求公司偿还本金,这与退股并无实质上的区别。实际上,只要股东未请求支付本金,公司均可以自由支配所投入的资本,该笔资金越有可能与公司资本一样在经营中发生亏损而无法偿还。就此而言,本案中系争债权投资并不存在确定的到期日,使得该项投资具有更多的股权属性。

（四）偿还滞后性标准

股东与债权人的区别之一在于,股东并不能享有以公司全部资产满足债务履行的优先权。通常情况下,尤其在公司清算时,公司财产应当首先用于清偿债务,剩余财产才能按比例在股东之间进行分配。如一项债权滞后于其他债权行使,实际上意味着该投资并未包含债权的优先清偿这一核心要素,甚至被认为这是认定投资者以与股东相当身份的形式分担企业投资的风险,足以导致债权人的核心权利的丧失。债权的自愿滞后性是股权投资的重要指标,指明其更具有股权投资的属性。

但偿还滞后性本身同样难以作为认定一项投资为股权还是债权投资的决定性标准。债务的滞后性也是一项获得认可的商业实践。尤其为获取外部融资,在企业信用等级较低、融资能力较弱的情况下,外部债权人往往为保证其债权的安全性会要求股东提供企业提供的债权的滞后性,以避免股东利用其内部人的优势而获得债务的提前清偿。就此而言,偿还滞后性也不能认定该项投资具有股权的属性。

更重要的是,足以导致系争交易的债权属性丧失的偿还滞后性,应当是相对于一般无担保债权的滞后性,且必须为债权人自愿放弃其优先权的行使。一般无担保债权相对于担保债权的滞后是基于法律明确规定的滞后性,无需经当事人之间的合意,无论无担保债权人是否同意,担保债权都将优先行使。在本案中,两位股东的债权为一般债权,其必然滞后于其他已经设定担保的债权,这是基于现行法的规定,以此认定为不具有债权的核心要素显然也是值得商榷的。

由此可见,在初审法院据以认定 Finlaw 和 Hay 两位股东的投资具有股权属性的四项标准中,只有到期支付标准足以真正指明这一点。但由于各项判定股权与债权投资的区别要素中,并无特定因素是具有决定意义的,任何因素的权重仍取决于所有的事实与环境,单纯缺乏无到期偿还本金的条款似乎并不足以认定其作为股权投资。更重要的是,在投资的安排中,仍存在债权投资的若干属性,如按预先约定的利率支付利息的规定。与股权投资的回报,即股息的分配不同的是,债权利息的支付是确定的,即在确定的到期日、按照预先约定的利率支付,无论企业取得收益还是发生亏损,也不取决于公司经营者的自由裁量。而股息的支付不仅取决于公司经营的成败,也取决于公司经营者是否决定进行利润的分配,作为投资回报的取得是不确定或说具有概然性的。在本案中,从1934年开始,公司已经向两位股东按6%的利率定期支付了利息,而当时根据初审法院的认定,"企业的现金账户甚至不足以弥补费用",因此可以认为本案中利息的支付并不取决于企业的利润的取得。因此,就利息的确定性支付而言,两位股东的投资应当认为是具有一定的债权属性的。

二、股权与债权在税法上的区分标准的考察

税法对经济负担能力的关注决定了投资行为的税法属性决定于其收益取得的差异,亦即所享有的法律上的收益权的不同。由于收益与风险具有正相关性,收益越大,则意味着所投入资金在公司经营中的自由支配程度越高,所承担的公司经营失败的风险也越大,收益是量化的风险,收益权利的内容上的差异实际上反映了投资者所承担的风险水平的不同。从这个意义上说,以收益权利为核心的认定标准亦是以经济风险水平为标准。在投资者所涉及的诸项权利中,投资回报取得权、投资本金取回权、剩余财产取得权、违约救济权是最核心的收益权利,决定债权性与权益性投资的税法属性。

1. 投资回报取得权:确定性 *vs.* 概然性

融资公司就使用所取得的资金而支付的报酬是投资者取得的新增财产价值,这构成课税的基础。因此,投资回报取得权是债权性投资与权益性投资的税法属性的最根本的区别。如投资报酬是绝对的无条件支付,即在确定或可合理预见的期间内,如无论公司盈利或发生亏损,投资者均有权要求对方当事人根据合同所约定的数额或根据合同所规定的条件可以合理预见的数额为款项的支付,则该项投资应当认定为债权性投资。这包括了如下的基本要求:

(1) 无条件的回报支付承诺,即无论融资公司是否以及在多大程度上实现盈利或发生亏损,投资者均有权要求融资公司支付一定数额的报酬。融资公司在任何情况下均不得以公司发生亏损而拒绝。

(2) 确定或可以合理预见的收益数额。融资公司所承诺支付的投资回报的数额在合同中予以明确约定或规定计算投资回报的具体方式,如明确约定的利率。确定的收益数额并不要求是固定不变的。如投资者可以根据合同所约定的、与融资公司无关的客观市场因素的变化合理预期并计算在特定时间所可以取得的收益数额,如市场利率、股票指数、特定商品的价格,甚至与融资公司不存在关联关系的公司的股息分配状况等,即可视为"确定的收益数额"。

（3）确定且合理期间内的报酬支付日。融资公司必须在合同约定的特定时间支付该收益数额。如约定根据投资者的请求而为相应的支付，视为确定的支付日。如虽然规定确定的支付日，但同时约定融资公司有权单方变更或延长支付日，则实际上融资公司可以根据自身经营状况确定支付日，不应认定为"确定的支付日"。

反之，如投资报酬的支付取决于公司经营状况，则该项投资应当认定为权益性投资。如投资报酬的支付取决于公司的经营状况，则意味着投资者是否取得以及取得多少数额的投资报酬是不确定的，而取决于公司的经营成败的高度概然性。投资者仅可以期待公司取得利润的成果分享，却无法预期报酬的数额和时间。投资者已成为公司经营风险的实际承担者，其投资行为应当认定为权益性投资。如尽管未规定根据公司经营状况支付投资报酬，但规定回报根据融资公司的董事会或经营者决议支付或参照公司分配股息的数额进行支付，则仍是以经营管理者以公司经营成果为基础的自由裁量权作为支付的决定因素，而使投资者与公司的经营风险具有高度的相关性[1]，同样认定具有权益性投资的属性。另一种情况是，投资报酬以融资公司的股票进行定期的支付，此时虽然支付的股票数额具有确定性，但由于股票价值随着公司经营状况的变化而发生涨跌，投资者最终实现的财产价值仍是不确定的，该投资仍应当认定为权益性投资。

2. 投资本金收回权

虽然基于资本本身不课税的原则，投资资本的收回似乎与课税无关。但投资资本是否收回以及何时收回也反映所投入资金供融资公司支配与使用的程度，体现所承担的公司经营风险的限度，并在不同程度上改变投资者最终可以实际支配的财产范围。因此，投资本金收回权的不同也将影响其税法属性的判定。

投资者有权要求融资公司在固定、相对固定或可确定的时间内无条件支付投资者所投入的资本金，是认定为债权投资的重要形式因素。如投资协议中明确规定特定的时间或期间作为偿还本金的时间。此外，约定以确定发生的客观事实的发生日作为本金偿还日，可以认定为是"可确定的时间"。但如明确约定的到期日可以无限制地延迟，该固定到期日不应当予以认可。应当强调的是，该到期日必须在合理的未来期间内。期限越长，公司越能够自由地处分上述资本，越有可能与公司注册资本一样在经营中发生亏损而无法偿付。[2] 期限过长、

---

[1] William T. Plumb, "The Federal Income Tax Significance of Corporate Debt: A Critical Analysis and a Proposal", *Tax Law Review*, 1971, Vol. 26, p.498.

[2] Cf. *Mooney Aircraft, Inc. v. United States*, 420 F.2d 400, 400—410, 1969.

到期日超出合理期限或无到期日的永久性债券,不应当认定为具有"可确定的到期日"。

投资者只在融资公司终止、合并、分立或重组时才能取回投资资金,则构成权益性投资的重要因素。如约定在公司终止时偿还本金,即使融资公司的经营期限是确定的,仍不应当认定为"固定的到期日"。

投资资金收回权还可以参照是否存在回购权予以确定。投资者可以通过发行公司回购证券而取回投资。根据我国《公司法》、《证券法》的规定,公司可以回购所发行的债券而消灭债权债务关系。由于公司回购股份将导致实际减资的后果,除《公司法》第75条、第143条规定的情形外,公司不能回购发行在外的股份。因此,如投资协议中明确规定,投资者可以随时或在协议约定的条件成立时要求发行公司回购所发行的证券,可以作为认定投资的债权属性的因素之一。

3. 清偿顺序与剩余财产分配权

清偿顺序与剩余财产分配权主要关系在公司终止而进行清算的情况下,投资者参与剩余财产分配的可能性以及分配的顺序和数额。与投资收回权关涉在协议正常履行的情况下投资者取回本金的可能性不同的是,清偿顺序与剩余财产分配权则决定在公司终止时投资取回的可能性。根据《公司法》和《破产法》的规定,公司财产能够清偿公司债务的,分别支付清算费用、职工工资和劳动保险费用,缴纳所欠税款,清偿公司债务后,按照股东出资比例或持股比例分配剩余财产。在进入解散清算程序后,债权优先于股权受偿,被认为是债权的重要特征。一项劣后于无担保的一般债权受偿的投资往往被视为与股东一样承担企业经营的风险,因此已丧失债权投资的显著特征。问题在于,如一项投资劣后于无担保的一般债权而优先于普通股参与剩余财产的分配,其所属性质如何予以确定。与无担保债权平等受偿是确定投资属于债权投资的重要因素之一,但单纯优先于普通股受偿这一事实却无法指明其具备债权的属性。

是否享有剩余财产分配权也是债权性投资与股权性投资的重要区别。由于剩余财产反映了公司的最终净值,参与剩余财产分配即表明投资者承担公司经营的全部经济后果。享有剩余财产分配权意味着在公司有足以清偿债务的剩余财产的情况下,投资者可能取得超过其投资资本的财产数额。如果一项投资协议约定,投资者有权取得公司清偿债务后的剩余财产,不应认定为具有债权的属性。

4. 救济权

尽管救济权并不直接决定投资者能够享有的收益水平,但救济权的不同安排实际上决定了本金取回与回报取得的确定性程度。本金与投资回报的强制执行程度越高,投资者最终可以取得财产价值的可能性越大。如在违约的情况下,投资者不仅有权对对方当事人提起诉讼并主张强制执行投资本金和约定的回报,可以作为认定该项投资为债权性投资的因素之一。如融资公司未支付回报的情况下,投资者有权加速到期,要求提前收回本金,该权利对认定债权属性具有重要的意义。相反,如融资公司未支付相应的回报,而投资者无权起诉该公司,无权主张强制公司进行相应的支付,则不能认定为债权投资。根据《公司法》第75条的规定,只有公司连续5年未分配股息且连续5年盈利,同时符合分配股利的条件,股东才能主张异议股东的股份回购请求权,但仍无权对公司提起诉讼,也无权强制股息的执行。因此,一项缺乏明确的可执行和可诉性的救济权的投资,不应当认定为债权性投资,即使协议中明确规定其他的救济权利,如取得管理控制权或委任清算人等。

投资回报取得权、投资本金收回权、清偿顺序与剩余财产分配权和救济权从不同角度确定债权与权益性投资的属性差异,应当以上述四项权利安排综合判定一项投资的属性。应当强调的是,以权益权利为核心的判断标准并不否认其他相关因素在判断债权性和权益性投资属性中的作用,仅能作为判定时的环境与事实因素,并不具有决定意义。这些因素在判定交易的法律形式与经济实质之间是否存在背离,是否具有真实的交易意图还是仅以税负减免为唯一目的,是重要的判定因素。

Finlaw和Hay两位股东向Fin Hay公司提供的债权,并未规定明确的到期日,而是根据两位股东的请求而偿还本金。由于两位股东实际参与公司的经营活动,对公司经营状况最为了解,在公司正常运作且产生盈余的情况下,两位股东可以不主张本金的偿还,而继续无期限地以利息的形式参与公司经营利润的分配。而由于股东所提供的本金的偿还,只有基于股东请求才发生,并无固定的到期日,这实际上使得公司能够确定地、自由地支配该项资金,因此,该项资金实际上与两位股东以股权投资形式注入的资金一样,均承担Fin Hay公司的经营风险。而在偿还股本和债务本金上,两者实际上并无实质的先后之别。因此,Finlaw和Hay两位股东向Fin Hay公司以债权提供的资金,实质上仍为股权投资,所支付的利息不应当允许扣除。

(汤洁茵)

21. 美国非法所得征税违反禁止自证其罪案

　　《美国法典》要求赌博者申报纳税,同时规定,税务局应将纳税者的名单提交给相关机关追究其刑事责任。有纳税人认为,这一规定侵犯了禁止自证其罪的特权,引发本案诉讼。本案争议的核心问题是,国家对非法所得的征税权与纳税人禁止自证其罪特权的协调,更进一步讲,是国家在对非法所得征税过程中的信息获取权与纳税人禁止自证其罪特权的协调。解决国家征税权和纳税人禁止自证其罪特权之间矛盾的根本方法是,阻断纳税申报信息从税务机关向公诉机关的流动。只要保证纳税人纳税申报的信息仅用于征税目的,纳税人就不会被其自己提供的纳税申报信息证明为有罪,也就在根本上解决了国家对非法所得征税与纳税人禁止自证其罪特权之间的矛盾。

案情简介

马凯特在康涅狄格地区被美国地区法院认定有罪，公诉方针对马凯特提出了两项违反联邦赌博税法令的指控。第一项指控是，马凯特以及其他同案犯逃避缴纳《美国法典》第 26 编第 4411 节所征收的年度职业税。第二项指控包括两个方面：第一个方面，故意不缴纳职业税；第二个方面，在从事被认可的赌博业务之前故意不登记——这是《美国法典》第 26 编第 4411 节所要求的。

《美国法典》第 26 编第 4411 节要求，有义务缴纳职业税的人每年到国内收入局进行登记并且提供一个特殊的表格所规定的详细信息。根据对赌博征税的相关法律制度的规定，登记者必须在他们的营业场地"显著地"悬挂或者保存表明缴纳了职业税的印花税票；保留日常的赌博记录；保留他们的账簿以便检查。《美国法典》第 26 编第 6107 节要求联邦税收主管机关向起诉官员提供已经缴纳职业税的名单。马凯特——他所声称的赌博活动使他可能受到州或者联邦的起诉——主张，登记以及缴纳职业税的法律规定侵犯了他不自证其罪的特权。

一审判决作出后，马凯特不服，仍然认为登记和缴纳职业税的法定义务违反了他所享有的第五修正案特权——禁止自证其罪，向第二巡回上诉法院上诉。上诉法院根据 United States v. Kahriger, 345 U. S. 22 以及 Lewis v. United States, 348 U. S. 419 两个案件的判决维持了下级法院的判决。联邦最高法院发布了案卷移送命令，根据第五修正案重新审查赌博税法令相关规定的合宪性，并且特别考虑 Kahriger 和 Lewis 两个案件是否仍然有效。

地区法院、上诉法院的观点是，被指控故意不进行《美国法典》第 26 编第 4412 节所要求的登记的被告，不能根据第五修正案挑战这些登记要求的合宪性。登记和职业税的要求没有侵犯宪法特权，因为它们没有强迫自证其罪，仅仅给赌徒施加了一个最初的选择，看他是否愿意以他的宪法特权为代价去进行赌博行为。即使被要求的信息披露义务有可能自证其罪，赌徒也不必进行登记或者缴纳职业税，如果他们选择停止赌博行为或者从来不进行赌博。也就是说，对于赌博而言，没有宪法权利。

登记和职业税要求在它们的适用过程中完全是预期的，该宪法特权由于仅仅对过去和当前行为提供保护，因此自愿从事违法行为的人是不能获得这一特权的。宪法的程序要求法院对于征税权给予充分的尊重。政府有权获得公共信息，公共信息的保管者不能主张关于该信息的特权。

联邦最高法院认为，这里的问题不是马凯特是否拥有违反制定法的"权利",而是,如果选择这样做,他将被强迫提供对他自己不利的证据。宪法特权旨在既保护那些无辜者和深思熟虑者,也同样保护那些有罪者和轻率者。在最高法院看来,地区法院、上诉法院的推论在两个方面存在缺陷:第一,它忽视了关于过去和当前行为在这种情况下自证其罪的危险;第二,它对于宪法特权的范围施加了相当严格的限制。关于过去和当前行为自证其罪的现实危险显然可以从进行登记和缴纳职业税的要求中产生。首先,满足这些要求增加了任何过去或者当前的赌博犯罪行为被发现和被成功起诉的可能性。它们都使税务主管机关将登记者作为赌徒予以关注,并且强迫"有害的揭露",而这些有可能在起诉过去或者当前的犯罪行为中被用于提供或者协助收集证据。这些犯罪活动不必包括事实上的赌博;它们可能仅仅包括保管或者运输赌博工具,或者其他为将来赌博进行准备的行为。而且,获得联邦赌博税印花税票,要求宣布进行赌博行为的当前意图,会强迫一个将来的赌徒来指控自己预谋违反州赌博禁令或者违反禁止为赌博目的使用州际设备的联邦法律。关于该特权完全不适用于预期行为的观点,对于宪法特权进行如此严厉的限制,没有任何正当的理由。

最高法院主张,该特权适用的核心标准是,马凯特是否面临着自证其罪的实质的和"现实的"危险,而不仅仅是不重要的或者想象的危险。没有理由假定宪法禁止的强制力仅仅由于在行为——随后运用证据被证实——之前承认犯罪目的就被削弱。尽管预期的行为毫无疑问通常只涉及猜测的和不实在的自证其罪的风险,但这并不总是被证明是正确的。法律必须关注的不仅仅是时间,而且包括自证其罪的现实风险。

由《美国法典》第 26 编第 4411 节和第 4412 节所产生的关于预期行为的自证其罪的风险并不是不重要的或者想象的。预期登记者可以合理地预期,登记和缴纳职业税将显著增加他们的预期行为在将来被起诉的可能性,并且,它将很容易提供有助于证明他们有罪的证据。事实上,他们可以合理地害怕该登记以及随后的获得赌博税印花税票的行为会被用来作为证明他们在事实上在随后违反了州赌博禁令的决定性证据。

政府希望获得的是私人不愿意公开提供的信息;如果这样的话,就没有适用宪法特权的空间了。政府通过行政法规要求提供的印花税票信息也不具有公共性质;如果只要满足公共性就可以要求私人提供相关信息,宪法特权将被国会的任何立法予以完全取消。美国的主要利益很明显是征收税收,而不是惩罚赌博。因此,"必须记录"原则在这里不适用。

最高法院表示:"我们非常了解美国及时和准确获取各种各样的财政和宏观调控信息的重要性,但是国会可以通过与宪法规定相协调的其他方法来获得该信息。因此,我们不能阻止国会对于被州和联邦法律确定为违法的行为进行征税或者规制。然而,我们只能得出这样的结论,根据目前的赌博税制度,马凯特适当地主张了禁止自证其罪的特权,并且该主张将提供针对该起诉的完全抗辩。这一抗辩应当包括没有登记、没有缴纳职业税以及共谋逃避缴纳税款。我们强调,我们并不认为这些赌博税规定在宪法上是不可行的;我们仅仅主张那些适当主张关于这些规定的宪法特权的人不应当因为没有遵守它们的要求而遭受刑事处罚。如果,在不同的环境下,纳税人不面对自证其罪的实质危险,或者,如果他处于特权保护之外,我们今天不会保护他免受赌博税法所规定的各种处罚。"

争议焦点

对非法所得征税是否违反美国宪法上的禁止自证其罪原则?

法理评析

一、美国法律中的基本制度

(一)《美国税法典》第4401节的基本制度

《美国法典》第26编是《美国税法典》,其中第4401节规定的是对赌博征税的制度。该节的标题是"征税",这一节之下的第(a)分节的标题是"赌博",这一分节下的第(1)段的标题是"州授权的赌博",其中规定:"对于经过州法律授权的任何赌博,应当征收等于该赌注总额0.25%的消费税。"

第4401节第(a)分节第(2)段的标题是"未经授权的赌博",其中规定:"对于第(1)段描述以外的任何赌博,应当征收等于该赌注总额2%的消费税。"

(二)《美国税法典》第4402节的基本制度

第4402节规定的是免税制度,该节的标题是"豁免",其中规定:本分章对下列项目不征税:(1)利用赛马赌金计算器进行赌博的企业;(2)投入硬币式的设备;(3)州控制的赌金独得赛马。

(三)《美国税法典》第4403节的基本制度

第4403节规定的是记录义务。该节的标题是"记录义务",其中规定:"除了第6001节第(a)分节所要求的所有其他记录以外,根据本分章规定承担纳税义务的每一个主体还应当保留表明其所有应税赌博的毛收入的日常记录。"

(四)《美国税法典》第4411节的基本制度

第4411节所规定的是对赌博行为征收的特别税。该节的标题是"征税",包括两个分节。第(a)分节的标题是"一般规定",其中规定:"对于根据第4401节的规定应承担纳税义务的每个主体以及代表该主体从事赌博行为的主体,应当每年征收500美元的特别税。"

第(b)分节的标题是"被授权的主体",其中规定:"对于下列主体而言,第(a)分节中的500美元应当替换为50美元:(1)仅仅根据第4401节第(a)分节第(1)段的规定而承担纳税义务的任何主体,以及(2)仅仅代表第(1)段所描述的主体从事赌博行为的任何主体。

(五)《美国税法典》第4422节的基本制度

第4422节规定的是联邦和州法律的适用,该节规定:"本章关于任何行为所征收的任何税款并不免除任何主体的由联邦或者任何州法对于该同一行为所规定的任何处罚,任何该税款也不免除任何州对同一行为再次征收税款。"

(六)《美国税法典》第4423节的基本制度

第4423节规定的是账簿的检查,该节规定:"尽管有第7605节第(b)分节的规定,根据本章规定承担纳税义务的任何主体的账簿应当接受调查和检查,只要该调查或者检查是为执行本章规定所必需的。"

(七)《美国税法典》第6107节的基本制度

第6107节规定的是所得税纳税申报准备者必须向纳税人提供申报表复印件并且必须保留一份复印件或者其目录,该节包括两个分节。第(a)分节的标题是"向纳税人提供复印件",其中规定:"任何纳税申报或者退税权利主张的所得税纳税申报准备者必须在将该纳税申报或者权利主张提交给纳税人签字之前向纳税人提供一份该纳税申报或者权利主张的复印件。"

第(b)分节的标题是"所得税纳税申报准备者所保留的复印件或者目录",其中规定:"任何纳税申报或者退税权利主张的所得税纳税申报准备者应当在该纳税申报期间结束以后的3年期间内(1)为该纳税申报或者权利主张所涉及的纳税人保留一份该纳税申报的完整复印件或者保留一个纳税人名称和纳税人身份号码的名单,以及(2)在部长要求的情况下,将该复印件或者名单提供给检查人员。"

(八)《美国宪法》第五修正案的基本制度

《美国宪法》第五修正案规定了禁止自证其罪的规则,其中规定:"无论何人,除非根据大陪审团的报告或起诉,不得受判处死罪或其他不名誉罪行之审判,惟发生在陆、海军中或发生在战时或出现公共危险时服现役的民兵中的案件,不在此限。任何人不得因同一罪行而两次遭受生命或身体的危害;不得在任何刑事案件中被迫自证其罪;不经正当法律程序,不得被剥夺生命、自由或财产。不给予公平赔偿,私有财产不得充作公用。"

二、非法所得的可税性与禁止自证其罪规则

(一) 可税性的含义

国家征税首先要选择征税对象,即对哪些人、事、物可以征税,这被称为可税性。具备可税性的事物才可以征税,不具备可税性的事物就不能征税。可税性可以分为经济上的可税性、法律上的可税性和政治上的可税性等。

国家对某一事物征税,该事物必须首先具备经济上的可税性,否则,国家可能根本征不到税,或者要花费很大成本才能征到税,最终得不偿失。比如,英国曾经征收一种"窗户税",实际是对纳税人的财产征税。因为一般来讲,富人拥有较大的房子,房子大,窗户就比较多,因此,国家根据窗户的数量和大小征税。后来很多人把窗户堵上了,导致国家根本征不到税,这一税种也很快被废除了。这就是典型的不具备经济上可税性的例子。在不同时代,由于经济发展水平的不同,事物的可税性也可能不同。古代具备可税性的,现代可能不具备。比如古代对国内货物通过关口所征收的过关税,现代社会就不可能征收。同样,古代不具备可税性的,现代可能具备。比如现代社会可以对商品的增值额征税,古代社会就做不到。

法律上的可税性是指对某事物征税必须具备法律依据或者可以具备法律依据。现代社会强调税收法定原则,没有法律依据,不能对任何事物征税,这样,如果法律没有规定对某事物征税,或者不可能通过制定法律对某事物征税,某事物就不具备法律上的可税性。比如,我国税法没有规定对遗产征税,因此,遗产目前不具备法律上的可税性,但国家完全可以制定对遗产征税的法律,因此,遗产可以具备法律上的可税性,很多国家征收遗产税就是明证。

政治上的可税性是指对某事物征税虽然具备经济上的可税性,也可以具备法律上的可税性,但是由于社会、历史、宗教以及其他政治因素使得对该事物征税会影响政权的稳定及其合法性而不能对其征税。比如对教会的财产或者寺院的财产,完全具备经济上的可税性,也可以制定法律对其征税,但是由于宗教因素的影响,使得人们不愿意对其征税,如果国家对其征税,一方面难以获得法律的通过,另一方面也会引起民愤,影响政权的稳定。

所得的可税性一般考虑该所得的营利性和公益性,所得的营利色彩越浓,可税性就越大,所得的公益性色彩越浓,可税性就越小。在税法上,不具备可税性的所得一般被称为"不征税收入",而具备可税性但是国家对其采取免税政策的所得一般被称为"免税收入"。例如,我国《企业所得税法》第7条规定:"收入总额中的下列收入为不征税收入:(1) 财政拨款;(2) 依法收取并纳入财政管理的行政事业性收费、政府性基金;(3) 国务院规定的其他不征税收入。"这里所规定的收入就是不具备可税性的所得。《企业所得税法》第26条规定:"企业的下列收入为免税收入:(1)国债利息收入;(2)符合条件的居民企业之间的股息、红利等权益性投资收益;(3)在我国境内设立机构、场所的非居民企业从居民企业取得与该机构、场所有实际联系的股息、红利等权益性投资收益;(4)符合条件的非营利组织的收入。"这里所规定的收入就是具备可税性但是国家出于各种政策的考虑对其免税的收入。①

(二)非法所得的可税性

关于非法所得的可税性在理论界和实务界有不同的观点和制度。一种观点认为,对非法所得只能采取没收的处理方式,不能征税;另一种观点认为,对非法所得同样可以征税,至于其他法律对其是否采取没收的处罚,那是其他法律的问题,和税法无关。在美国,对非法所得可以征税,这是理论界和实务界都认同的,基本上没有什么争论。

在我国,关于这一问题的争论比较激烈。认为对非法所得不应当征税的观点的论据主要包括:(1)对非法所得课税违背了税收的依据;(2)对非法所得课税违背了税法的正义性和社会道德观念;(3)税收原则并不要求对非法所得课税。认为对非法所得应当征税的观点的主要论据包括:(1)根据量能课税原则,应当对非法所得同样课税;(2)对非法所得课税并不等于承认其合法性,并不违背社会道德观念;(3)仅对合法所得课税不具有可操作性。

对于非法所得是否应当征税应当从不同的时间点来讨论。在征税之时,对于非法所得,如果给予没收的处罚,则当事人已经没有所得,也就无所谓是否纳税的问题。如果给予罚款的处罚,并且罚款的数额等于或者大于当事人的违法所得,由于当事人实际上已经没有所得,也不需要纳税。如果罚款的数额小于纳税人的非法所得,或者,国家虽然确认当事人的所得为非法,但是没有采取任何措施,当事人仍然保留该所得,则对于剩下的非法所得仍应当同合法所得一样承担纳税义务。理由主要如下:(1)非法所得与合法所得具有相同的税收负担能力,根据量能课税原则或者税收公平原则,应当同等纳税;(2)如果对非法所得不课税,相当于鼓励或者纵容了违法行为,违背社会道德。② 对于其他所得,即没有被有权机关的终局决定宣布为非法所得的所得,税务机关显然没有权力判断其所得的合法性,当然,也没有必要去判断其合法性或者等待有权机关的终局判断。因为税务机关所面对的是日常的、大量的所得,根本没有能力

---

① 参见翟继光:《税法学原理——税法理论的反思与重构》,立信会计出版社2011年版,第205—206页。

② 其实,国家对于非法所得不采取措施或者罚款的数额小于非法所得本身就是一种放纵或者宽容违法的行为。这种情况本身就是一种不正常的现象,在一个公平、公正的社会中,这种现象应当是极个别的。

去判断其合法性,也不需要等待相关机关宣布该所得是否合法,因为法律早已假定,凡是没有被有权机关的终局决定宣布为非法的所得,均为合法所得。因此,税务机关可以放心地对这些所得征税,因为在征税之时,这些所得都是合法所得。对于那些正处于有权机关认定过程中的所得,原则上应当先缴税,因为此时并没有一个终局决定宣布该所得为非法所得,该所得在法律上就仍然是合法所得。但从实践来看,也可以暂时不征税,因为非法所得(如贪污所得、受贿所得等)在被有权机关认定的过程中,往往已经被采取了保全措施,一旦终局决定宣布该所得为非法,该所得将被国家所没收,如果被宣布为合法所得,国家仍然可以要求当事人补缴税款,并不会影响国家的利益。这种方式可以避免税务局跟在公安局或者反贪局的后面去对那些刚被检查出的"待判断所得"进行征税。①

(三)禁止自证其罪规则

禁止自证其罪规则(privilege against self-incrimination)也可以称为沉默权规则(the right to silence),指的是在刑事案件中,犯罪嫌疑人、被告人不能被强迫自己证明自己有罪,不能被迫成为反对自己的证人。美国联邦最高法院通过一系列判例,对这一宪法修正案进行了解释,它的主要内容包括如下五个方面:(1)这一特权仅适用于刑事案件,它不仅包括实质上的导致自我归罪的陈述,而且包括所有可能导致自我归罪的其他证据;(2)这一特权不仅能为犯罪嫌疑人、被告人所主张,而且能为证人所主张;(3)这一特权不仅可在侦查程序中主张,而且可在审判过程中主张;(4)这一特权限于为本人利益而主张,不能扩大适用于他人利益;(5)这一特权只适用于自然人,不适用于法人等。②

三、国家对非法所得的征税权与纳税人禁止自证其罪特权的协调

本案所争议的核心问题是国家对非法所得的征税权与纳税人禁止自证其罪特权的协调,更进一步讲,是国家在对非法所得征税过程中的信息获取权与纳税人禁止自证其罪特权的协调。在美国,联邦和州对非法所得征税是公认的权力,无论是纳税人,还是法院都承认这一权力。但是,当国家对非法所得征税的权力与纳税人的禁止自证其罪的宪法特权发生冲突以后如何处理就是一个需要探讨的问题。

关于这一冲突并不是在本案中才第一次产生,在之前的案件中已经发生了这种冲突,而且联邦最高法院已经两次拒绝对纳税人的特权予以保护。其基本

---

① 参见翟继光:《也论非法所得的可税性》,载《河南省政法管理干部学院学报》2007年第3期。
② 参见房保国:《你有权保持沉默吗?——论不被强迫自证其罪规则》,http://article.chinalawinfo.com/article/user/article_display.asp?ArticleID=37240,2012年1月15日访问。

理由主要包括两个。第一，禁止自证其罪的宪法特权针对的是过去的、特定的犯罪行为，而不是针对将来的不确定的犯罪行为。对于将来可能发生的不确定的犯罪行为而言，纳税人完全可以选择不从事这种行为，一旦他选择了从事这一行为，就意味着他自己主动放弃了宪法特权的保护，纳税人也就不能再主张宪法特权了。第二，信息是现代社会的基础，国家有权获得纳税人的信息，纳税人必须按照国家的规定保留和提供相关信息，对于该信息而言，纳税人不能主张宪法特权的保护。

关于第一个理由，首先，显然缩小了宪法特权所保护的范围，宪法并没有规定禁止自证其罪的特权仅适用于过去的特定犯罪行为，而不适用于将来的不确定行为。其次，公诉机关通过纳税人提供的纳税申报信息往往可以找到其他证据并将该信息作为在法庭上证明纳税人有罪的直接证据，这显然是对纳税人宪法特权的侵犯。关于第二个理由，国家要求纳税人在纳税申报中所提交的信息并不是典型的公共信息，而主要是私人信息，对于私人信息，应当给予宪法特权的保护，国家要求纳税人提供该信息的主要目的应当是征税，而不应当是惩罚犯罪，因此，如果直接将这些信息用于对纳税人的犯罪调查，那就相当于让纳税人自证其罪，也就侵犯了纳税人的宪法特权。

联邦最高法院在本案中将之前类似案件的判决推翻了，国家无疑享有对非法所得征税的权力，但该权力只能用于征税之目的（而不能用于惩罚纳税人之目的），而且该权力的行使应当尽量采取不侵犯纳税人其他权利，特别是宪法权利的方式。既然国家可以在保护纳税人的宪法特权的前提下行使对非法所得征税的权力，那么，国家就不能采取侵犯纳税人宪法特权的方式来行使征税权。

解决国家征税权和纳税人禁止自证其罪特权之间矛盾的根本方法是阻断纳税申报信息从税务机关向公诉机关的流动。只要保证纳税人纳税申报的信息仅用于征税目的，纳税人就不会被其自己提供的纳税申报信息证明为有罪，也就在根本上解决了国家对非法所得征税与纳税人禁止自证其罪特权之间的矛盾。当然，这一解决的方案，法院并没有给出，而是留给立法机关去解决，因为这一矛盾是由立法机关造成的，立法机关有义务也有能力解决。

目前，我国《宪法》以及相关法律并未确立禁止自证其罪的原则，而且相关法律并不禁止公诉机关运用税务机关掌握的纳税人的信息追究纳税人的刑事责任，有些法律甚至还要求税务机关应当将发现的违法犯罪行为主动向有关机关报告。2009年11月6日国家税务总局发布的《关于纳税人权利与义务的公告》（公告2009年第1号）中列举了纳税人的法定权利，其中就包括"保密权"，该公告称："您有权要求我们为您的情况保密。我们将依法为您的商业秘密和个人隐私保密，主要包括您的技术信息、经营信息和您、主要投资人以及经营者不愿公开的个人事项。上述事项，如无法律、行政法规明确规定或者您的许可，我们将不会对外部门、社会公众和其他个人提供。"但根据法律规定,税收违法行为信息不属于保密范围。纳税人的违法行为信息不属于保密的范围,税务机关可以依法向全社会公开,当然包括向公诉机关公开。

　　虽然税法规定税务机关可以将纳税人的违法信息提供给公诉机关并不违宪,也不违法,但从法理上讲仍然有值得改进之处。这一状况至少会带来两个方面的副作用:第一,纳税人一旦有违法的行为必然选择向税务机关隐瞒该行为,因为一旦提供给税务机关就将面临公诉机关的追诉,而这种隐瞒行为又往往导致纳税人违反税法规定,构成税法上的违法行为,纳税人被迫从事违法行为;第二,一旦税务机关掌握了纳税人的违法信息,公诉机关就可以轻松取得相关信息和证据,不利于提高公诉机关发现违法行为、侦破违法行为的能力。

(翟继光)

22. 深圳宝安政府采购程序瑕疵导致废标案

政府采购中心发布招标公告后又对招标文件进行修改,这一修改距离提交投标文件截止时间不足15日,同时没有经过供应商书面确认。政府采购中心对该招标项目开标、评标,随后发布中标公告。第三人随即向财政局投诉,财政局判定采购活动无效,重新开展采购活动。原中标人对此不服,因此引发本案的复议和诉讼。本案涉及招标文件的修改。从保护投标人利益以及维护招投标程序公正的角度出发,任何对招标文件的解释、说明都应当认为属于"必要澄清或者修改",或者说,对于"必要澄清或者修改"的认定标准应当尽可能低。未遵守法定程序的澄清或修改属于"影响采购公正的违法、违规行为",也属于《合同法》规定的"违反法律、行政法规的强制性规定"的情形,会导致招标无效。

案情简介

深圳市中×工贸有限公司（原告）就深圳市宝安区财政局（被告）行政撤销一案，于 2010 年 6 月 2 日向深圳市宝安区人民法院提起行政诉讼。法院受理后，依法追加华×（青岛）环境科技有限公司为本案第三人参加诉讼，于 2010 年 6 月 30 日公开开庭进行了审理。

原告诉称，深圳市宝安区政府采购中心（以下简称"政府采购中心"）于 2009 年 11 月 10 日招标的老虎坑填埋场 HDPE 膜及混凝土预制材料招标项目（招标编号：BACG2009018934），经公开投标，原告于 2009 年 12 月 10 日中标。但因该项目供应商华×（青岛）环境科技有限公司（下称"投诉人"）投诉，被告于 2010 年 3 月 3 日作出了深宝财购[2010]12 号决定书，即《关于老虎坑填埋场 HDPE 膜项目投诉的处理决定书》，以该项目对招标文件进行修改距离提交投标文件截止时间不足 15 日且没有经过供应商书面确认为由撤销招标结果，责令重新招标。原告于 2010 年 3 月 23 日就该决定书提起了行政复议，深圳市宝安区人民政府经过复议审查，于 2010 年 5 月 13 日作出了维持被告原决定书的深宝府决（2010）8 号行政复议决定书。

对于被告作出的深宝财购[2010]12 号决定书，原告认为：

第一，原告中标具备法律效力，不具备中标无效的法定情形。2009 年 11 月 10 日，原告参与了政府采购中心组织的老虎坑填埋场 HDPE 膜项目网上投标。2009 年 12 月 1 日，政府采购中心在其 212 标室按有关规定和程序进行了评标和定标，项目采用最低价评标法，在有效投标中，原告以最低价格成为预中标单位，经专家评委、用户方代表和政府采购中心确认，公示期之后原告成为中标单位，并于 12 月 7 日领取了中标通知书。整个过程中，原告都严格按照《政府采购法》、《政府采购货物和服务招标投标管理办法》及广东地方政府的规章、规定编制投标文件，密封投标文件，准时送达投标地点，原告中标不存在违反国家法律法规事宜，不具备无效的情形，因此中标具备法律效力。

第二，被告以该项目对招标文件进行修改距离提交投标文件截止时间不足 15 日且没有经过供应商书面确认为由撤销招标结果，责令重新招标，事实和法律依据不充分。首先，不满 15 日的答疑内容并不构成对招标文件的修改，不影响本次采购的公平公正。政府采购中心于 2009 年 11 月 26 日作出的答疑内容，主要是要求核对证件原件，这应属于对招标文件局部的细微修改和常识性提醒说明，不构成对招标文件的修改，不会对投标文件产生实质影响，并不影响投标的公平公正。而且本次采购过程中，除投诉人之外，其余供应商均按照澄清公告要求提供了证件原件,足以说明该澄清公告已经为各供应商所获悉,投诉人因自身失误造成未能中标,由此后果应由其自行承担。其次,上述答疑内容已经完成书面送达。《政府采购货物和服务招标投标管理办法》第19条规定"招标采购单位应当制作纸质招标文件,也可以在财政部门指定的网络媒体上发布电子招标文件,并应当保持两者的一致,电子招标文件与纸质招标文件具有同等的法律效力",政府采购在网上发布招标文件即为认可接受这种方式。因此,网上答疑可以视为即时送达给了所有供应商,并经各供应商予以确认。深圳市政府采购活动均采取这种送达确认方式,从未因此送达确认方式而取消中标资格。

第三,在宝安区实际的采购惯例中,与本案存在"不满15天的澄清与修改"有很多,大家都按照中标书签订政府采购合同。本案中,原告与其他供应商根据低价中标的原则竞标,在有效投标中,原告以最低价格成为预中标单位,经专家评委、用户方代表和政府采购中心确认,公示期之后原告成为中标单位,12月7日领取了中标通知书,整个过程供应商与政府采购中心都按照规定运作,不存在影响采购的公正公平的情形,因此不应该认定为废标并重新招标。

第四,被告具体行政行为适用法律错误。《政府采购法》第2条规定:"本法所称政府采购,是指各级国家机关、事业单位和团体组织,适用财政性资金采购依法指定的集中采购目录以内或者采购限额标准以上的货物、工程和服务的行为。"第4条规定:"政府采购工程进行招标投标的,适用招标投标法。"而本案涉及的采购对象为"老虎坑填埋场HDPE膜及混凝土预制材料",明显不属于"工程",而是政府采购法所指的"货物",因此该采购行为应适用《政府采购法》而非《招标投标法》。被告依据的《政府采购货物和服务招标投标管理办法》、《广东省政府采购公开招标采购方式暂行实施规程》等这些法规是部门或政府规章、规定,而《政府采购法》是由全国人大制定且效力高于其他的规章制度,因此应该适用《政府采购法》,但《政府采购法》并没有规定"招标文件进行修改距离提交投标文件截止时间不足15日"构成中标无效或应撤销的法定理由。此外,根据《合同法》等法律关于合同无效的规定,只有违反国家法律法规强制性规定的方可认定无效。可见,被告的上述决定书适用法律错误,导致作出错误行政决定。

综上所述,根据《行政诉讼法》第54条第2项的规定,原告认为被告作出的具体行政行为适用法律错误,处理决定不当,原告与被告作出的具体行政行为之间存在利害关系,原告的合法利益因该具体行政行为而受到影响,并因此遭受经济损失。为维护原告的合法权益,请求法院依法判决:第一,撤销被告作出的深宝财购[2010]12号处理决定书;第二,被告承担本案诉讼费用。

被告深圳市宝安区财政局辩称:

第一,被告具有对政府采购活动中供应商投诉事宜进行处理并作出行政处理决定的法定职责。《政府采购法》第 13 条和《政府采购供应商投诉处理办法》第 3 条、第 17 条对此已经确认。

第二,被告处理投诉事宜程序符合法律、法规的规定。老虎坑填埋场 HDPE 膜采购项目,预算价为 350 万元,采购单位为宝安区城市管理局,委托宝安区政府采购中心组织公开招标。宝安区政府采购中心于 2009 年 11 月 10 日发布招标公告和招标文件,并于 12 月 1 日截止投标日组织开标评标;12 月 7 日向原告发出《中标通知书》。2010 年 1 月 18 日,华×(青岛)环境科技有限公司提出书面投诉。接到并受理供应商投诉之后,1 月 25 日,被告向被投诉人(宝安区政府采购中心和宝安区城市管理局)及相关供应商(即原告)发送了《投诉书》副本。被投诉人宝安区政府采购中心及原告分别于 1 月 27 日、2 月 1 日书面回复进行澄清和说明,被投诉人宝安区城市管理局未提交书面说明。通过必要的调查,收集相关材料,了解采购项目及招标情况,充分听取各方当事人的意见,经书面审查,被告于 3 月 3 日依法作出《关于老虎坑填埋场 HDPE 膜项目投诉的处理决定》(深宝财购[2010]12 号),并送达投诉各方当事人,同时告知其享有行政复议或行政诉讼的权利。由此可见,被告依法受理政府采购项目的投诉,在各方当事人充分陈述意见及调查了解的基础上,作出投诉处理决定并履行告知义务符合相关法律、法规的规定,程序合法。

第三,被告作出投诉处理决定所依据的事实清楚、证据确凿充分、适用法律正确。2009 年 11 月 10 日,老虎坑填埋场 HDPE 采购项目招标文件第三章附件投标书第 14 项中明确要求投诉人提供"检测报告(扫描件)"。11 月 26 日,《老虎坑填埋场 HDPE 膜及混凝土预制材料项目答疑公告》中却提出"投标人需在开标当天开标前将产品授权书的原件及 2009 年 1 月 1 日以后国家认可的第三方检测机构检测报告原件提交到区政府政府采购中心备查,未能按要求提交原件的将作废标处理"。12 月 1 日,该项目开标并评标,投诉人华×(青岛)环境科技有限公司因开标当天未能提供答疑公告中所述原件被作为废标处理。可见,该项目招标文件在 2009 年 11 月 26 日进行了修改,增加了投标条件和要求。但是宝安区政府采购中心并未以书面形式通知所有收受招标文件的供应商,更未获得他们同意及书面确认,仅发布公告后便于 12 月 1 日开标和评标,其间间隔只有 5 日,不足 15 日,违反了《招标投标法》第 23 条、财政部《政府采购货物和服务招标投标管理办法》第 27 条以及广东省财政厅《广东省政府采购公开招标采购方式暂行实施规程》第 13 条之规定,采购程序存在瑕疵,而且投诉人华×(青岛)环境科技有限公司正是因为上述招标条件变更且宝安区政府采购中心未依法履行书面通知义务而未能提供检测报告原件被废标。事实上,该公司报价 204.5 万元低于评定的中标价 334.5 万元,采购程序的瑕疵直接导致其无法参与采购项目竞争,也直接影响了中标、成交结果(该项目评标方法采用最低价法)。因此,被告依据《政府采购供应商投诉处理办法》第19条第(一)项的规定作出处理决定,责令该项目重新开展采购活动。此决定合理合法,并无不当。

第三人华×(青岛)环境科技有限公司述称,被告作出的处理决定符合法律规定。

法院认为,本案所涉招标投标项目中,深圳市宝安区政府采购中心发出招标公告后,又以答疑公告的形式,对提交产品检测报告原件及提交时间作出新的要求,属对已发出的招标文件进行的澄清或修改。参照财政部《政府采购货物和服务招标投标管理办理》第27条规定:"招标采购单位对已发出的招标文件进行必要澄清或者修改的,应当在招标文件要求提交投标文件截止15日前,在财政部门指定的政府采购信息发布媒体上发布更正公告,并以书面形式通知所有招标文件收受人。该澄清或者修改的内容为招标文件的组成部分。"广东省财政厅《广东省政府采购公开招标采购方式暂行实施规程》第13条规定:"招标文件需要进行澄清或修改的,应在规定投标截止时间15天前,以书面形式通知所有获取招标文件的供应商。供应商收到澄清修改文件后,应当以书面形式确认。澄清修改的内容为招标文件的组成部分。澄清或修改时间不足15天的,采购人或采购代理机构在征得已获取招标文件的供应商同意并书面确认后,可不改变投标截止时间。"而深圳市宝安区政府采购中心于2009年11月26日发布的答疑公告,对提交产品检测报告原件及提交时间作出新的要求,12月1日即开标,答疑公告发布日期距离提交投标文件截止日期只有5日,不足15日,违反了上述规定期限,影响了采购公正,被告作出本诉具体行政行为并无不当。

关于法律适用问题,法院认为,《政府采购货物和服务招标投标管理办法》、《广东省政府采购公开招标采购方式暂行实施规程》是根据《政府采购法》和其他有关法律作出的部门规章或规范性文件,《政府采购法》虽然未对招标文件进行修改距离提交投标文件截止时间的期限作出规定,但上述规章、规范性文件作出了进一步的明确,并未违反上位法的规定,因此,被告作出本诉具体行政行为,适用法律正确。

 争议焦点

1. 政府采购中心要求供应商提供原件是否构成对招标文件的修改,是否影响政府采购的公平公正?

2. 未遵守法定程序的澄清或修改是否会导致招标无效?

3. 原告的损失应该由谁负责赔偿？

 法理分析

一、招标文件修改的判断标准

《政府采购法》第 35 条规定："货物和服务项目实行招标方式采购的,自招标文件开始发出之日起至投标人提交投标文件截止之日止,不得少于 20 日。"没有规定对招标文件进行必要澄清或者修改的程序。《招标投标法》第 23 条规定："招标人对已发出的招标文件进行必要的澄清或者修改的,应当在招标文件要求提交投标文件截止时间至少 15 日前,以书面形式通知所有招标文件收受人。该澄清或者修改的内容为招标文件的组成部分。"财政部《政府采购货物和服务招标投标管理办理》第 27 条规定："招标采购单位对已发出的招标文件进行必要澄清或者修改的,应当在招标文件要求提交投标文件截止 15 日前,在财政部门指定的政府采购信息发布媒体上发布更正公告,并以书面形式通知所有招标文件收受人。该澄清或者修改的内容为招标文件的组成部分。"广东省财政厅《广东省政府采购公开招标采购方式暂行实施规程》第 13 条规定："招标文件需要进行澄清或修改的,应在规定投标截止时间 15 天前,以书面形式通知所有获取招标文件的供应商。供应商收到澄清修改文件后,应当以书面形式确认。澄清修改的内容为招标文件的组成部分。澄清或修改时间不足 15 天的,采购人或采购代理机构在征得已获取招标文件的供应商同意并书面确认后,可不改变投标截止时间。"

根据上述规定,在招标过程中,发出招标文件之日与投标人提交投标文件截止之日应当相隔 20 日以上,以给投标人充足的准备时间。如果对招标文件进行必要澄清或者修改,则首先,应当在财政部门指定的政府采购信息发布媒体上发布更正公告,其次,应当以书面形式通知所有招标文件收受人,再次,澄清或者修改之日与投标人提交投标文件截止之日应当相隔 15 日以上。该制度还有一个例外,即澄清或修改时间不足 15 天的,采购人或采购代理机构在征得已获取招标文件的供应商同意并书面确认后,可不改变投标截止时间。

在上述相关文件中,并未对"必要澄清或者修改"的含义与范围进行解释。根据《现代汉语辞典》的解释:必要是指"不可缺少"、"非这样不可"[1];澄清是指

---

[1] 参见《现代汉语辞典》(2002 年增补本),商务印书馆 2002 年版,第 69 页。

"弄清楚（认识、问题等）"①；修改是指"改正文章、计划等里面的错误、缺点"②。由此可以认为，"必要澄清或者修改"是对投标的结果具有实质影响的不可缺少的解释与改动。由于法律设计必要时间间隔的出发点在于让投标人有足够的时间准备投标文件，而招标人之所以发布关于招标文件的解释一定是由于招标文件的表述不清楚，容易给投标人造成误解，因此，从保护投标人利益以及维护招投标程序公正的角度处罚，任何对招标文件的解释、说明都应当认为属于"必要澄清或者修改"，或者说，对于"必要澄清或者修改"的认定标准应当尽可能低，以防止招标人通过规避"必要澄清或者修改"的标准而向个别投标人进行额外"暗示"。

本案原告认为："政府采购中心于 2009 年 11 月 26 日作出的答疑内容，主要是要求核对证件原件，这应属于对招标文件局部的细微修改和常识性提醒说明，不构成对招标文件的修改，不会对投标文件产生实质影响，并不影响投标的公平公正。"这一观点是站不住脚的，原招标文件要求提供的是"检测报告（扫描件）"，而答疑公告要求提供的是"检测报告原件"，二者显然有明显的差异，而且，如果违反这一要求会直接导致废标。本案中的投诉人正是由于没有遵守这一要求而被废标，丧失了参与竞标的机会，明显影响了投标的公平公正。

本案原告还认为："本次采购过程中，除投诉人之外，其余供应商均按照澄清公告要求提供了证件原件，足以说明该澄清公告已经为各供应商所获悉，投诉人因自身失误造成未能中标，由此后果应由其自行承担。"投标人提供了证件原件并不能证明招标人做法的合法性，只能说明投标人比较认真，投诉人的存在也说明了不是每个投标人都会毫无怨言地遵守"违法"的要求，投诉人的存在也正好说明了法律设置时间间隔和相关保障程序的必要性，法律在保护勤奋者和聪明者的利益的同时，也应当保护懒惰者和平庸者的利益。③

除了间隔必要时间的要求以外，法律还要求"以书面形式通知所有招标文件收受人"，"供应商收到澄清修改文件后，应当以书面形式确认"，这些要求是为了确保"必要澄清或者修改"能够真正抵达投标文件收受人。本案原告认为："政府采购在网上发布招标文件即为认可接受这种方式。因此，网上答疑可以视为即时送达给了所有供应商，并经各供应商予以确认。"这种解释是对法律文件规定制度的无限扩大，几乎达到了"想象"的程度，根本不能认为完成了书面通知的义务。如果招标人通过电子邮件或者电话等方式通知了"所有招标文件收受人"还勉强可以认为在实质上遵循了书面通知义务。

---

① 参见《现代汉语辞典》（2002 年增补本），商务印书馆 2002 年版，第 163 页。
② 同上书，第 1416 页。
③ 这里并不是说投诉人是懒惰者和平庸者。

综上所述,政府采购中心发布的答疑公告属于对招标文件的"必要澄清或者修改",但该"必要澄清或者修改"并未遵守法律规定的必要间隔时间要求和书面通知要求。

二、未遵守法定程序的澄清或修改是否会导致招标无效

招投标应当严格遵守法律所规定的各项程序,如果违反,会导致一定的法律后果,但并非全部导致招标无效。

《政府采购法》第 36 条规定:"在招标采购中,出现下列情形之一的,应予废标:(1)符合专业条件的供应商或者对招标文件作实质响应的供应商不足三家的;(2)出现影响采购公正的违法、违规行为的;(3)投标人的报价均超过了采购预算,采购人不能支付的;(4)因重大变故,采购任务取消。"《招标投标法》规定了中标无效的若干情形,如"招标代理机构违反本法规定,泄露应当保密的与招标投标活动有关的情况和资料,或者与招标人、投标人串通损害国家利益、社会公共利益或者他人合法权益"以及"依法必须进行招标的项目的招标人向他人透露已获取招标文件的潜在投标人的名称、数量或者可能影响公平竞争的有关招标投标的其他情况的,或者泄露标底"等,但并未统一规定中标无效的情形。

本案中招标人未遵守法定程序对招标文件进行了"必要澄清或者修改",其后果是什么,《政府采购法》、《招标投标法》、《政府采购货物和服务招标投标管理办理》、《广东省政府采购公开招标采购方式暂行实施规程》等法律法规均未明确规定其法律后果。唯一可供参考的就是《政府采购法》第 36 条所规定的"出现影响采购公正的违法、违规行为的",如果该行为属于"影响采购公正的违法、违规行为",则应当认为构成废标的条件,如果不属于"影响采购公正的违法、违规行为",则不应当废标。所谓"违法行为",就是违反法律规定的行为,招标人未遵守法定程序对招标文件进行了"必要澄清或者修改"违反了《招标投标法》的规定,虽然本案采购对象不是"工程",但由于采购过程中采取了招投标程序,应当遵守《招标投标法》。① 所谓"违规行为",就是违反法律以外的其他规范性文件的行为,如本案所提及的《政府采购货物和服务招标投标管理办理》、《广东省政府采购公开招标采购方式暂行实施规程》等规范性文件,招标人未遵守法定程序对招标文件进行了"必要澄清或者修改"违反了上述规范性文件的事实也非常清楚。

原告认为:《政府采购法》并没有规定"招标文件进行修改距离提交投标文件截止时间不足 15 日"构成中标无效或应撤销的法定理由。《政府采购法》没

---

① 《招标投标法》第 2 条明确规定:"在中华人民共和国境内进行招标投标活动,适用本法。"

有明确规定"招标文件进行修改距离提交投标文件截止时间不足15日"构成中标无效或应撤销的法定理由,但《政府采购法》规定了"出现影响采购公正的违法、违规行为的",应予废标。根据上文的解释,"招标文件进行修改距离提交投标文件截止时间不足15日"属于"出现影响采购公正的违法、违规行为的",因此,应予废标。

原告认为:本案涉及的采购对象为"老虎坑填埋场HDPE膜及混凝土预制材料",明显不属于"工程",而是政府采购法所指的"货物",因此该采购行为应适用《政府采购法》而非《招标投标法》。本案涉及的采购对象的确为货物而非工程,但采购货物并不必然导致不适用《招标投标法》。采购工程必须采取招投标程序,必须适用《招标投标法》,法律规定的特殊情况可以例外。采购货物可以适用《招标投标法》,也可以不适用,关键看政府采购的程序。《政府采购法》第26条规定:"政府采购采用以下方式:(1)公开招标;(2)邀请招标;(3)竞争性谈判;(4)单一来源采购;(5)询价;(6)国务院政府采购监督管理部门认定的其他采购方式。公开招标应作为政府采购的主要采购方式。"如果政府采购采取公开招标方式,就应当适用《招标投标法》。《招标投标法》第2条明确规定:"在中华人民共和国境内进行招标投标活动,适用本法。"政府采购的"招标投标活动"也应当适用《招标投标法》。

原告还认为:"根据《合同法》等法律关于合同无效的规定,只有违反国家法律法规强制性规定的方可认定无效。"《政府采购法》第43条明确规定:"政府采购合同适用合同法。"《合同法》第52条规定:"有下列情形之一的,合同无效:(1)一方以欺诈、胁迫的手段订立合同,损害国家利益;(2)恶意串通,损害国家、集体或者第三人利益;(3)以合法形式掩盖非法目的;(4)损害社会公共利益;(5)违反法律、行政法规的强制性规定。"如果认为招标人未遵守法定程序对招标文件进行"必要澄清或者修改"的行为"违反法律、行政法规的强制性规定",则可以认为原告与招标人签订的政府采购合同无效,如果不违反,则不能认为原告与招标人签订的政府采购合同无效。根据前文的解释,招标人未遵守法定程序对招标文件进行"必要澄清或者修改"的行为的确"违反法律、行政法规的强制性规定",因此,原告与招标人签订的政府采购合同无效。

综上所述,未遵守法定程序的澄清或修改由于属于《政府采购法》规定的"出现影响采购公正的违法、违规行为",也属于《合同法》规定的"违反法律、行政法规的强制性规定"的情形,因此会导致招标无效。

三、原告的损失应当由谁进行赔偿?

本案中,由于招标人的违法行为,导致投诉人遭受了损失,也导致原告遭受了损失,对于该损失应当由谁承担,《政府采购法》对此未作出明确规定。但有可以参照的规定,《政府采购法》第 73 条规定:"有前两条违法行为之一影响中标、成交结果或者可能影响中标、成交结果的,按下列情况分别处理:(1) 未确定中标、成交供应商的,终止采购活动;(2) 中标、成交供应商已经确定但采购合同尚未履行的,撤销合同,从合格的中标、成交候选人中另行确定中标、成交供应商;(3) 采购合同已经履行的,给采购人、供应商造成损失的,由责任人承担赔偿责任。"这一条明确规定了废标情况下责任和损失的承担,但仅限于"有前两条违法行为之一"以及"采购合同已经履行的,给采购人、供应商造成损失的"。本案情形既不属于"有前两条违法行为之一",也不属于"采购合同已经履行的,给采购人、供应商造成损失的",因此,根据《政府采购法》的规定,本案原告的损失只能由本人承担。

本案充分暴露了《政府采购法》的一些缺陷:首先,对于本案中政府采购中心的违法行为,《政府采购法》并未规定任何法律责任,似乎对于此类问题只需要由行政机关内部进行一些批评教育即可;其次,对于本案原告所遭受的损失,应当由造成该损失的主体,即违法的政府采购中心来承担,而不应该由无辜的原告来承担。

(翟继光)

教师反馈及教材、课件申请表

尊敬的老师:

您好!感谢您一直以来对北大出版社图书的关爱。北京大学出版社以"教材优先、学术为本"为宗旨,主要为广大高等院校师生服务。为了更有针对性地为广大教师服务,满足教师的教学需要、提升教学质量,在您确认将本书作为教学用书后,请您填好以下表格并经系主任签字盖章后寄回,我们将免费向您提供相关的教材、思考练习题答案及教学课件。在您教学过程中,若有任何建议也都可以和我们联系。

书号/书名	
所需要的教材及教学课件	
您的姓名	
系	
院校	
您所主授课程的名称	
每学期学生人数	学时
您目前采用的教材	书名＿＿＿＿＿＿ 作者＿＿＿＿ 出版社＿＿＿＿＿＿
您的联系地址	
联系电话	
E-mail	
您对北大出版社及本书的建议：	系主任签字 盖章

我们的联系方式:

北京大学出版社法律事业部

地　　址:北京市海淀区成府路205号　　联系人:李铎
电　　话:010-62752027　　　　　　　　传　真:010-62556201
电子邮件:bjdxcbs1979@163.com
网　　址:http://www.pup.cn
北大出版社市场营销中心网站:www.pupbook.com